新编21世纪高等职业教育精品教材 | 公共基础课系列

形势与政策

（第3版）

主　编　姚　勇
副主编　张建明　费丽莎

XINGSHI YU ZHENGCE

中国人民大学出版社
·北京·

前言

PREFACE

“形势与政策”是教育部规定的高校必修课程，是高校思想政治理论课的重要组成部分。本课程是一门理论武装时效性、释疑解惑针对性、教育引导综合性都很强的课程，是对学生进行形势与政策教育的主渠道、主阵地，在大学生思想政治教育中担负着重要使命，具有不可替代的重要作用。

本书是为“形势与政策”这门课程专门编写的教学用书。本书深入学习贯彻习近平新时代中国特色社会主义思想特别是习近平总书记最新重要讲话精神，全面贯彻落实党的十九大和十九届历次全会精神，深入阐释我国沉着应对百年变局和世纪疫情，深入阐释“十四五”良好开局和发展态势，引导学生学深悟透党的创新理论，坚定走好中国道路、实现中华民族伟大复兴的信心和决心，奋进新征程、建功新时代，推动党的创新理论进教材进课堂进学生头脑，引导大学生积极投身实现伟大复兴中国梦的生动实践中去，成为能够担当民族复兴大任的时代新人。

全书共十讲，阐释了党的十九届六中全会精神，厚植爱党爱国爱社会主义的情感；阐述了共同富裕的科学内涵，分析共同富裕的实现途径，坚定实现共同富裕的信心；阐释了我国数字经济发展的良好态势，增强实现高质量发展的信心；阐述了我国科技创新取得的历史性成就，理解科技自立自强是国家发展的战略支撑；阐释了气候变化问题的实质，充分认识中国提出碳达峰碳中和目标的责任担当；阐释了乡村振兴战略，了解乡村振兴的着力点，谱写乡村振兴新篇章；解读了我国人口发展形势，分析优化生育政策、促进人口长期均衡发展的重要意义；解读了党的民族政策，分析发展要赋予民族团结进步的意义；阐释了发展全过程人民民主，彰显中国式民主优势；阐述了习近平总书记关于时代趋势和国际局势的重大判断，充分认识新时代中国外交。

本书由河南经贸职业学院党委书记姚勇担任主编，马克思主义学院党支部书记张建明、形势与政策教研室主任费丽莎担任副主编。具体编写分工如下：张建明负责编写第一讲、第二讲、第七讲第一节、第二节的内容；费丽莎负责编写第三讲、第六讲、第七讲第三节及本讲拓展阅读、时政热点及练习题等内容；张素子负责编写第四讲、第五讲、第十讲第一节、第二节的内容；唐立杰负责编写第八讲、第九讲、第十讲第三节及本讲拓展阅读、时政热点及练习题等内容；姚勇负责全书的统稿和审稿工作。

本书属于作者团队承担的2021年度高校思想政治理论课教师研究专项一般项目（21JDSZK099）：“高职思政课教学模式改革研究”的阶段性研究成果。

由于时间有限，书中难免存在纰漏，希望广大读者或同行批评指正。此外，在编写过程中我们引用了一些专家学者的研究成果，谨此一并致谢！

编　者

2022年5月

目　录

CONTENTS

第一讲

发挥历史主动精神 走好新的赶考之路

★★★★★

2021年11月8日至11日，中国共产党第十九届中央委员会第六次全体会议在北京举行。中央委员会总书记习近平做了重要讲话。

全会听取和讨论了习近平受中央政治局委托做的工作报告，审议通过了《中共中央关于党的百年奋斗重大成就和历史经验的决议》（以下简称《决议》），审议通过了《关于召开党的第二十次全国代表大会的决议》。习近平就《中共中央关于党的百年奋斗重大成就和历史经验的决议（讨论稿）》向全会做了说明。党的十九届六中全会相关重要文件的理论资源丰富、影响深远、意义重大。

在党成立一百周年的重要历史时刻，在党和人民胜利实现第一个百年奋斗目标、全面建成小康社会，正在向着全面建成社会主义现代化强国的第二个百年奋斗目标迈进的重大历史关头，全面总结党的百年奋斗重大成就和历史经验，对推动全党统一思想、统一意志、统一行动，团结带领全国各族人民以史为鉴、开创未来，埋头苦干、勇毅前行，在新时代更好坚持和发展中国特色社会主义、实现中华民族伟大复兴产生重大而深远的影响。

第一节 深刻认识十九届六中全会召开的时代背景和重大意义

中国共产党具有在重大历史关头总结历史经验的高度自觉。1945 年召开的党的六届七中全会，总结了我们党摆脱“幼年阶段”、确立毛泽东在党内核心地位、确立毛泽东思想指导地位的经验，使得我们党对中国革命基本问题的认识达到一致，为党的七大做好了准备，有力促进了新民主主义革命的成功。1981 年召开的党的十一届六中全会，总结了新中国成立和进行社会主义革命和建设的历史经验、正确评价毛泽东同志和毛泽东思想、纠正了“左”和右的错误倾向，统一了全党的认识，更好地推进了党的十二大的召开和改革开放的进行。每次时间的间隔在 40 年左右。在迈入社会主义现代化建设第二个百年进程的新起点，我们党又一次展示进行历史总结的自觉。这次总结着眼于百年党史进程，必将极大地推进中华民族伟大复兴事业的新进展，为党的二十大的召开做好准备。

改革开放以来，每次召开党的全国代表大会后，中国共产党中央委员会全体会议（简称“中央全会”）基本上每年召开一次，就党和国家的重大事务进行研究部署。党的十九大召开后，已经召开过六次全会。其中，党的十九届六中全会是进入新时代第十个年头召开的党内重要会议，恰逢中共建党百年，又值中共领导全面建成小康社会，完成第一个百年奋斗目标。在这个时刻召开全会总结党的百年奋斗重大成就和宝贵经验，可谓恰逢其时。以习近平同志为核心的党中央坚强有力，全党上下干劲十足、全国人民齐心协力，召开全会具备充分条件。

这次全会是在大党面临新形势、大国进入新方位、全球面临大变局的背景下召开的。

一、从党内看，作为中国最高政治领导力量的中国共产党，拥有数量庞大的党员和党组织，是具有全球重要影响力的世界第一大执政党

大有大的样子，但大也有大的难处。党面临的执政考验、改革开放考验、市场经济考验、外部环境考验是长期的、复杂的、严峻的。精神懈怠危险、能力不足危险、脱离群众危险、消极腐败危险更加尖锐地摆在全党面前。“七个有之”即搞任人唯亲、排斥异己的有之，搞团团伙伙、拉帮结派的有之，搞匿名诬告、制造谣言的有之，搞收买人

心、拉动选票的有之，搞封官许愿、弹冠相庆的有之，搞自行其是、阳奉阴违的有之，搞尾大不掉、妄议中央的也有之，也不同程度存在。要承担起新时代坚持和发展中国特色社会主义的历史使命，确保党始终走在时代前列，始终成为领导核心，始终成为中国人民和中华民族的主心骨，就必须一以贯之、坚定不移坚持党的全面领导，把全面从严治党向纵深推进，勇于自我革命，不断提高党的执政能力和领导水平。

二、从国内看，新时代意味着中国迈进新的发展阶段，来到新的历史方位

在新的历史方位，中国将继续推动人民生活从小康水平逐步走向共同富裕，努力从经济大国走向综合国力强国，挤进世界舞台中心，致力实现中华民族伟大复兴。习近平总书记在党的十九大报告中指出，“中国特色社会主义进入新时代，意味着近代以来久经磨难的中华民族迎来了从站起来、富起来到强起来的伟大飞跃，迎来了实现中华民族伟大复兴的光明前景；意味着科学社会主义在二十一世纪的中国焕发出强大生机活力，在世界上高高举起了中国特色社会主义伟大旗帜；意味着中国特色社会主义道路、理论、制度、文化不断发展，拓展了发展中国家走向现代化的途径，给世界上那些既希望加快发展又希望保持自身独立性的国家和民族提供了全新选择，为解决人类问题贡献了中国智慧和中国方案”。进入新时代，既是中国人民长期努力推动社会发展进步的自然结果，也是社会主要矛盾变化的必然结果。我们在创造举世罕见的经济长期快速发展的奇迹和社会长期稳定奇迹的同时，也推动中国社会主要矛盾发生了重大转化。以习近平同志为核心的党中央敏锐把握住了这一重大变化，并在 2017 年党的十九大上及时明确，新时代我国社会主要矛盾已经转化为人民日益增长的美好生活需要和不平衡、不充分的发展之间的矛盾。解决这一新矛盾，要求我们提高发展质量、推动实现平衡发展，不断满足人们对美好生活的向往。而经过几十年快速发展，中国面临经济发展新常态、增长下行压力加大、结构调整刻不容缓，社会矛盾日益集聚，改革开放进入攻坚期、深水区，前进道路上面临的困难和风险前所未有。尤其是新冠肺炎疫情和乌克兰危机的暴发，更对我国经济社会发展带来前所未有的巨大压力。

三、从国际看，当今世界处于变革动荡期，百年未有之大变局加速演进

所谓百年，意在用大历史观看全球变局，并不仅仅指一百年；所谓大变局，大就大在变化的广泛，大就大在影响的深远。世界多极化、经济全球化、社会信息化、文化多

样化深入发展，全球治理体系和国家秩序变革加速推进，新兴市场国家和发展中国家快速崛起，国际力量对比更趋均衡，世界各国人民的命运从未像今天这样紧密相连。同时，世界面临的不稳定性、不确定性突出，世界经济增长乏力，贸易保护主义、孤立主义、民粹主义等思潮不断抬头，贫富分化日益严重，地区热点问题此起彼伏。恐怖主义、网络安全、重大传染性疾病、气候变化等非传统安全威胁持续蔓延。可以说，世界秩序在近些年来发生着深刻复杂的历史性变化，尤其是美国深度改变对华策略后中美关系的不确定性增强。同时，中国日益接近世界舞台中央，世界对中国的关注从未像今天这样广泛、深切、聚焦；中国对世界的影响也从未像今天这样全面、深刻、长远。在此巨大变化中，我们既要看到变，也要看到不变，做到全面看、辩证看。习近平总书记强调，世界的百年未有之大变局和中国进入强起来的“新时代”高度重叠；中国的机遇与挑战并存，重要的是“化危为机”，让中国赢得更好发展。

正如党的十九届六中全会通过的《决议》中所说，改革开放以后，党和国家事业取得重大成就，为新时代发展中国特色社会主义事业奠定了坚实基础、创造了有利条件。同时，党清醒地认识到，外部环境变化带来许多新的风险挑战，国内改革发展稳定面临不少长期没有解决的深层次矛盾和问题以及新出现的一些矛盾和问题，党群干群关系受到损害，党的创造力、凝聚力、战斗力受到削弱，党治国理政面临重大考验。

在此大背景下召开十九届六中全会，总结过去，远观未来，具有重要历史性意义。这是在建党百年历史条件下开启全面建设社会主义现代化国家新征程，在新时代坚持和发展中国特色社会主义的需要；是增强政治意识、大局意识、核心意识、看齐意识，坚定道路自信、理论自信、制度自信、文化自信，做到坚决维护习近平同志党中央的核心、全党的核心地位，坚决维护党中央权威和集中统一领导，确保全党步调一致向前进的需要；是推进党的自我革命、提高全党斗争本领和应对风险挑战能力、永葆党的生机活力、团结带领全国各族人民为实现中华民族伟大复兴的中国梦而继续奋斗的需要。

党中央对这次《决议》的总结要达到四个方面的要求。习近平在关于《决议》的说明中指出：“总的是要按照总结历史、把握规律、坚定信心、走向未来的要求，把党走过的光辉历程总结好，把党团结带领人民取得的辉煌成就总结好，把党推进革命、建设、改革的宝贵经验总结好，把党的十八大以来党和国家事业砥砺奋进的理论和实践总结好。”这是百年历史总结的一个总的要求，体现的是百年党史的主题主线主流和本质，凸显的是经验和规律。全党要坚持唯物史观和正确党史观，从党的百年奋斗中看清楚过去我们为什么能够成功、弄明白未来我们怎样才能继续成功，从而更加坚定、更加自觉地践行初心使命，在新时代更好坚持和发展中国特色社会主义。简要来说，召开十九届六中全会是开启新征程、统一前进步骤、实现民族复兴中国梦的需要。关键在于，既要在梳理历史中明了过去我们为什么能够成功，又要在总结经验时明了我们如何走好新的赶考路，在未来继续取得成功。

第二节 准确理解《决议》的科学内涵和精髓要义

党的十九届六中全会，在建党百年的关键历史节点，在第二个百年奋斗目标新征程开启的特殊历史时刻，回顾百年奋斗历程，总结重大历史经验，树起了一座永恒的历史丰碑，具有重大而深远的意义。习近平总书记在全会上的重要讲话，思想深邃、内涵丰富，饱含深情、激荡人心，具有很强的政治性、理论性、战略性、指导性，为全党在新的重大历史关头埋头苦干、勇毅前行指明了方向。《决议》全面总结党的百年奋斗重大成就和历史经验，深刻揭示过去我们为什么能够成功、未来我们怎样才能继续成功的基因和密码，充分彰显我们党高超的政治智慧和责任担当、高度的历史自觉和历史自信，是一篇马克思主义纲领性文献，必将有力指引我们更好把握历史大势、掌握历史主动、走好新时代赶考路。这次全会的思想含量、知识含量十分丰富，政治性、理论性、战略性、指导性都很强。学习宣传贯彻全会精神是当前和今后一个时期的重大政治任务，我们要全面准确把握精神实质、核心要义，用“一二三四五十”来深入理解和领悟。

一、一个主题

“一”是指“一个主题”。这个主题就是紧紧抓住“实现中华民族伟大复兴的历程”。习近平总书记在“七一”重要讲话中指出：“一百年来，中国共产党团结带领中国人民进行的一切奋斗、一切牺牲、一切创造，归结起来就是一个主题：实现中华民族伟大复兴。”

党的十九届六中全会通过的《决议》，把党的百年历史划分为四个历史时期进行总结。既体现了党的历史的主题主线主流本质，又体现了革命、建设、改革、新时代的鲜明历史节奏。《决议》用了前四个部分，分别论述了党史百年的四个时期，明确每一时期的相关任务，评价每一时期实现的业绩，指明每一历史时期的成就在“实现中华民族伟大复兴的历程”中所起的作用。这种历史唯物主义的大历史观，以历史进步的雄辩事实排除了国内外敌对势力散布的历史虚无主义的迷雾，彰显了中国共产党带领人民奋斗的鲜明方向和光辉业绩，使得我国社会主义事业的轮廓更加鲜明，新中国的形象更加辉煌。这样的历史总结，以历史事实为基础，主题主线的凸显更加增强了人民的四个自信。

这一分期方法高屋建瓴、简练准确。这次党的十九届六中全会通过的《决议》采纳了习近平在庆祝中国共产党成立100周年大会上的讲话的基本思路，具体展开了每一时期的内容，更加彰显这一历史分期方法的科学性。

“新民主主义革命时期，党面临的主要任务是，反对帝国主义、封建主义、官僚资本主义，争取民族独立、人民解放，为实现中华民族伟大复兴创造根本社会条件。”

“社会主义革命和建设时期，党面临的主要任务是，实现从新民主主义到社会主义的转变，进行社会主义革命，推进社会主义建设，为实现中华民族伟大复兴奠定根本政治前提和制度基础。”

“改革开放和社会主义现代化建设新时期，党面临的主要任务是，继续探索中国建设社会主义的正确道路，解放和发展社会生产力，使人民摆脱贫困、尽快富裕起来，为实现中华民族伟大复兴提供充满新的活力的体制保证和快速发展的物质条件。”

“党的十八大以来，中国特色社会主义进入新时代。党面临的主要任务是，实现第一个百年奋斗目标，开启实现第二个百年奋斗目标新征程，朝着实现中华民族伟大复兴的宏伟目标继续前进。”

总书记“七一”重要讲话和《决议》对党在每个历史时期带领人民聚焦这一主题进行的奋斗得出了重要历史结论，即：新民主主义革命时期党带领人民进行的奋斗，“为实现中华民族伟大复兴创造根本社会条件”；社会主义革命和建设时期党带领人民进行的奋斗，“为实现中华民族伟大复兴奠定根本政治前提和制度基础”；改革开放和社会主义现代化建设新时期党带领人民进行的奋斗，“为实现中华民族伟大复兴提供充满新的活力的体制保证和快速发展的物质条件”；中国特色社会主义新时代党带领人民进行的奋斗，“为实现中华民族伟大复兴提供了更为完善的制度保证、更为坚实的物质基础、更为主动的精神力量”。这四个历史性结论，反映了实现中华民族伟大复兴螺旋式前进、渐进式发展的历史逻辑，每一步都蕴含着无数奋斗、牺牲和创造。正因为这百年奋斗为实现中华民族伟大复兴创造了根本社会条件，创造了根本政治前提和制度基础，创造了充满新的活力的体制保证和快速发展的物质条件，创造了更为完善的制度保证、更为坚实的物质基础、更为主动的精神力量，所以必将进一步增强全体中华儿女对实现中华民族伟大复兴的信心。正如习近平总书记所指出，“当今世界，要说哪个政党、哪个国家、哪个民族能够自信的话，那中国共产党、中华人民共和国、中华民族是最有理由自信的。”这样的自信确实具有深厚的历史根基，拥有足够的历史积淀和现实底气。

四个时期的历史任务都胜利完成，不断推进了中华民族伟大复兴的大业。特别是新时代，《决议》不仅展开习近平新时代中国特色社会主义思想的创新成果，还从十三个方面展开了在坚持党的全面领导上、在全面从严治党上、在经济建设上、在全面深化改革上、在政治建设上、在全面依法治国上、在文化建设上、在社会建设上、在生态文明建设上、在国防和军队建设上、在维护国家安全上、在坚持“一国两制”和推进祖国统一上、在外交工作上取得了辉煌成就，“为实现中华民族伟大复兴提供了更为完善的制度保证、更为坚实的物质基础、更为主动的精神力量”。这样四大部分的内容，充分证明党的百年历史是辉煌的历史，是推进中华民族伟大复兴的历史，中国共产党是伟大光荣正确的党，中国人民是伟大光荣英雄的人民。

二、两个确立

“二”是指“两个确立”。《决议》在阐述中国特色社会主义新时代伟大成就时特别强调：“党确立习近平同志党中央的核心、全党的核心地位，确立习近平新时代中国特色社会主义思想的指导地位，反映了全党全军全国各族人民共同心愿，对新时代党和国家事业发展、对推进中华民族伟大复兴历史进程具有决定性意义。”这是《决议》深刻总结党的百年奋斗历程、特别是党的十八大以来伟大实践得出的重大历史结论，是体现全党共同意志、反映人民共同心声的重大政治判断。学习《决议》，深刻认识“两个确立”的决定性意义，有利于进一步增强战胜各种风险挑战的历史定力。

一个国家、一个政党，领导核心至关重要。习近平总书记党中央的核心、全党的核心地位，是在新时代的伟大实践中形成的，是时代的呼唤，是历史的选择，是民心所向。《决议》高度评价了党的十八大以来以习近平同志为核心的党中央团结带领全党全军全国各族人民推动党和国家事业取得的历史性成就、发生的历史性变革，高度评价了习近平总书记作为党中央的核心、全党的核心做出的卓越历史贡献。《决议》指出：“以习近平同志为核心的党中央，以伟大的历史主动精神、巨大的政治勇气、强烈的责任担当，统筹国内国际两个大局，贯彻党的基本理论、基本路线、基本方略，统揽伟大斗争、伟大工程、伟大事业、伟大梦想，坚持稳中求进工作总基调，出台一系列重大方针政策，推出一系列重大举措，推进一系列重大工作，战胜一系列重大风险挑战，解决了许多长期想解决而没有解决的难题，办成了许多过去想办而没有办成的大事，推动党和国家事业取得历史性成就、发生历史性变革。”实践证明，习近平总书记是经过历史检验、实践考验、斗争历练的当之无愧的党的核心，是赢得全党全国各族人民衷心拥护爱戴的人民领袖，是实现中华民族伟大复兴的领路人。实践还将继续证明，坚决维护习近平总书记党中央的核心、全党的核心地位，全党就有定盘星，全国人民就有主心骨，中华“复兴”号巨轮就有掌舵者，全党同志面对惊涛骇浪就能够做到“任凭风浪起，稳坐钓鱼船”。我们一定要深刻领会“两个确立”是党的十八大以来取得的最重要的政治成果，深刻认识维护习近平总书记党中央的核心、全党的核心地位是关系前进道路方向、关系事业兴衰成败、关系国家和民族前途命运的根本问题，进而在维护和拥戴核心上更加坚定、更加自觉、更加执着、更加忠诚。

拥有科学理论的政党，才拥有真理的力量；科学理论指导的事业，才拥有光明的前途。《决议》指出："习近平同志对关系新时代党和国家事业发展的一系列重大理论和实践问题进行了深邃思考和科学判断，就新时代坚持和发展什么样的中国特色社会主义、怎样坚持和发展中国特色社会主义，建设什么样的社会主义现代化强国、怎样建设社会主义现代化强国，建设什么样的长期执政的马克思主义政党、怎样建设长期执政的马克思主义政党等重大时代课题，提出一系列原创性的治国理政新理念新思想新战略，是习近平新时代中国特色社会主义思想的主要创立者。习近平新时代中国特色社会主义思想是当代中国马克思主义、二十一世纪马克思主义，是中华文化和中国精神的时代精华，实现了马克思主义中国化新的飞跃。"这是对习近平新时代中国特色社会主义思想的最新概括和精准定位。特别值得关注的是，《决议》还在党的十九大报告提出的"八个明确"基础上，用"十个明确"对习近平新时代中国特色社会主义思想的核心内容做了进一步的精辟概括。历史已经证明且实践必将继续证明，我们党只有始终坚持以习近平新时代中国特色社会主义思想为指导，才能在中华民族伟大复兴战略全局和世界百年未有之大变局深度演进互动的复杂背景下，科学运用马克思主义世界观和方法论谋划事业发展、应对风险挑战，坚持正确前进方向，带领全国各族人民不断开辟中华民族伟大复兴的光明前景。

三、三次飞跃

"三"是指"三次飞跃"。党的十九届六中全会通过的《决议》，对毛泽东思想形成以来的马克思主义中国化的历史做出了三次飞跃的概括。这三次飞跃依次是这样概括的：

"毛泽东思想是马克思列宁主义在中国的创造性运用和发展，是被实践证明了的关于中国革命和建设的正确的理论原则和经验总结，是马克思主义中国化的第一次历史飞跃。"

"党领导和支持开展真理标准问题大讨论，从新的实践和时代特征出发坚持和发展马克思主义，科学回答了建设中国特色社会主义的发展道路、发展阶段、根本任务、发展动力、发展战略、政治保证、祖国统一、外交和国际战略、领导力量和依靠力量等一系列基本问题，形成中国特色社会主义理论体系，实现了马克思主义中国化新的飞跃。"

"习近平新时代中国特色社会主义思想是当代中国马克思主义、二十一世纪马克思主义，是中华文化和中国精神的时代精华，实现了马克思主义中国化新的飞跃。”

党的十九届六中全会通过的《决议》把百年党史划分为三次“马克思主义中国化的飞跃”，标识了我们党的指导思想与时俱进、实现马克思主义中国化的过程。

“三次飞跃”的提法是一个新的创造。与过去相关提法相比具有几个方面的新进展：一是确立了毛泽东思想立足于新民主主义革命和社会主义革命和建设两个历史时期，对于马克思主义中国化的开创地位；二是与党史发展的四个时期相对应，在新的含义上明确了所有创新成果的历史地位和指导作用；三是马克思主义的中国化内涵中，突出了与中华优秀传统文化相结合的新内容；四是更加明确了马克思列宁主义对于一个国家的具体指导作用，必然要采取“本土化”的具体形式和本质，这一点具有世界范围的参考借鉴意义。

四、四大成就

“四”是指“四大成就”。中国共产党对党的奋斗成就有过多次总结。进入新时代，在改革开放 40 周年、新中国成立 70 周年、中国共产党成立 100 周年之际，党中央都通过召开重要会议予以庆祝，习近平总书记发表重要讲话，对党团结带领人民取得的成就进行系统总结。习近平总书记在庆祝中国共产党成立 100 周年大会上的讲话中，首次用四个“伟大成就”，概括了党在革命、建设、改革、新时代四个时期取得的非凡业绩。

党的十九届六中全会专题就党的百年奋斗重大成就进行总结，这是一个历史性战略性决策。与“七　”重要讲话相比，这次全会对党取得的成就总结得更加充分，对成就定位得更加准确。《决议》延续了“七一”重要讲话中关于四个“伟大成就”的提法，即党领导人民浴血奋战、百折不挠，创造了新民主主义革命的伟大成就；自力更生、发愤图强，创造了社会主义革命和建设的伟大成就；解放思想、锐意进取，创造了改革开放和社会主义现代化建设的伟大成就；自信自强、守正创新，创造了新时代中国特色社会主义的伟大成就。但在此基础上，《决议》又提出了四个“伟大飞跃”，即实现了中国从几千年封建专制政治向人民民主的伟大飞跃，实现了一穷二白、人口众多的东方大国大步迈进社会主义社会的伟大飞跃，推进了中华民族从站起来到富起来的伟大飞跃，中华民族迎来了从站起来、富起来到强起来的伟大飞跃。建立在四个“伟大成就”基础上的四个“伟大飞跃”，精准概括了革命、建设、改革、新时代各个历史时期中国和中华民族呈现出的壮观气象。

在概括党的百年奋斗重大成就时，《决议》重点概括了新时代取得的伟大成就，体现了察远重今的历史主动。这次对新时代取得成就的概括，与以往相比，内容更加丰富，叙述更加全面。党的十九大从经济、改革、政治、文化、社会、生态文明等十个方面对十八大到十九大之间 5 年取得的历史性成就和发生的历史性变革进行了概括。这次全会通过的《决议》，从党的领导、全面从严治党、经济建设、全面深化改革开放、政治建设等 13 个方面予以新的概括。其特点在于把十九大概括的全面从严治党的成就丰富发展为党的全面领导、全面从严治党两个方面展开；把民主法治建设成就拆分为政治建设、全面依法治国两个方面展开；把维护国家安全从社会建设领域独立出来作为一个方面；原来就全面深化改革的成就进行了介绍，这次加上了开放，总结了全面深化改革开放取得的标志性成就。在介绍成就的排列顺序上也有新变化，领导力量方面的成就原来放在末尾兜底，这次放在开头，作为第一条、第二条；国家安全方面的成就排在国防和军队建设之后、“一国两制”之前。这次概括不仅大大拓展了各方面成就和变革的内容，还突出了党的领导、党的建设、国家安全，全面地展现了新时代经济社会发展的非凡业绩，体现了新时代的原创性思想、变革性实践、突破性进展、标志性成果。

在 13 个方面成就的写法上，安排周全，思虑周密，结构基本一致。先是介绍改革开放以来某领域的进展和存在的问题，然后针对问题提出重要的原创性思想，对十八大以来本领域的变革性实践、突破性进展予以介绍，最后对显著成效或标志性成果予以提炼。例如：讲党的全面领导方面内容时，第一段内容先说“改革开放以后，党为加强和改善党的领导进行持续努力，为党和国家事业发展提供了根本政治保证”，再说“党内也存在不少对坚持党的领导认识模糊、行动乏力问题，存在不少落实党的领导弱化、虚化、淡化、边缘化问题，特别是对党中央重大决策部署执行不力，有的搞上有政策、下有对策，甚至口是心非、擅自行事”。针对这些问题，党的十八大以来以习近平同志为核心的党中央提出针对性思考，即“党的领导是党和国家的根本所在、命脉所在，是全国各族人民的利益所系、命运所系，全党必须自觉在思想上政治上行动上同党中央保持高度一致，提高科学执政、民主执政、依法执政水平，提高把方向、谋大局、定政策、促改革的能力，确保充分发挥党总揽全局、协调各方的领导核心作用”。随后重点就党的十八大以来坚持党的全面领导的重要思考、重要安排和部署做出介绍。最后是对加强党的全面领导取得的成效做出评价，即“党的十八大以来，党中央权威和集中统一领导得到有力保证，党的领导制度体系不断完善，党的领导方式更加科学，全党思想上更加统一、政治上更加团结、行动上更加一致，党的政治领导力、思想引领力、群众组织力、社会号召力显著增强”。这种历史比较式结构安排，让人们既明了改革开放以来党和国家事业取得的进展以及存在的问题，又能让人们知晓新时代党中央解决这些问题的大思路、采取的重大举措以及取得的显著成效，既有强烈的历史纵深又有鲜明的现实举措，是一种高明的写作方法和历史建构思路。

五、五大意义

“五”是指“五大意义”。《决议》以宏阔的视角，从五个方面总结党百年奋斗的历史意义，即党的百年奋斗从根本上改变了中国人民的前途命运，开辟了实现中华民族伟大复兴的正确道路，展示了马克思主义的强大生命力，深刻影响了世界历史进程，锻造了走在时代前列的中国共产党。对党百年奋斗历史意义的总结，实际上是精辟阐述了党对中国人民、对中华民族、对马克思主义、对人类进步事业、对马克思主义政党建设所做的历史性贡献，深刻反映了党经过百年奋斗形成的不可动摇的历史地位和对世界发展进步产生的积极影响，有助于我们从中国共产党和中国人民、中华民族、马克思主义、世界社会主义、人类社会发展的关系上，更好地把握党自身所处的历史方位。

从中国共产党和中国人民的关系看——人民是我们党执政的最大底气，没有中国共产党就没有中国人民的幸福生活。近代以后，中国人民深受“三座大山”压迫。党领导人民经过百年奋斗，从根本上改变了中国人民的前途命运，让中国人民彻底摆脱了被欺负、被压迫、被奴役的命运，成为国家、社会和自己命运的主人，中国人民对美好生活的向往不断变为现实。今天，中国人民更加自信、自立、自强，极大增强了志气、骨气、底气，在历史进程中积累的强大能量充分爆发出来，焕发出前所未有的历史主动精神、历史创造精神，正在信心百倍地书写着新时代中国发展的伟大历史。

从中国共产党和中华民族的关系看——中华民族是党生存发展之根基，没有中国共产党就没有中华民族伟大复兴。鸦片战争以后，中国逐步成为半殖民地半封建社会，国家蒙辱、人民蒙难、文明蒙尘，创造了灿烂文明的中华民族遭遇到文明难以赓续的深重危机，呈现在世界面前的是一派衰败凋零的景象。党领导人民经过百年奋斗，开辟了实现中华民族伟大复兴的正确道路，让中国仅用几十年时间就走完发达国家几百年走过的工业化历程，创造了经济快速发展和社会长期稳定两大奇迹。今天，中华民族向世界展现的是一派欣欣向荣的景象，巍然屹立于世界东方。

从中国共产党和马克思主义、世界社会主义的关系看——马克思主义是党的思想和精神旗帜，中国共产党丰富和发展了马克思主义。马克思主义揭示了人类社会发展规律，是认识世界、改造世界的科学真理。党领导人民百年奋斗展示出马克思主义的强大生命力，马克思主义的科学性和真理性在中国得到充分检验，马克思主义的人民性和实践性在中国得到充分贯彻，马克思主义的开放性和时代性在中国得到充分彰显。今天，马克思主义中国化时代化不断取得成功，使马克思主义以崭新形象展现在世界上，使世界范围内社会主义和资本主义两种意识形态、两种社会制度的历史演进及其较量发生了有利于社会主义的重大转变。

从中国共产党和人类社会发展的关系看——为中国人民谋幸福就是为人类谋进步，为中华民族谋复兴也是为世界谋大同。党的百年奋斗深刻影响了世界历史进程，党领导人民成功走出中国式现代化道路，创造了人类文明新形态，拓展了发展中国家走向现代化的途径，给世界上那些既希望加快发展又希望保持自身独立性的国家和民族提供了全新选择。今天，我们党推动构建人类命运共同体，为解决人类重大问题，建设持久和平、普遍安全、共同繁荣、开放包容、清洁美丽的世界贡献了中国智慧、中国方案、中国力量，成为推动人类发展进步的重要力量。

学习《决议》还能够更加深刻认识到，政党是现代政治文明发展的主体，百年奋斗锻造了走在时代前列的中国共产党。一百年来，我们党坚持性质宗旨，坚持理想信念，坚守初心使命，勇于自我革命，在生死斗争和艰苦奋斗中经受住各种风险考验、付出巨大牺牲，锤炼出鲜明政治品格，形成了以伟大建党精神为源头的精神谱系，保持了党的先进性和纯洁性，党的执政能力和领导水平不断提高，正领导中国人民在中国特色社会主义道路上不可逆转地走向中华民族伟大复兴，无愧为伟大光荣正确的党。

六、十项经验

“十”是指“十项经验”。《决议》的第六部分，总结了党的百年奋斗中形成的具有根本性和长远指导意义的经验。这十项经验都是人民群众耳熟能详、党的基本特征和传统。这十项经验的内容，是我们党一贯坚持的原则和法宝，而且在百余年的历史中又充实了新鲜的内容和因素。

一是坚持党的领导。在这方面，我们从未动摇过。无论在土地革命还是抗日战争中，无论在革命队伍内部还是统一战线中，我们党都坚持党的领导，坚持了正确的方向。前进道路上的风风雨雨，使得我们党从各个方面加深了党的领导的深刻内涵。经过改革过程的考验，我们党更加认识到，党的领导权力是不能分割的。西方敌对势力曾极力诱导社会主义国家将“政治体制改革”的矛头对准执政党的领导权力，显然是出于颠覆性目的。今天我们已经清醒地认识到：必须坚持党的全面领导、集中统一领导、坚持民主集中制、保证党总揽全局、协调八方的地位。坚决维护习近平同志党中央的核心、全党的核心地位，坚决维护党的集中统一领导。这是最关键的一条经验。

二是坚持人民至上。中国共产党的革命和建设时期都始终把人民的根本利益置于最高位置。共产党人依靠人民得到了全国执政的地位，依靠人民建设起了独立自由和富强的新中国，依靠人民推动着社会主义和共产主义事业的不断发展。人民的根本利益就是党的一切工作的出发点和落脚点。只要永远站在绝大多数人民一边，党就是不可战胜的。这是最根本的一条经验。

三是坚持理论创新。首先就是要坚定不移地坚持马克思列宁主义的指导地位，并在运用于中国实际和吸收中华优秀文明成果中不断获得新的生机活力，实现马克思列宁主义中国化、本土化。决不能让苏东国家改旗易帜而导致亡党亡国的教训在中国重演。党和国家的权力必须掌握在忠诚于马克思列宁主义的接班人手里，才能实现党和国家的长治久安。

四是坚持独立自主。中华民族的独立自主精神是伟大的历史主动性的表现，五四运动以后，借助于马克思列宁主义的指导才重新得到发扬和发展，成为毛泽东思想的灵魂内容。古人不怕鬼、不听邪，羞于邯郸学步，今人面对现代化建设不崇洋媚外，不迷信外国经验，也不简单排外，倡导洋为中用、古为今用。帝国主义侵略威胁、大国主义的干涉压力，都不能动摇中国共产党人的独立自主精神。这既是中国人的骨气，也是中国共产党人的实事求是精神。

五是坚持中国道路。中国道路实际上就是中国共产党人在革命、建设、改革和新时代独立自主坚持和运用马克思列宁主义的成果。从毛泽东到习近平，我国的革命道路、建设道路、改革道路、社会主义现代化建设道路都具有中国特点。独立自主地运用马克思列宁主义做好中国的事，这才是最重要的“中国特色”。

六是坚持胸怀天下。中国共产党对国内政治和国际事务的处理彰显了大气的风度。大气就是无私的胸怀，摈弃实用主义，摈弃眼前蝇头小利，关心中国人民和世界人民大多数。我们重视的是世界大格局、人类社会发展大潮流，运用的是大历史观，想的是大多数人的利益，要给世界做大的贡献。这就产生了得人心的国内外平等合作共赢的政策，提出人类命运共同体。

七是坚持开拓创新。工作上的开拓创新是一种积极的精神状态表现。它一般表现为与时俱进、守正创新、拨乱反正、努力钻研、扬弃吸收等形式。只要顺应人民要求和心愿，开拓创新就能够出现成功的新局面。

八是坚持敢于斗争。人类社会的现实生活充满了矛盾，但大部分统治阶层的人讳言自己面临的矛盾。社会主义国家也只有毛泽东这样的领袖第一个提出了正确处理人民内部矛盾是我国政治生活的主题。只有透析了矛盾的本质，才具有通过斗争解决矛盾的勇气和底气。不敢讲斗争，积压的问题就会带来巨大的压力，会使社会面临潜在的危机。习近平把“伟大斗争”提到日程，打开了国家兴盛发展的新局面。斗争是解决矛盾冲突的手段，不是乱斗。在现实社会，不讲斗争就无法发展。

九是坚持统一战线。统一战线既是一种战略也是一种胸怀品格。斗争和战争的双方中，只有具有绝对优势的一方，才能稳操胜券，将损失降至最低。这种绝对优势只有通过统一战线才能做到。这既是以弱胜强的战略，也是优势得到发挥的战略。但是，要做好统一战线工作需要统一战线以外的许多要素。大局意识、必要的宽容、不计前嫌、真诚待人、讲究信用都是统一战线工作需要的。要讲究大团结、大联合、大局面、大胜利。要团结一切可以团结的人，要调动一切可以调动的因素。这就是统一战线的本质。推进中华民族伟大复兴的进程，在国内外都需要这种战略思维。这种战略最忌讳的就是“为渊驱鱼、为丛驱雀”，2 300 多年前孟子都知道的道理，今人更不待言。

十是坚持自我革命。把自我革命作为党永葆青春活力的强大支撑，把勇于自我革命作为中国共产党区别于其他政党的显著标志，体现了以习近平为主要代表的中国共产党人对共产党执政规律、社会主义建设规律、人类社会发展规律认识的新境界。共产党作为国家的执政党，总是要面临四大考验（长期执政、改革开放、市场经济、外部环境），做到流水不腐、户枢不蠹，就不是一件简单的事了。新时代，党把自我革命作为党的建设伟大工程的主要内容，突出了党员和干部自我约束和全面监督制约腐败的机制。只有坚持自我革命，才能做到不变质、不变色、不变味，确保党行使领导权力的条件。

第三节 全面把握赶考之路的伟大号召和实践要求

中国共产党立志于中华民族千秋伟业，百年恰是风华正茂。过去一百年，中国共产党向人民、向历史交出了一份优异的答卷。现在，中国共产党团结带领中国人民又踏上了实现第二个百年奋斗目标新的赶考之路。我们要牢记中国共产党是什么、要干什么这个根本问题，把握历史发展大势，坚定理想信念，牢记初心使命，始终谦虚谨慎、不骄不躁、艰苦奋斗，不为任何风险所惧，不为任何干扰所惑，决不在根本性问题上出现颠覆性错误，以咬定青山不放松的执着奋力实现既定目标，以行百里者半九十的清醒不懈推进中华民族伟大复兴。展望新征程，走好新赶考之路非常重要。

走好新赶考路，全党必须坚持马克思列宁主义、毛泽东思想、邓小平理论、“三个代表”重要思想、科学发展观，全面贯彻习近平新时代中国特色社会主义思想，用马克思主义的立场、观点、方法观察时代、把握时代、引领时代，不断深化对共产党执政规律、社会主义建设规律、人类社会发展规律的认识；必须永远保持同人民群众的血肉联系，站稳人民立场，坚持人民主体地位，尊重人民首创精神，践行以人民为中心的发展思想；必须铭记生于忧患、死于安乐，常怀远虑、居安思危，继续推进新时代党的建设新的伟大工程，坚持全面从严治党；必须抓好后继有人这个根本大计。

走好新赶考路，要坚定历史自信，自觉坚守理想信念。中国共产党人的历史自信，既是对奋斗成就的自信，也是对奋斗精神的自信。过去的一百年里，中国共产党什么样的困难没经历过，什么样的挑战没有遇到过？但是在人民支持下，我们依靠自己的力量战胜困难、修正错误、走向光明，确实是绝处逢生、几度柳暗花明。正是历经千锤百炼，中国共产党不断走向强大和成熟。踏上新征程，就要坚定“四个自信”，以历史主动精神沿着历史前进的方向前进。

走好新赶考路，必须坚持党的政治建设，保证党的团结统一。团结就是力量。历史和现实都表明，党的团结统一是党和人民前途和命运所系，是全国人民根本利益所在，任何时候任何情况下都不能含糊、不能动摇。保持党的团结统一要求全党必须做到对党忠诚，做到忠诚党和人民，忠诚党的理想信念，忠诚党的初心使命，忠诚党的组织，忠诚党的理论和路线方针政策。保证党的团结统一要求全党做到“两个维护”，这是党的最根本的政治成果，也是最重要的制度优势，反映了大党成长的内在规律。

走好新赶考路，必须敢于斗争，勇于自我革命。中共在内忧外患中诞生、在历经磨难中成长、在攻坚克难中壮大，锤炼了不畏强敌、不惧风险、敢于斗争、敢于胜利的风骨和品质。在全面建设社会主义现代化道路上，肯定会遇到难以预料的惊涛骇浪，必须发扬敢于斗争精神，在实践中不断提升斗争本领。这个过程必然充满风险挑战，因而越发需要党保持肌体健康。同时，中国共产党历经百年，创造了非凡业绩，赞扬声很多，但越这样越要保持清醒，勇于自我革命。

党的二十大是新赶考路上的重要会议，是党的第二个百年奋斗目标实现的重要节点，也是一个重要的历史性会议。十九届六中全会的顺利召开，对百年奋斗重大成就和历史经验的系统总结，以及对全会精神的深入学习，一定能为党的二十大的顺利召开做好思想准备。新赶考路上，只要我们坚定不移走中国特色社会主义道路，就一定能够顺利实现第二个百年奋斗目标，实现中华民族伟大复兴的宏伟目标。

胸怀千秋伟业，百年只是序章。在新的伟大征程上，更加紧密地团结在以习近平同志为核心的党中央周围，深刻领会党百年奋斗的历史经验，不断汲取前进的智慧和力量，顽强奋斗、不懈奋斗，我们必将战胜一切艰难险阻，书写新的恢宏篇章，创造新的更大奇迹！

拓展阅读

“进京赶考”的提出与“新的赶考之路”的形成

位于河北省平山县的西柏坡是一个耀眼的红色地标，有着“新中国从这里走来”的美誉。1948年5月至1949年3月，中共中央曾在西柏坡办公，指挥了辽沈战役、淮海战役、平津战役三大战役，三大战役取得伟大胜利，党领导的人民革命在全国胜利已成定局，建立新中国的任务被提上日程。党中央和毛泽东同志深刻认识到，必须使全党同志在胜利面前保持清醒头脑，在夺取全国政权后经受住执政考验，防止出现骄傲自满、贪图享乐、脱离群众而导致人亡政息的危险。在召开的具有伟大历史意义的党的七届二中全会上，毛泽东向全党发出了“两个务必”的号召，“务必使同志们继续地保持谦虚、谨慎、不骄、不躁的作风，务必使同志们继续地保持艰苦奋斗的作风。”

1949年3月23日，党中央从西柏坡动身前往北平。毛泽东意味深长地说：“今天是进京赶考的日子”“我们决不当李自成，我们都希望考个好成绩”。

“过去一百年，中国共产党向人民、向历史交出了一份优异的答卷。现在，中国共产党团结带领中国人民又踏上了实现第二个百年奋斗目标新的赶考之路。”2021年7月1日，习近平总书记在庆祝中国共产党成立100周年大会上提出“新的赶考之路”。

从毛泽东提出“进京赶考”到习近平提出“新的赶考之路”，时隔70多年，既体现了党一脉相承的红色基因，又体现了党勇于革新的优良传统。

党的十八大以来，习近平在多个场合提到赶考，这些重要论述为形成“新的赶考之路”奠定了思想基础。

2013年7月11日，习近平来到革命圣地西柏坡，瞻仰旧址。“我们面临的挑战和问题依然严峻复杂，应该说，党面临的‘赶考’远未结束。”习近平西柏坡之行，以史鉴今，凝结了“赶考意识”。他指出，全党同志要不断学习领会“两个务必”的深邃思想，始终做到谦虚谨慎、艰苦奋斗、实事求是、一心为民，继续把人民对我们党的“考试”、把我们党正在经受和将要经受各种考验的“考试”考好，使我们的党永远不变质、我们的红色江山永远不变色。

“我们党在这场历史性考试中取得了优异成绩。同时，这场考试还没有结束，还在继续。今天，我们党团结带领人民所做的一切工作，就是这场考试的继续。”2016年7月1日，在庆祝中国共产党成立95周年大会上，习近平谆谆告诫，“全党同志一定要不忘初心、继续前进，永远保持谦虚、谨慎、不骄、不躁的作风，永远保持艰苦奋斗的作风，勇于变革、勇于创新，永不僵化、永不停滞，继续在这场历史性考试中经受考验，努力向历史、向人民交出新的更加优异的答卷！”

中国共产党人赓续革命精神，从未在“赶考”路上有丝毫懈怠。“未来 70 年，关键是未来 30 年。这正好是我们实现‘两个一百年’奋斗目标的时间。只要我们保持坚定理想信念和坚强革命意志，就能把一个个坎都迈过去，什么陷阱啊，什么围追堵截啊，什么封锁线啊，把它们通通抛在身后！”2019 年 5 月，在充满红色记忆的赣南大地，习近平站在民族复兴的时间坐标上眺望远方，语气坚定。

2019 年 9 月 12 日，习近平视察中共中央北京香山革命纪念地。这里，是中国共产党领导解放战争走向全国胜利、新民主主义革命取得伟大胜利的总指挥部，也是中国共产党人“进京赶考”的首站。“我们缅怀这段历史，就是要继承和发扬老一辈革命家谦虚谨慎、不骄不躁、艰苦奋斗的优良作风，始终保持奋发有为的进取精神，永葆党的先进性和纯洁性，以‘赶考’的清醒和坚定答好新时代的答卷。”

资料来源：共产党员网，2022-03-25.

时政热点

练习题

一、单选题

1. 统筹国内国际两个大局指的是（　　）。

A. 统筹疫情防控，统筹经济社会发展

B. 统筹疫情防控，统筹发展和安全

C. 统筹疫情防控和经济社会发展，统筹发展和安全

D. 统筹五位一体，统筹疫情防控

2. 我国建立起独立的比较完整的工业体系和国民经济体系，农业生产条件显著改变，教育、科学、文化、（　　）、体育事业有很大发展，人民解放军得到壮大和提高，彻底结束了旧中国的屈辱外交。

A. 卫生　　B. 生态　　C. 经济　　D. 社会

3. 党的十一届三中全会以后，以邓小平同志为主要代表的中国共产党人，团结带领全党全国各族人民，深刻总结新中国成立以来正反两方面经验，围绕什么是社会主义、怎样建设社会主义这一根本问题，借鉴世界社会主义历史经验，创立了（　　），做出把党和国家工

作中心转移到经济建设上来、实行改革开放的历史性决策。

A. 毛泽东思想，解放思想，实事求是

B. 毛泽东思想，解放和发展生产力

C. 邓小平理论，解放和发展生产力

D. 邓小平理论，解放思想，实事求是

4. 以江泽民同志为主要代表的中国共产党人，团结带领全党全国各族人民，坚持党的（　　）。

A. 基本理论、基本路线、基本方略　　B. 基本理论、基本路线

C. 基本理论、基本路线、基本政策　　D. 基本路线、基本方略

5. 我国社会主义初级阶段的基本经济制度是（　　）。

A. 公有制为主体、多种所有制经济共同发展

B. 国有制为主体、多种所有制经济共同发展

C. 私有制为主体、多种所有制经济共同发展

D. 集体所有制

6. 我国社会主义初级阶段的分配制度是（　　）。

A. 按劳分配为主体、多种分配方式并存

B. 按劳动力分配为主体、多种分配方式并存

C. 按生产要素分配为主体、多种分配方式并存

D. 按劳分配和按生产要素分配

7. 党的十六大以后，以胡锦涛同志为主要代表的中国共产党人，团结带领全党全国各族人民，在全面建设小康社会进程中推进（　　），深刻认识和回答了新形势下实现什么样的发展、怎样发展等重大问题，形成了科学发展观。

A. 制度创新、科技创新、文化创新　　B. 实践创新、理论创新、制度创新

C. 实践创新、理论创新、科技创新　　D. 制度创新、科技创新、理论创新

8. 以习近平同志为核心的党中央，以伟大的历史主动精神、巨大的政治勇气、强烈的责任担当，统筹国内国际两个大局，贯彻党的（　　）。

A. 基本理论、基本路线、基本政策　　B. 基本理论、基本政策、基本方略

C. 基本政策、基本路线、基本方略　　D. 基本理论、基本路线、基本方略

9. 全会强调，党的十八大以来，在坚持党的全面领导上，党中央权威和集中统一领导得到有力保证，党的领导制度体系不断完善，党的领导方式更加科学，全党思想上________、政治上________、行动上________。（　　）

A. 更加统一，更加团结，更加一致　　B. 更加团结，更加统一，更加一致

C. 更加一致，更加统一，更加团结　　D. 更加统一，更加一致，更加团结

10.《决议》中提到的“四力”指的是（　　）。

A. 党的政治统领力、思想凝聚力、群众组织力、社会号召力

B. 党的政治统领力、思想引领力、群众凝聚力、社会号召力

C. 党的政治领导力、思想引领力、群众组织力、社会号召力

D. 党的政治领导力、思想引领力、群众凝聚力、社会号召力

11. 在全面从严治党上，党的（　　）能力显著增强，管党治党宽松状况得到根本扭转，反腐败斗争取得压倒性胜利并全面巩固，党在革命性锻造中更加坚强。

A. 自我净化、自我革新、自我完善、自我提高

B. 自我净化、自我完善、自我革新、自我提高

C. 自我完善、自我净化、自我革新、自我提高

D. 自我完善、自我革新、自我净化、自我提高

12. 在经济建设上，我国经济发展（　　）明显增强。

A. 平衡性、协调性、可持续性　　B. 协调性、平衡性、可持续性

C. 可持续性、平衡性、协调性　　D. 平衡性、可持续性、协调性

13. 在经济建设上，国家（　　）跃上新台阶。

A. 经济实力、科技实力、国防实力　　B. 经济实力、科技实力、文化实力

C. 经济实力、科技实力、综合实力　　D. 经济实力、科技实力、综合国力

14. 我国经济迈上（　　）、更可持续、更为安全的发展之路。

A. 更高速度、更加高效、更加公正　　B. 更高质量、更有效率、更加公平

C. 更高速度、更加高效、更加公平　　D. 更高质量、更有效率、更加公正

15. 在政治建设上，积极发展全过程人民民主，我国社会主义民主政治（　　）全面推进，中国特色社会主义政治制度优越性得到更好发挥，生动活泼、安定团结的政治局面得到巩固和发展。

A. 制度化、规范化、程序化　　B. 制度化、长效化、标准化

C. 规范化、长效化、标准化　　D. 规范化、标准化、程序化

16. 在文化建设上，我国意识形态领域形势发生（　　）转变，全党全国各族人民文化自信明显增强，全社会凝聚力和向心力极大提升，为新时代开创党和国家事业新局面提供了坚强思想保证和强大精神力量。

A. 整体性、长期性　　B. 全局性、根本性

C. 阶段性、根本性　　D. 全局性、长期性

17. 在社会建设上，人民生活全方位改善，社会治理（　　）水平大幅度提升，发展了人民安居乐业、社会安定有序的良好局面，续写了社会长期稳定奇迹。

A. 社会化、法治化、智能化、专业化

B. 现代化、法治化、智能化、专业化

C. 社会化、现代化、智能化、专业化

D. 社会化、法治化、现代化、智能化

18. 在国防和军队建设上，人民军队实现整体性革命性重塑、重整行装再出发，国防实力和经济实力同步提升，人民军队坚决履行新时代使命任务，以顽强斗争精神和实际行动捍卫了国家（　　）。

A. 主权、安全、发展利益　　B. 主权、领土、发展利益

C. 主权、领土、安全　　D. 主权、安全、经济利益

19. 党的百年奋斗开辟了实现中华民族伟大复兴的正确道路，中国仅用几十年时间就走完发达国家几百年走过的工业化历程，创造了（　　）两大奇迹。

A. 经济快速增长和社会长期稳定　　B. 经济快速发展和社会长期稳定

C. 经济快速增长和社会稳定和谐　　D. 经济快速发展和社会稳定和谐

20. 全党要牢记中国共产党是什么、要干什么这个根本问题，把握历史发展大势，坚定理想信念，牢记初心使命，始终（　　），不为任何风险所惧，不为任何干扰所惑。

A. 谦虚谨慎、艰苦奋斗、不骄不躁　　B. 艰苦奋斗、谦虚谨慎、不骄不躁

C. 艰苦奋斗、不骄不躁、谦虚谨慎　　D. 谦虚谨慎、不骄不躁、艰苦奋斗

二、判断题

1. 在一百年的奋斗中，我们党始终以马克思主义基本原理分析把握历史大势，正确处理中国和世界的关系，善于抓住和用好各种历史机遇。（　　）

2. 旗帜鲜明讲政治、保证党的团结和集中统一是党的生命，也是我们党能成为百年大党、创造世纪伟业在关键所在。（　　）

3. 《中共中央关于党的百年奋斗重大成就和历史经验的决议》指出，在革命斗争中，党弘扬坚持真理、坚守理想，践行初心、担当使命，不怕牺牲、英勇斗争，对党忠诚、不负人民的伟大建党精神。（　　）

4. 《中共中央关于党的百年奋斗重大成就和历史经验的决议》指出，中国人民不但善于破坏一个旧世界，也善于建设一个新世界，只有社会主义才能救中国，只有社会主义才能发展中国。（　　）

5. 中国共产党和中国人民以英勇顽强的奋斗向世界庄严宣告，中国人民站起来了，中华民族任人宰割、饱受欺凌的时代一去不复返了！这是因为我们取得了社会主义革命的伟大胜利。（　　）

6. 中华民族拥有在5 000多年历史演进中形成的灿烂文明，中国共产党拥有百年奋斗实践和百年执政兴国经验。（　　）

7. 过去一百年，中国共产党向人民、向历史交出了一份优异的答卷。现在，中国共产党团结带领中国人民又踏上了实现第二个百年奋斗目标新的赶考之路。（　　）

8. 辛亥革命改革了旧中国半殖民地半封建的社会性质和中国人民的悲惨境遇。(　　)

9. 中国共产党是孙中山先生革命事业最坚定的支持者、最忠诚的合作者、最忠实的继承者。(　　)

10. 1945 年党的六届七中全会通过了《善于若干历史问题的决议》，1982 年党的十一届六中全会通过了《关于建国以来党的若干历史问题的决议》。(　　)

11. 习近平新时代中国特色社会主义思想是当代中国马克思主义、二十一世纪马克思主义，是中华文化和中国精神的时代精华，实现了马克思主义中国化新的飞跃。(　　)

12. 党的百年奋斗深刻影响了世界历史进程，党领导人民成功走出中国式现代化道路，创造了人类文明新形态，拓展了发展中国家走向现代化的途径。(　　)

13. 党的十九届六中全会是我们党进入全面建设社会主义现代化国家、向第二个百年奋斗目标进军新征程的重要时刻召开的一次十分重要的代表大会，是党和国家政治生活中的一件大事。(　　)

14. 毛泽东思想是马克思列宁主义在中国的创造性运用和发展，是被实践证明了的关于中国革命和建设的正确的理论原则和经验总结，是马克思主义中国化的第一次历史性飞跃。(　　)

15. 改革开放和社会主义现代化建设时期，党面临的主要任务是，实现从新民主主义到社会主义的转变，为实现中华民族伟大复兴奠定根本政治前提和制度基础。(　　)

16. 新时代我国社会主要矛盾是人民日益增长的美好生活需要和不平衡不充分的发展之间的矛盾。(　　)

17. 中国共产党为什么能，马克思主义为什么行，归根到底是因为中国特色社会主义好。(　　)

18. 人民是我们党的生命之根、执政之基、力量之源。(　　)

19. 打铁必须自身硬，办好中国的事情，关键在党，关键在党要管党、全面从严治党。(　　)

20. 全会决定，中国共产党第二十次全国代表大会于 2022 年 11 月在北京召开。(　　)

三、思考题

1. 以中华民族伟大复兴为主题主线，党的百年历史划分为几个时期？

2. 一百年来，党领导人民进行伟大奋斗，积累的十个方面的宝贵历史经验是什么？

第二讲

扎实推进共同富裕
实现社会安定和谐

★★★★★

2021年7月，习近平在庆祝中国共产党成立100周年大会上庄重承诺，“推动人的全面发展、全体人民共同富裕取得更为明显的实质性进展!”11月，党的十九届六中全会明确提出，中国特色社会主义新时代“是全国各族人民团结奋斗、不断创造美好生活、逐步实现全体人民共同富裕的时代”。并且把“推动人的全面发展，全体人民共同富裕取得更为明显的实质性进展”作为习近平新时代中国特色社会主义思想的重要组成部分。以习近平同志为核心的党中央科学把握新发展阶段的历史方位，明确阐发推动共同富裕的新要求、新任务，显示出崇高而坚定的政治信仰。实现共同富裕是共产党人的初心和使命，是我们团结全体人民的旗帜，是科学社会主义的基本原则，是社会主义优越性的体现，是实现社会和谐安定的保证。

第一节　共同富裕的历史追求

党的十八大以来，以习近平同志为核心的党中央把握发展阶段新变化，高度重视“共同富裕”问题，把逐步实现全体人民共同富裕摆在更加重要的位置上，推动区域协调发展，采取有力措施保障和改善民生，打赢脱贫攻坚战，全面建成小康社会，为促进共同富裕创造了良好条件。

现在，我们正在向第二个百年奋斗目标迈进。适应我国社会主要矛盾的变化，更好满足人民日益增长的美好生活需要，必须把促进全体人民共同富裕作为为人民谋幸福的着力点，不断夯实党长期执政基础。高质量发展需要高素质劳动者，只有促进共同富裕，提高城乡居民收入，提升人力资本，才能提高全要素生产率，夯实高质量发展的动力基础。当前，全球收入不平等问题突出，一些国家贫富分化，中产阶层塌陷，导致社会撕裂、政治极化、民粹主义泛滥，教训十分深刻！我国必须坚决防止两极分化，促进共同富裕，实现社会和谐安定。可见，实现全体人民的共同富裕，是党中央战略部署，是全体人民的共同愿望。

一、共同富裕是人类社会追求和探索的方向

早在《莱茵报》时期，马克思就曾以物质利益为主要线索为贫民捡拾枯树枝的行为进行公正辩护，对摩泽尔地区民众的贫困状况进行深入调查和科学论证，表现出对资本主义制度的质疑。恩格斯也时刻关注工人阶级的生存状况，并运用大量史料阐述了无产阶级的贫困境遇，指出“贫穷是现代社会制度的必然结果”。随着唯物史观和剩余价值论趋向成熟，马克思、恩格斯进一步论证了贫困产生的前提、根源和后果。劳动者一无所有是劳动力成为商品的必要条件，资本就是靠剥削和压榨雇佣工人来赚取财富的。第二次世界大战后，发达资本主义国家进入经济高速增长的黄金期，鼓吹“高福利”政策，使工人阶级的生活状况获得一定改善。但是在资本逻辑的宰制之下，工资只是劳动力的价值或价格的隐蔽形式，工人阶级仍然趋于贫困化，更经不起重大灾难风险的冲击。在新冠肺炎疫情面前，发达资本主义国家金钱至上的逻辑及贫富分化问题暴露无遗。无产阶级的贫困化蕴藏着工人阶级反抗的动因，昭示了社会主义制度代替资本主义制度的必然性。

马克思、恩格斯科学地描绘了共产主义的发展图景，清晰地指出了共同富裕的目标设想。其一，共产主义社会具有强大的财富创造能力。共产主义社会作为人类社会发展的高级阶段，将继承以往生产力发展的积极成果，必然具有高度发达的物质生产力水平。但这并不意味着庞大的商品堆积，也不等于随意倾倒的牛奶和蜂蜜。高度发达的生产力主要是指更强大的财富创造能力、更先进的生产组织形式。所有这些都是以自由人联合体为基础的，强调人的自由自觉特性的全面展开，能够最大化地避免无谓竞争所产生的资源消耗，“而集体财富的一切源泉都充分涌流”能够满足全体社会成员的生存和发展需求。其二，共产主义社会的财富分配将真正贯彻公平正义的原则。共产主义社会将实现劳动者与生产资料的真正结合，逐步消除“三大差别”，形成新型的社会关系网络。个人劳动直接地作为社会总劳动的构成部分存在着，实行“各尽所能，按需分配”。当然，按需分配之“需”是合理的需要、健康的需要、发展的需要，而不是庸俗的需要、低级的需要。财富分配将真正体现个人尺度与社会尺度的统一、主观尺度与客观尺度的统一。社会主义作为资本主义向共产主义转变的过渡时期，尽管还没有实现完全的自由自觉，但是与共产主义具有本质的一致性，始终坚持向全体人民共同富裕的方向迈进。

二、共同富裕是中国共产党矢志不渝的奋斗目标

在山河破碎的危难时刻，中国共产党应运而生，肩负起救亡图存、拯救劳苦大众的历史使命。从中国共产党推进共同富裕的百年历程来看，中国共产党根据新民主主义革命时期、社会主义革命和建设时期、改革开放和社会主义现代化建设新时期、中国特色社会主义新时代这几个不同历史时期的时代背景与主要任务，不断创新推动共同富裕的思路方针与实践举措，赋予“共同富裕”以由片面到全面、由低水平到高质量的动态的、渐进的时代内涵。

（一）新民主主义革命时期：“革命求富”

“革命”即新民主主义革命，所期盼的“富”的核心要义是要消除财产私有制所带来的贫富鸿沟。当时中国处于半殖民地半封建社会，军阀混战、经济落后、民不聊生，中国人民遭受帝国主义、封建主义、官僚资本主义压迫。中国共产党所面临的首要任务就是通过革命来争取民族独立，从而为消除资本主义导致的社会不均、走共同富裕的道路奠定重要的社会基础。这一阶段，中国共产党将共同富裕的现代化与民族独立统一起来，一方面在其纲领、革命口号、革命目标中充分展现消灭私有制、实现共同富裕的未来愿景与社会主义的光明前景，激发农民参与革命的内生动力；另一方面，通过土地革命、土地改革等实践，重新配置土地资源，帮助农民成为土地的主人，改善农民的贫苦

生活，为实现共同富裕的现代化创造了前提与基础。中国共产党以为人民谋幸福、为民族谋复兴为初心和使命，肩负争取民族独立、人民解放的历史重任，奋力夺取新民主主义革命的胜利，为实现共同富裕创造根本社会条件。

（二）社会主义革命和建设时期："建设谋富"

"建设"即中国共产党推进社会主义建设，继续践行初心使命，坚持走社会主义道路，并且通过最深刻的社会变革来实现"富"，实现经济的繁荣。在新中国成立之初，世界局势动荡不安，国家主权安全面临挑战。为建立和巩固国家政权，彻底摧毁旧式生产关系的禁锢、切实缩小贫富差距，中国共产党领导广大人民群众开展了轰轰烈烈的社会主义改造运动。同时，为推动中国从落后的农业国转变为先进的工业国，建立起比较完整的工业体系和国民经济体系。基于半殖民地半封建社会不平等问题的切身体验和深刻认识，中国共产党人将"共富"原则摆在非常突出的位置，将公平正义的理念贯彻到财富生产和财富分配的各个环节和各个方面。中国共产党需要完成对生产资料私有制社会主义改造，从而为实现国家富强、共同富裕奠定坚实的制度基础。"建设谋富"具体体现在中国共产党在确立社会主义制度基础之上，进行符合中国国情的社会主义工业化探索，为实现共同富裕奠定制度基础与物质基础。

（三）改革开放和社会主义现代化建设新时期："改革致富"

"改革"即实行改革开放的一系列举措，目的是实现生产力快速提高，使人民尽快富裕，最大限度地体现社会主义道路的优越性。中国共产党高度重视发展生产力对于共同富裕的前提性与基础性意义，将改革开放、发展生产力与推动共同富裕紧密结合起来，不断深化对共同富裕现代化内涵的认识，奋力探索具有中国特色的现代化道路。1978 年，邓小平在中央工作会议上，做题为"解放思想，实事求是，团结一致向前看"的报告，提出允许一部分人先富起来、先富带动后富的思想。随后召开的党的十一届三中全会，进一步明确改革开放的总任务，确定转移工作重心到经济建设上来的目标，实现了中国式现代化建设的新发展。1992 年邓小平发表南方谈话，将共同富裕提升到社会主义本质的高度，指出"发展才是硬道理"，深化了对共同富裕的认识。"三个代表"重要思想、科学发展观，表明中国共产党对中国特色社会主义现代化如何建设的理论认知不断完善与提升，从而能更好地引领社会主义建设方向，并且坚持将改革开放的成果运用于推动共同富裕的社会主义事业中，不断增进人民的共同福祉，为实现共同富裕夯实了深厚的物质基础。

（四）中国特色社会主义新时代："脱贫共富"

"脱贫"为脱贫攻坚战，是中国式现代化道路取得成就的深入阐释和生动体现，所追求的“富”，与不断满足人民美好生活向往具有内在的、逻辑上的一致性。党的十八大以来，以习近平同志为核心的党中央从经济、政治、文化、社会、生态等视角全面、系统推动共同富裕，逐步明确共同富裕的现代化的实现路径。以习近平同志为核心的党中央把脱贫攻坚上升到国家战略高度，将其纳入“五位一体”总体布局和“四个全面”战略布局，要求脱贫攻坚任务重的地区将脱贫攻坚作为头等大事和第一民生工程，注重发挥社会主义制度优势，坚持精准扶贫精准脱贫的基本方略，坚持以人民为中心思想，将扶贫与扶志、扶智结合起来，全面建成小康社会的第一个百年奋斗目标如期实现。中国共产党统筹国内国际两个大局，实现了消除绝对贫困这个底线任务，创造了人类减贫史上的奇迹。在脱贫攻坚战胜利后，中国共产党把继续巩固脱贫攻坚成果同乡村振兴有效衔接，保证脱贫成效的长效性与持久性，促进城乡一体化发展，致力于使全体人民共享现代化发展成果，为实现共同富裕奠定了良好的现实基础。中国共产党人一再强调发展为了人民，发展依靠人民，发展成果由人民共享，并将机会平等、过程平等、规则平等提升为执政之要，使得共同富裕的战略构想更加科学、更加系统、更加可行。

三、共同富裕是解决发展不平衡不充分的现实选择

坚持共同富裕的目标导向，是解决发展不充分问题的现实选择。发展不充分问题，即发展不够的问题，具体表现为发展能力、发展质量和发展水平方面的不足。当前中国经济运行总体平稳，但所面临的困难和挑战不容小觑。其一，经济社会发展面临的外部挑战更加严峻复杂。新冠肺炎疫情的冲击持续蔓延，国际贸易进入摩擦高发期，金融领域风险有所增大。外部环境的压力逐步向就业端传导，势必影响人民生活品质的提高。其二，经济社会运行结构性失衡。供给侧与需求侧不协调、不匹配，高端产能不足与低端产能过剩的问题同时存在，进而导致经济循环不畅。而且，创新能力不强在很大程度上制约了经济结构的转型升级。其三，实体经济发展面临困境。外需持续萎缩，内需增势有所放缓，加上虚拟经济的膨胀挤压，导致实体经济发展动力不足、总体不景气。其四，经济社会可持续发展面临资源环境的瓶颈制约。尽管生态环境质量持续改善，但是要消化和解决积存的环境问题还需要较长的建设和治理周期。各种问题相互掣肘，各种矛盾相互叠加，对生产力发展和社会财富的分配提出更高要求。

总的来看，以习近平同志为核心的党中央在做大“蛋糕”的同时注重分好“蛋糕”，高度重视并反复强调共同富裕是社会主义现代化的重要目标，在促进共同富裕的探索中取得了举世瞩目的成绩。在综合国力和国际影响力方面，中国的国内生产总值继2000年超过意大利、2005年超过法国、2006年超过英国、2007年超过德国、2010年超过日本后，一直处于稳步上升趋势，中国当前持续保持世界第二大经济体地位，2020年人

均国内生产总值约为 7.2 万元，2020 年末常住人口城镇化率超过 60%。在产业发展方面，产业结构不断优化，第一、二、三产业协调发展，第一、二、三产业增加值占国内生产总值的比重由 1978 年的 27.7%、47.7%、24.6%左右，逐渐调整至 2020 年的 7.7%、37.8%、54.5%左右，第一产业所占比重显著降低，中高端产业发展迅速。在居民生活水平方面，2013 年至 2020 年，城镇居民人均收入大约由 26 467 元增加至 43 834 元，农村居民人均收入大约由 9 430 元增加至 17 132 元；2021 年，全国居民每百户家用汽车拥有量为 41.8 辆，比上年增长 12.4%；每百户移动电话拥有量为 259.1 部，比上年增长 2.1%。截至 2021 年底，我国基本养老保险覆盖率已达总人口的 70%以上，基本医疗保险覆盖率稳定在 95%以上，居民生活质量显著提高。

中国式现代化道路彰显了经济繁荣、财富增长，但我国发展仍存在不平衡不充分问题，与人民美好生活需要还存在差距，具体表现为城乡差距、区域差距、群体差距等多个方面。其一，城乡差距比较突出。数据显示，2020 年城乡居民人均可支配收入比值为 2.56，比上年缩小 0.08；2020 年城乡居民人均可支配收入绝对差距为 26 703 元，比上年减少 365 元。城乡收入相对差距持续缩小，但是绝对差距仍在扩大。而且，城市居民在财产性收入、社会福利、公共服务等方面享受到更多的实惠，拥有更多的发展机会。其二，区域差距仍然比较明显。东部、中部、西部板块之间的差距仍然突出，南北发展失衡的问题持续发酵。区域发展失衡不仅影响资源和生产要素的合理配置，而且会束缚全要素生产率的提升。其三，群体差距仍然比较悬殊。据统计，2020 年全国居民人均可支配收入基尼系数为 0.468，仍然维持较高水平。适度的贫富差距能够激发财富创造的动力，而过大的贫富差距难免会给社会带来较多的不安定因素，甚至产生代际传递效应。总之，中国共产党尽管在推动共同富裕上取得实质性进展，仍需要在新征程上继续发力。

第二节　共同富裕的科学内涵

习近平总书记指出：“现在，已经到了扎实推动共同富裕的历史阶段。”推动共同富裕是一个全新的时代课题，前人没有干过，世界其他国家也没有尝试过，必须靠我们自己“摸着石头过河”。

富裕是世界上每个国家走向现代化的重要目标，而我国现代化追求的是共同富裕。习近平总书记强调：“共同富裕是社会主义的本质要求，是中国式现代化的重要特征。”对当今时代和当下世界来说，共同富裕是具有完全知识产权的“中国专利”。共同富裕是中国式现代化的“母版”“新版”，不是西方高福利政策的“再版”“翻版”。

我们的共同富裕是中国共产党领导下的共同富裕，是中国特色社会主义制度保驾护航的共同富裕，是有5 000多年中华优秀文化深厚滋养的共同富裕，从几千年前“民亦劳止，汔可小康”的朴素愿望、“天下大同”“民惟邦本”的社会理想，到我们党成立百年来团结带领各族人民接续奋斗、砥砺前行，特别是党的十八大以来，以习近平同志为核心的党中央历史性解决了9 899万人口的贫困问题，全面建成小康社会，为实现共同富裕奠定了坚实基础。

鼓吹“从摇篮到坟墓”的西方高福利政策，作为资本主义制度的产物，是不可持续的“福利陷阱”，无法从根本上解决贫富两极分化，反而会导致新的社会撕裂，也往往出现“养懒汉”现象。有时不同政党上台执政，后任不管前任，新官不理旧账，造成资源浪费，引发债务危机，造成社会动荡。

共同富裕的主要内涵是什么？我们从以下九个方面来认识：

一、共同富裕是高质量发展基础上的富裕，不是“穿新鞋走老路”

人们说，推动共同富裕是“在做大蛋糕的基础上分好蛋糕”。把蛋糕做大是实现共同富裕的第一步。进入新发展阶段，发展仍是解决我国一切问题的基础和关键，发展的质量决定共同富裕的成色。这要求我们，不仅要把蛋糕做大，更要把蛋糕做得更好。

习近平总书记强调，要在高质量发展中促进共同富裕，提高发展的平衡性、协调性、包容性。落到具体工作上，就是要完整、准确、全面地把握新发展阶段、贯彻新发展理念、构建新发展格局，以创新发展解决发展动力问题，以协调发展破解发展不平衡问题，以绿色发展解决可持续问题，以开放发展解决“双循环”问题，以共享发展解决获得感问题，穿高质量发展的“新鞋”闯出共同富裕的新路。

二、共同富裕是分阶段促进共同富裕，不是同时同步同等富裕

促进全体人民共同富裕是一个从量变到质变的过程，不可能“一口气吃成胖子”。从基本国情看，经过百年奋斗、积累，共同富裕有了扎实基础，2020年我国国内生产总值首次突破100万亿元大关，“家底”更加厚实。但我国仍处于并将长期处于社会主义初级阶段的基本国情没有变，我国是世界上最大的发展中国家的国际地位没有变，人民日益增长的美好生活需要和不平衡不充分的发展之间的矛盾是我国社会的主要矛盾，共同富裕不是轻轻松松、敲锣打鼓就能实现的。从发展现状看，地区差距、城乡差距、收入差距“三大差距”依然突出，不是一朝一夕能解决的。每个区域的资源禀赋、发展

起点和阶段各不相同，不同人群之间的人力资本水平、工作投入程度差别也很大，区域、城乡及个体存在适度差异是正常的，不能要求所有地区、所有人同时富裕，也不能要求不同区域、不同人群都达到全国一致的收入和生活水平。

推动共同富裕就像一个人走路，两只脚一前一后才走得稳、走得远。如果两只脚齐步往前走，不仅走得很累，还容易跌倒。要分阶段促进，不能齐步走。不是所有人都同时富裕，也不是所有地区同时达到一个富裕水准，不同人群不仅实现富裕的程度有高有低，时间上也会有先有后，不同地区富裕程度还会存在一定差异。

要立足社会主义初级阶段，坚持“两个毫不动摇”。要坚持公有制为主体、多种所有制经济共同发展，大力发挥公有制经济在促进共同富裕中的重要作用，同时要促进非公有制经济健康发展、非公有制经济人士健康成长。要允许一部分人先富起来，同时要强调先富带后富、帮后富，重点鼓励辛勤劳动、合法经营、敢于创业的致富带头人。靠偏门致富不能提倡，违法违规的要依法处理。

三、共同富裕是靠人人参与、人人奋斗，不是“躺平”“搭车”

幸福是奋斗出来的，共同富裕也是奋斗出来的。就像一项团体比赛，一两个人拼搏可能偶有精彩表现，如果其他队员出工不出力，不可能取得整体好成绩。比赛可以分工不同，部分人当教练，部分人当前锋，部分人当后卫，但每个人都应进场扮演好自己的角色。共同富裕只有人人参与、人人尽力，才能真正实现人人享有。

“躺平”不可能坐享其成，“内卷”不可能创造幸福。共同富裕是逆水行舟，不是顺水漂流，大家齐心协力地往前划，才能到达共同富裕的彼岸。14 多亿人，每个人的智慧和力量都发挥出来，财富累积起来将是惊人的；如果仅凭部分人去创造，幸福生活谁也给不了。唯有奋斗，别无他路。

鼓励勤劳创新致富。共同富裕要靠勤劳智慧来创造。要坚持在发展中保障和改善民生，把推动高质量发展放在首位，为人民提高受教育程度、增强发展能力创造更加普惠公平的条件，提升全社会人力资本和专业技能，提高就业创业能力，增强致富本领。要防止社会阶层固化，畅通向上流动通道，给更多人创造致富机会，形成人人参与的发展环境，避免“内卷”“躺平”。

四、共同富裕是全体人民的共同富裕，不是少数人的富裕

马克思在《1857—1858 年经济学手稿》里写道，在未来的社会主义制度中，“社会生产力的发展将如此迅速，以致尽管生产将以所有的人富裕为目的，所有的人的可以自

由支配的时间还是会增加”。160 多年过去了，这一更高阶段的社会形态正逐渐在社会主义中国成为现实。

贫穷不是社会主义，两极分化更不是社会主义。共同富裕包括两个关键词：“共同”和“富裕”。“共同”，就是我们所追求的富裕全体人民都有份，不是一部分人富起来，另一部分人被平均；也不是大部分人富了，少部分人就掉队不管了，共同富裕路上“一个也不能少”。“富裕”，就是我们所要达到的富不是单一性、低水平的，而是最终实现社会全面进步和人的全面发展。2020 年，我国人均国内生产总值超过 10 000 美元，这对 14 多亿人口大国来说已经是个了不起的成就。当共同富裕取得重大实质性进展之时，人均国内生产总值将会再上一个大台阶。可以预见，那时的中国将继创造世所罕见的经济快速发展和社会长期稳定这两大奇迹之后，实现全体人民共同富裕的第三大奇迹。

五、共同富裕是先富带后富、帮后富，不是“劫富济贫”“打土豪分田地”

有人会问：先富愿意主动带后富、帮后富吗？会不会动了先富地区和先富人群的“奶酪”？是不是“把猪养肥了再杀”？……共同富裕的图纸很容易被部分人用反资本情绪、反市场逻辑的“笔”涂抹。虽然有的人嚷嚷着“劫富济贫”，但那绝对不是通往共同富裕的正道，因为即便“打倒了”富人，也未必能让懒人富起来。

共同富裕是授人以渔，并非授人以鱼。财富是靠劳动创造出来的。先富带后富，带的是走上劳动致富的康庄大道；先富帮后富，帮的是提高劳动致富的能力。正如有的人说的，那种希望从富人的蛋糕上切一块让自己富起来的想法，肯定是行不通的。

改革开放以来，一部分人抓住机遇、创业创新，积累了大量财富，率先实现自身的富裕，同时也通过缴纳税收、提供就业、承担社会责任，为推动共同富裕创造了物质条件。在新发展阶段推动共同富裕，要坚持基本经济制度，坚持“两个毫不动摇”，发挥高收入群体和企业家作用，调动一切可以调动的积极性，让一切创造社会财富的源泉充分涌流。

六、共同富裕是普遍富裕基础上的差别富裕，不是“绝对公平”“吃大锅饭”

事物发展一靠势能，二靠动能。高低落差形成势能，自身运动产生动能。一汪平湖没有落差，难免变成一潭死水；一川瀑布从高处落下，便会释放巨大能量。当然，过大的落差容易造成新的破坏。

历史告诉我们，搞平均主义，吃“大锅饭”，只会让卖力的人积极性受挫，出工不出力的人占便宜，终将陷入共同落后、共同贫穷的泥潭。要遵循按劳分配的客观规律，不能追求片面的“绝对公平”。

推动共同富裕也是这个道理，14 多亿人一起“吃大锅饭”，那将是死水一潭。促进共同富裕，不是简单的“削峰填谷”，而是普遍富裕基础上的差别富裕。要正确处理效率和公平的关系，在做大蛋糕的基础上分好蛋糕，构建初次分配、再分配、三次分配协调配套的基础性制度安排，扩大中等收入群体比重，增加低收入群体收入，合理调节高收入，取缔非法收入，形成中间大、两头小的橄榄型分配结构，使全体人民朝着共同富裕目标扎实迈进。

七、共同富裕是“富口袋”与“富脑袋”的统一，不是单单物质上的“土豪”“富豪”

习近平总书记强调：“只有物质文明建设和精神文明建设都搞好，国家物质力量和精神力量都增强，全国各族人民物质生活和精神生活都改善，中国特色社会主义事业才能顺利向前推进。”物质贫穷不是社会主义，精神贫穷也不是社会主义。实现共同富裕是一个物质积累的过程，也是一个精神丰实的过程，两者相辅相成、缺一不可。

站在全面小康新的奋斗起点上，衡量一个地方的发展水平，反映一个人的富裕程度，精神文化生活是重要硬指标。现实表明，推动共同富裕，是物质生产力发展的过程，也是文化生产力发展的过程，而且文化越来越成为关键变量、决定性因素。“脑袋不富”眼里更多的是“柴米油盐”，“脑袋富了”心中就能装着“诗和远方”，“脑袋”“口袋”都富了才能有真正的获得感、幸福感、安全感。要在抓经济建设的同时，更加重视文化建设；在注重增加城乡居民收入的同时，更加关注人民群众精神力量的增强、文化生活的满足，推动形成与共同富裕相适应的价值理念、精神面貌、社会规范、文明素养，让人们在共同富裕中实现精神富有。

八、共同富裕是各尽所能、各尽其责，不是靠捐赠搞“逼捐”

一部机器的正常运转，需要每个齿轮严丝合缝，每个零部件各安其位。共同富裕是一项系统工程，需要政府、社会、企业、个人共创共建，不同的主体都要在各自“机位”上开足马力。企业是拉动发展的引擎、创造税收的主体、扩大就业的关键，在推动共同富裕过程中发挥不可替代的作用。对企业家来说，把企业经营好，让员工收入更高、生活得更好，积极拉动产业上下游，提高产品在国际版图中的竞争力，就是对促进共同富裕最大的责任，也是最大的贡献。

实现共同富裕需要人人出力、人人尽力，有余力的做慈善捐赠，是锦上添花的事情。但不能本末倒置，搞捐赠竞赛，甚至无形“劝捐”“逼捐”，要把精力花在各尽所能、各尽其责上。虽然三次分配主要通过慈善捐赠的方式进行，起到改善分配结构的补充作用，但“捐”不是初次分配的“酬”，也不是再分配的“税”，是在自愿而非强制的基础上进行的。在现阶段，推动共同富裕要各就各位，立足主业，回归本职，把各自从事的事情做得更好。

共同富裕要尽力而为量力而行。要建立科学的公共政策体系，把蛋糕分好，形成人人享有的合理分配格局。要以更大的力度、更实的举措让人民群众有更多获得感。同时，也要看到，我国发展水平离发达国家还有很大差距。要统筹需要和可能，把保障和改善民生建立在经济发展和财力可持续的基础之上，不要好高骛远，吊高胃口，做兑现不了的承诺。政府不能什么都包，重点是加强基础性、普惠性、兜底性民生保障建设。即使将来发展水平更高、财力更雄厚了，也不能提过高的目标，搞过头的保障，坚决防止落入“福利主义”养懒汉的陷阱。

九、共同富裕是一场等不得、也急不得的“耐力赛”，不是速战速决的“百米跑”

习近平总书记指出：“共同富裕是一个长远目标，需要一个过程，不可能一蹴而就，对其长期性、艰巨性、复杂性要有充分估计，办好这件事，等不得，也急不得。”

回望这些年中国发展的壮阔历程，是脚踏实地的风雨兼程。我们用短短几十年的时间走过了西方发达国家几百年的工业化历程，速度不可谓不惊人，成就不可谓不巨大。惊叹之余更要看到，在通往共同富裕的道路上，中国人民每向前一步，都付出了与之相匹配的巨大努力和辛勤汗水。进入共同富裕新跑道，要拿出时不我待的紧迫感、只争朝夕的精气神，脚踏实地跑起来。促进共同富裕，等不得，也等不来。一些发达国家工业化搞了几百年，但由于社会制度原因，到现在共同富裕问题仍未解决，贫富悬殊问题反而越来越严重。我们要有耐心，实打实地一件事一件事办好，提高实效。

“方法对头是效率，减少失误也是效率。”方法对头，就是要把握经济社会发展客观规律；减少失误，就是绝不做超越历史阶段的事情，绝不搞运动式共同富裕，绝不吊高胃口。要立足现实基础和现有条件，做到科学谋划、稳扎稳打，走好共同富裕新的长征路。浙江高质量发展建设共同富裕示范区，正是为全国答好实现共同富裕这个时代课题先行探路、积累经验。鼓励各地因地制宜探索有效路径，总结经验，逐步推开。

第三节　共同富裕的实现路径

进入新发展阶段，实现共同富裕成为实现第二个百年奋斗目标的一项重大任务。同时，随着来自经济转型发展、人口老龄化、新型城镇化、社会矛盾多元化复杂化、外部压力增大等多方面的挑战，推动共同富裕也不断迎来新情况、新问题，特别是发展不平衡不充分的问题。总的思路是，坚持以人民为中心的发展思想，在高质量发展中促进共同富裕，正确处理效率和公平的关系，构建初次分配、再分配、三次分配协调配套的基础性制度安排，加大税收、社保、转移支付等调节力度并提高精准性，扩大中等收入群体比重，增加低收入群体收入，合理调节高收入，取缔非法收入，形成中间大、两头小的橄榄型分配结构，促进社会公平正义，促进人的全面发展，使全体人民朝着共同富裕目标扎实迈进。

一、以高质量发展为第一要务，夯实共同富裕物质基础

实现共同富裕是多种因素综合作用的结果，其中“富裕”是实现共同富裕的决定性因素，而高质量发展是“富裕”的有效途径。新时代，“我国经济已由高速增长阶段转向高质量发展阶段”。在高质量发展中促进共同富裕，“发展”既是关键词也是必由之路。因此，必须把高质量发展作为第一要务，将新发展理念贯穿发展各领域、全过程，持续夯实共同富裕的物质基础。一是创新发展。创新发展能解决发展动力问题，为实现共同富裕提供动力保障。在以创新驱动经济高质量发展的同时，推进理论创新、制度创新以及其他各方面创新，不断创新发展思路，开拓发展模式，为实现共同富裕注入强劲动力。二是协调发展。协调发展能解决发展不平衡问题，为实现共同富裕提供科学方法论。要加快完善社会主义市场经济体制，推动发展更平衡、更协调、更包容。要增强区域发展的平衡性，实施区域重大战略和区域协调发展战略，健全转移支付制度，缩小区域人均财政支出差异。要强化行业发展的协调性，加快垄断行业改革，推动金融、房地产同实体经济协调发展。要支持中小企业发展，构建大中小企业相互依存、相互促进的企业发展生态。三是绿色发展。绿色发展能解决人与自然和谐相处问题，蕴含着实现共同富裕的生态追求。共同富裕追求的是生产、生活、生态全面协调可持续的健康发展，必须坚持绿色发展理念，使发展与生态环境承载力相适应，推动人与自然和谐共生。四

是开放发展。开放发展能解决内外联动问题，为实现共同富裕提供开放的发展环境。要继续深化体制机制改革，立足国内，放眼全球，实施高水平对外开放，构建新发展格局，实现内外联动，为实现共同富裕提供“双动力引擎”。五是共享发展。共享发展能解决社会公平正义问题，彰显共同富裕的人民取向。要在尊重人民群众主体地位、激发人民的智慧和力量、扎实推动共同富裕的同时，推动发展成果全民共享、全面共享、共建共享。

二、以中国特色社会主义制度为支撑，强化共同富裕制度保障

改革开放40多年来的中外历史和实践充分证明，西方资本主义分配理论必然导致社会贫富两极分化，而中国特色社会主义制度则为实现共同富裕提供了坚实保障；无论是“让一部分人、一部分地区先富起来”，还是“先富带后富、帮后富”，或是“推动共同富裕取得更为明显的实质性进展”，无不是基于我国社会主义市场经济体制的确立和发展完善。立足新发展阶段，应继续坚持和完善社会主义基本经济制度，坚持“两个毫不动摇”，建立公平普惠的制度体系，强化共同富裕的制度保障。坚持和完善公有制为主体、多种所有制经济共同发展的所有制体系，既发挥公有经济和国有经济在缩小贫富差距、保证人民共享发展成果方面的决定性作用，又为多种所有制经济形式提供充足的发展空间，使其成为推进共同富裕进程不可或缺的参与者。坚持和完善按劳分配为主体、多种分配方式并存的分配制度，既通过按劳分配激发劳动者的积极性、主动性、创造性，又通过其他分配形式调动一切积极因素，使得各种生产要素融入社会生产，使多种分配方式更加公平、高效，促进社会公平正义。既要充分发挥市场在资源配置中的决定性作用，也要更好发挥政府作用，将有效市场同有为政府更好地结合起来，调动政府和市场、国家和个人、公有和私有等各方面力量，充分释放全社会各方面创新创造活力。

三、以完善收入和财富分配格局为抓手，确保收入分配公平合理

早在20世纪90年代，邓小平就前瞻性地指出，“中国发展到一定的程度后，一定要考虑分配问题”。随着我国进入新发展阶段，推动共同富裕取得实质性进展必须依托科学合理的收入和财富分配格局。为此，要坚持尽力而为量力而行的原则，构建初次分配、再分配、三次分配协调配套的基础性制度安排，建立科学合理、人人参与、共同享有的收入和财富分配格局。一是深化初次分配制度改革，注重其包容性和协调性。合理确定劳动收入在国民收入中的比重，稳步提高居民可支配收入和劳动报酬在初次分配中的比重，鼓励劳动奋斗致富，多渠道增加居民财产性收入；合理调节高收入，清理和规

范不合理收入，取缔非法收入，建立健全城乡居民财产收益分配制度，培育扩大中等收入群体，缩小行业收入差距、城乡收入差距。二是增强再分配的公平性，注重其调节性。完善税收制度，强化税收征收、监管等机制，严格税收执法等；完善财政转移支付机制，加大税收、社保、转移支付等精准调节力度，将财政资金更多地向基础公共服务领域及农村和老少边穷地区倾斜。三是建立健全三次分配规范化、有效化的制度安排，以弥补一次、二次分配的不足。完善包括捐赠事项发起、收集登记、捐出记录、公布捐赠使用信息，对捐赠物资使用的有效监管以及税收减免等各项慈善捐赠管理制度，鼓励高收入群体和组织机构反哺社会，增强企业社会责任感，充分发挥三次分配的调节作用。

四、以实现基本公共服务优质共享为重点，统筹城乡、区域发展

城乡、区域发展差距不仅表现为经济发展水平的差距，还表现为基本公共服务供给水平的差距。在高质量发展中扎实推进共同富裕，必须增强发展的平衡性、协调性和包容性，推进基本公共服务体系的不断完善，实现基本公共服务的优质共享。一是推动城乡一体化发展，加快推进农业农村现代化，促进城乡生产要素流动融合和合理配置，建立城市公共服务资源引入农村的长效机制，引入数字技术等多种手段拓宽低收入群体增收渠道，推动公共服务惠及更多人群。二是推动区域协调发展，完善区域基本公共服务均等化机制，以对口支援、定向帮扶、项目引进、人才支持等多元化、多层次的方式加大对中西部欠发达地区的支持力度，深化发达地区与欠发达地区交流合作，推动各族人民共同富裕。三是创新公共服务供给方式，探索以政府购买公共服务，社会组织以竞争性方式提供优质服务，公众享受并监督服务质量的多元化公共服务供给体制，同时鼓励民间资金合法有序投入公共服务中，提升公共服务供给水平。

五、以深化社会配套制度改革为补充，畅通发展通道

扎实推动共同富裕是一项系统工程，是国家、社会、市场等各层面、各主体、各环节合力作用的结果。为此，必须以深化社会配套制度改革为切口，完善相关配套服务体系，为每个人提供公平化、有序化的发展机会和平台，提高社会流动性。一是在教育方面。要加大普惠性人力资本投入，有效减轻困难家庭教育负担，提高低收入群众子女受教育水平。要加大教育服务的有效供给和教育资源的均衡配置，提高全体人民特别是低收入群体受教育的程度，有针对性地开展相关职业技能培训，提升他们的发展能力。二是在养老方面。要建立多层次、多支柱的社会保障体系和养老保险体系，推动基本医疗

保险等更高层次统筹、更广范围覆盖，逐步缩小职工与居民、城市与农村的筹资和保障待遇差距，逐步提高城乡居民基本养老金水平。三是在救助方面。要完善兜底救助体系，加快缩小社会救助的城乡标准差异，逐步提高城乡最低生活保障水平，兜住基本生活底线。四是在住房方面。要完善住房供应和保障体系，坚持房子是用来住的、不是用来炒的定位，租购并举，因城施策，完善长租房政策，扩大保障性租赁住房供给，重点解决好新市民住房问题。五是在环境方面。要营造勤劳创新致富的积极社会氛围，为低收入群体自主择业致富、创业致富等创造更加普惠、便利的机会和条件，形成人人参与、共建共享的发展环境。深化人事制度改革，消除阻碍人员自由流动的制度体制障碍，畅通流动渠道，为全体人民提供追求发展、勤劳致富的共同权利和机会。

六、以人的全面发展为旨归，促进人民精神生活共同富裕

精神富裕不可能像物质富裕那样，有明确的数字指标可以衡量，但精神富裕亦有其刻度，有其基本特征。一个精神富裕的人，一定心有所信、知所趋赴、志趣高洁，一定意志坚定、光明磊落，周身体现着对人民和事业的道义、激情，“是一个高尚的人，一个纯粹的人，一个有道德的人，一个脱离了低级趣味的人，一个有益于人民的人”。一个精神富裕的民族，一定拥有丰富的精神创造、安身立命的精神家园，具有强大的民族自信和精神定力，同时开放通达、和乐包容；一定具有强烈的历史主动精神，迸发着不竭的创新创造活力，崇德向善，心中始终有理想存，脚下始终有奋进在，是一个有益于天下、有贡献于人类文明的民族。促进人民精神生活共同富裕，是面向未来、需要持续用力的进程，也是一项面向全民发展需要、同时需要全民共同参与的精神建设；促进人民精神生活共同富裕，就是要让人民享有更加充实、更为丰富、更高质量的精神文化生活，精神境界更高远，精神力量更强大。促进共同富裕与促进人的全面发展是高度统一的。要强化社会主义核心价值观引领，加强爱国主义、集体主义、社会主义教育，发展公共文化事业，完善公共文化服务体系，不断满足人民群众多样化、多层次、多方面的精神文化需求。要加强促进共同富裕舆论引导，澄清各种模糊认识，防止急于求成和畏难情绪，为促进共同富裕提供良好的舆论环境。

“治国之道，富民为始。”共同富裕是一场以缩小地区差距、城乡差距、收入差距为目标导向的深刻社会变革，在我们党团结带领全体人民扎实推动共同富裕的中国实践中不断取得新进展、开拓新境界。新征程上，在以习近平同志为核心的党中央坚强领导下，共同奋斗，久久为功，一定能在高质量发展中实现共同富裕。

拓展阅读

读《摆脱贫困》：运用马克思主义世界观方法论解决实际问题的典范

最近，福建人民出版社重印了习近平同志的《摆脱贫困》一书，受到广大党员干部的高度关注。全书收录了习近平同志担任宁德地委书记期间的重要讲话和文章，围绕闽东地区加快发展、脱贫致富这一主题，坚持以经济建设为中心，同时广泛涉及闽东政治建设、文化建设、社会建设以及生态文明建设和党的建设等方面内容，集中反映了习近平同志在宁德工作期间的实践探索和理论创新。书中提出的许多重要思想观点，包含丰富的政治智慧、理论营养和哲学内涵，充分体现了习近平同志的政治立场、价值追求和使命担当，尤其是书中所展现出来的战略思维、辩证思维、系统思维、创新思维和底线思维，彰显了理论逻辑、实践逻辑以及历史逻辑的高度统一，是运用马克思主义世界观和方法论分析和解决实际问题的典范，至今仍然具有重要的现实指导意义。

体现了解放思想的理论品格。针对当时宁德干部群众中存在的“安贫乐道”“穷自在”、等靠要、怨天尤人等思想，习近平同志极力倡导解放思想，强调观念“先飞”、思想先行的重要性。正是在他的大声疾呼和大力推动下，宁德的干部群众逐步打破传统保守观念，开始迸发出新的发展活力。实践证明，解放思想是个“总开关”，发展无止境，解放思想也无止境。在全面深化改革、加快发展的今天，我们更加需要保持思想的活力。要坚持问题导向，把解放思想作为一种常态，以新的思路、新的理念来审视、谋划和推动工作，不断形成新认识、开辟新境界、打开新局面。

遵循了按客观规律办事的科学方法。一切从实际出发，按客观规律办事，是做好各项工作的逻辑起点和主要依据。习近平同志在宁德工作时就大力倡导一切从实际出发，他提出“要使弱鸟先飞，飞得快，飞得高，必须探讨一条因地制宜发展经济的路子”。实践证明，他提出的思路和举措，符合宁德的实际情况，符合经济社会发展的客观规律。与20多年前相比，今天的宁德和福建全省的面貌已经发生了根本变化。情况变了，发展的路子也应该有所改变。但一切从实际出发、求真务实的精神永远不能变。

贯穿了改革创新的智慧勇气。习近平同志思想敏锐，善于把握时代脉搏，身上洋溢着革故鼎新、敢于创新的锐气。他把改革开放作为宁德脱贫致富的关键一招，指出我们必须以审视的眼光看待不适应我们获得更快发展的一切并对其进行改革，推进改革开放需要从纷繁复杂的事物表象中把准脉搏、把握内在规律。这些关于改革创新的重要论述给人以深刻启迪。当前，我们在前进道路上还有不少矛盾和挑战、困难和问题，只有坚持和弘扬勇于创新的精神，通过全面深化改革，才能不断增强发展的内在动力和外在活力，才能为实现全面建成小康社会目标打下坚实基础。

彰显了真挚深厚的为民情怀。习近平同志具有对人民无比热爱的伟大情怀，始终脚踏实地践行为人民服务的宗旨。他在书中反复强调，党员干部要把心贴近人民，始终与人民站在一起。他把坚持群众路线看作“干部的一项十分重要的基本功”，倡导和推行干部“四下基层”，把它作为干部密切联系群众的重要途径，作为化解矛盾、推动发展、促进和谐、改进作风的有效办法。当年他三进地处偏僻、不通公路的寿宁县下党乡访贫问苦，与群众一道商讨解决发展难题，令当地老百姓感念至今。当前，我们正在深入开展党的群众路线教育实践活动，要特别注重学习习近平同志亲民为民爱民的崇高风范，继承和弘扬密切联系群众的优良作风，牢固树立群众观点，始终与人民群众同甘共苦，更加自觉地把群众工作体现在为群众多办实事好事的具体行动中，不断增进人民群众的福祉。

展现了锲而不舍的实干作风。习近平同志反复强调“为官一场、造福一方”，强调“求真务实、艰苦奋斗”。他在宁德时大力倡导“滴水穿石”精神，指出欠发达地区发展“没有什么捷径可走，不可能一夜之间就发生巨变，只能是渐进的，由量变到质变的，滴水穿石般的变化”。他提倡的“滴水穿石”精神，体现了铁杵磨针、积沙成塔的韧性意志，体现了矢志如初、奋斗不息的进取品格，体现了“功成不必在我”的境界胸怀，也诠释了“空谈误国，实干兴邦”的真谛。我们要加快福建科学发展跨越发展，就要学习和弘扬习近平同志艰苦奋斗、务实高效的工作作风，学习和弘扬他“滴水穿石”“咬定青山不放松”的坚韧意志，扑下身子，持之以恒，埋头苦干，以踏石留印、抓铁有痕的劲头，推动各项工作取得实实在在的进展。

《摆脱贫困》是习近平同志留给福建人民的宝贵精神财富。我们在学习中深刻地感受到，书中蕴含的许多重要思想观点，与党的十八大以来习近平总书记系列重要讲话精神是一脉相承的，有着一以贯之的马克思主义世界观和方法论、一以贯之的群众观点和为民情怀、一以贯之的务实作风和清新文风。我们要把学习《摆脱贫困》这本著作与学习习近平总书记系列重要讲话精神有机结合起来，不断拓展学习的广度和深度，真正做到真学、真懂、真信、真用，不断推动福建科学发展跨越发展取得新的成效。

资料来源：尤权．从《摆脱贫困》看实现伟大中国梦——深入学习习近平总书记系列重要讲话暨《摆脱贫困》理论研讨会发言摘要［J］．求是，2014（10）．

时政热点

练习题

一、单选题

1. 坚持人民主体地位，坚持（　　）方向，始终做到发展为了人民、发展依靠人民、发展成果由人民共享。

A. 改革发展　B. 开拓创新　C. 共建共商　D. 共同富裕

2. 积极参与（　　）投资贸易合作机制，推动新兴领域经济治理规则制定，提高参与国际金融治理能力。

A. 多双边区域　B. 多边区域　C. 全球　D. 双边区域

3. 扎实推动共同富裕，不断增强人民群众（　　）。

A. 得到感、幸福感、安定感　B. 获得感、满足感、安定感

C. 获得感、幸福感、安全感　D. 得到感、满足感、安全感

4. 要坚持实施区域重大战略、区域协调发展战略、（　　），健全区域协调发展体制机制，完善新型城镇化战略，构建高质量发展的国土空间布局和支撑体系。

A. 主体功能区战略　B. 区域一体化战略

C. 都市圈战略　D. 中心经济区战略

5. 推进以（　　）为核心的新型城镇化。

A. 自然　B. 城市　C. 人　D. 环境保护

6. 推动理想信念教育常态化制度化，加强党史、新中国史、（　　）、社会主义发展史教育。

A. 当代史　B. 改革开放史　C. 军史　D. 近代史

7. 展望2035年，我国将基本实现（　　），建成现代化经济体系。

A. 新型工业化、信息化、城镇化、农业现代化

B. 智能化、信息化、城市化、农业现代化

C. 新型工业化、智能化、城市化、农业科技化

D. 智能化、信息化、城镇化、农业科技化

8. 展望2035年，我国人均国内生产总值将达到________水平，________群体显著扩大。（　　）

A. 中等发达国家、中间收入　　B. 发达国家、中间收入
C. 中等发达国家、中等收入　　D. 发达国家、中等收入

9. 加快构建以________为主体，________相互促进的新发展格局。（　　）

A. 国内小循环，国际国内单循环　　B. 国内小循环，国际国内双循环
C. 国内大循环，国内国际单循环　　D. 国内大循环，国内国际双循环

10. 推进媒体深度融合，实施全媒体传播工程，做强新型主流媒体，建强用好（　　）融媒体中心。

A. 省级　　B. 市级　　C. 县级　　D. 区级

11. 坚持把（　　）放在首位、社会效益和经济效益相统一，深化文化体制改革，完善文化产业规划和政策，加强文化市场体系建设，扩大优质文化产品供给。

A. 社会效益　　B. 经济效益　　C. 文化效益　　D. 政治效益

12. 坚持（　　）理念，坚持尊重自然、顺应自然、保护自然。

A. 绿色发展　　B. 绿水青山就是金山银山
C. 和谐发展　　D. 科学发展

13. 当今世界正经历百年未有之大变局，新一轮（　　）深入发展。

A. 科技革命　　B. 科技革命和产业变革
C. 产业变革　　D. 电子科技革命

14. 坚持把发展经济着力点放在（　　）上，坚定不移建设制造强国、质量强国、网络强国、数字中国。

A. 虚拟经济　　B. 实体经济　　C. 国有经济　　D. 非公有制经济

15. 以（　　）为重点，促进消费向绿色、健康、安全发展，鼓励消费新模式新业态发展。

A. 价格优势　　B. 对外出口　　C. 质量品牌　　D. 扩大内需

16. 坚持扩大（　　）这个战略基点，加快培育完整内需体系，把实施扩大内需战略同深化供给侧结构性改革有机结合起来。

A. 出口　　B. 内需　　C. 消费　　D. 投资

17. 坚持和完善社会主义基本经济制度，充分发挥（　　）在资源配置中的决定性作用。

A. 政府　　B. 市场　　C. 杠杆　　D. 人民

18. 破除制约（　　）发展的各种壁垒，完善促进中小微企业和个体工商户发展的法律环境和政策体系。

A. 外资企业　　B. 合资企业　　C. 国有企业　　D. 民营企业

19. 实施涉企经营许可事项清单管理，加强事中事后监管，对新产业新业态实行（　　）监管。

A. 完全包容 B. 完全支持 C. 严格审慎 D. 包容审慎

20. 落实第二轮土地承包到期后再延长（ ）政策。

A. 十年 B. 二十年 C. 二十五年 D. 三十年

二、判断题

1. 切实转变发展方式，推动质量变革、效率变革、动力变革，实现更高质量、更有效率、更加公平、更可持续、更为安全的发展。（ ）

2. 全面深化改革，构建高水平社会主义计划经济体制，更好发挥政府作用，推动有效市场和有为政府更好结合。（ ）

3. 改革开放后，我们党深刻总结正反两方面历史经验，认识到贫穷不是社会主义，允许一部分人、一部分地区先富起来，推动解放和发展社会生产力。（ ）

4. 更好满足人民日益增长的美好生活需要，必须把促进全体人民共同富裕作为为人民谋幸福的着力点。（ ）

5. 共同富裕是社会主义的本质要求，是中国式现代化的重要特征。（ ）

6. 共同富裕不是少数人的富裕，是整齐划一的平均主义。（ ）

7. 到 2035 年，全体人民共同富裕基本实现，基本公共服务实现均等化。（ ）

8. 共同富裕是一个长远目标，需要一个过程，不可能一蹴而就。办好这件事，等不得，也急不得。（ ）

9. 坚持房子是用来住的、不是用来炒的定位，租购并举，因城施策，解决好新市民住房问题。（ ）

10. 完善税收优惠政策，鼓励低收入人群和企业更多回报社会。（ ）

11. 促进共同富裕，最艰巨最繁重的任务在城市。（ ）

12. 实现全体人民共同富裕，必须脚踏实地、久久为功，所有人都同时富裕，所有地区同时达到一个富裕水准。（ ）

13. 展望 2035 年，基本建成法治国家、法治政府、法治社会，建成文化强国、教育强国、人才强国、体育强国、健康中国。（ ）

14. 加强创新型、应用型、技能型人才培养，实施知识更新工程、技能提升行动，壮大高水平工程师和高技能人才队伍。（ ）

15. 发展数字经济，推进数字产业化和产业数字化，推动数字经济和实体经济深度融合。（ ）

16. 依托国际大市场，贯通生产、分配、流通、消费各环节，打破行业垄断和地方保护，形成国民经济良性循环。（ ）

17. 深化国资国企改革，做强做优做大国有资本和国有企业。（ ）

18. 社会主义革命和建设时期的主要任务是“革命谋富”。（ ）

19. 1981 年，邓小平在中央工作会议上，做了题为“解放思想，实事求是，团结一致向前看”的报告。（　　）

20. 推进共同富裕要在做大“蛋糕”的同时注重分好“蛋糕”。（　　）

三、思考题

1. 我们为什么要追求共同富裕？

2. 如何理解共同富裕是中国式现代化的重要特征？

第三讲

激发数字经济活力
打造数字经济新优势

★★★★★

当前，以数字技术为主导的新一轮科技革命如火如荼，产业变革日新月异，新技术、新产业、新业态、新模式层出不穷，数字经济日益成为世界经济持续发展的重要推动力和未来市场竞争的战略制高点。尤其自新冠肺炎疫情暴发以来，数字经济顺势快速“补位”“补链”，在推动复工复产、促进消费回暖、助力企业转型上显现出独特优势与强大潜力，成为推动中国经济高质量发展的新动能和新引擎。

第一节 数字经济发展理念的提出与时代价值

面对国际产业变革大势与数字经济发展浪潮，习近平高瞻远瞩、统筹谋划，敏锐把握世界科技革命态势和全球产业变革趋势，深刻阐述以数字经济助推经济高质量发展和共建共享数字经济发展新机遇的必要性与紧迫性，全面系统总结中国数字经济发展的实践经验，提出了一系列新思想、新观点、新论断、新要求，形成了数字经济发展思想，为推动我国经济高质量发展与世界经济稳定复苏提供了新的理论指导和行动指南。

一、数字经济发展理念的历史演进

从最初"数字福建"的战略构想和"数字浙江"的决策部署，到新常态下数字化转型发展理念的不断创新，再到新时代数字经济高质量发展实践的持续探索，是一个不断发展进步的历史过程，是习近平善于思考、勇于创新、勤于实践的智慧结晶和经验总结，必将在中国特色社会主义伟大事业的建设征程中走向成熟。

（一）萌芽、孕育于建设"数字福建""数字浙江"的战略构想

数字经济发展理念的形成与发展源于其长期的理论创新和实践探索。早在 2000 年，"数字地球"和"数字社会"尚处于概念性阶段，时任福建省省长的习近平就敏锐地意识到信息化建设的重要性和必要性，前瞻性地提出建设"数字福建"的战略构想，播下了发展数字经济的"种子"。2001 年 2 月，习近平在福建省九届人大四次会议上强调："将工业化与信息化结合起来，以信息化带动工业化是福建在新世纪中发挥后发优势的必然选择。"即以"数字福建"建设为着力点与突破口，不断催生高新技术产业，持续推动传统产业结构调整和转型升级，全面提高劳动生产率，有效提升社会信息化水平，培育塑造福建社会经济发展新优势。这充分表明习近平对信息化与工业化、数字经济与实体经济之间的互融互促关系已经有了深刻认识和深入思考，为福建省数字经济未来发展铺就了新路径。此后，习近平又发表了一系列重要论述，为实施"数字福建"战略规划进行顶层设计。习近平数字经济发展思想的雏形在建设"数字福建"的战略构想中逐渐显现出来。2003 年，时任浙江省委书记的习近平就推动"数字浙江"建设做出决策部署，坚持以信息化带动工业化，发挥信息技术在浙江现代化建设中的战略推动作用，实现浙江社会生产力跨越式发展。"数字浙江"成为统领浙江未来发展"八八战略"的

重要内容，数字经济成为推动浙江经济创新发展的新支柱，浙江由此从全面工业化阶段进入新型工业化阶段。数字经济发展理念在建设“数字浙江”的决策部署中进一步孕育成长。

（二）形成于我国经济发展新常态的巨大变革

2012年11月党的十八大胜利召开，以习近平同志为核心的党中央做出我国经济发展进入新常态的重大战略判断，数字经济成为推进供给侧结构性改革以适应与引领新常态的重要着力点和战略支撑点。习近平高度重视构建以数据为关键要素的数字经济，2013年7月在视察中国科学院时指出：“浩瀚的数据海洋就如同工业社会的石油资源，蕴含着巨大生产力和商机，谁掌握了大数据技术，谁就掌握了发展的资源和主动权。”数据在数字经济时代演变成为关键性的生产要素与基础性的战略资源。在习近平的力主推动下，2016年9月举行的G20杭州峰会首次将“数字经济”列为重点议题，在秉承“开放包容普惠共享”“数字精神”的基础上，签署通过了《G20数字经济发展与合作倡议》，全面阐述了数字经济的概念与意义，明确提出了数字经济合作发展的七大原则与六大关键优先领域，积极推动以数字经济创新经济增长方式、提升中长期增长潜力，为把握数字经济历史发展新机遇、推动世界经济迈进数字经济新时代指明了新方向、提供了新方案。习近平还积极倡导数字经济技术创新，大力实施“互联网+”行动计划，全力推动网络强国战略与国家大数据战略建设，着力打造“数字中国”，培育壮大数字经济新兴产业，有效发挥数字经济赋能作用，加快转变经济发展方式，加速推进产业数字化转型升级，全面提高社会经济发展的质量和效益。这一系列科学论断与发展倡议意味着数字经济的地位日益重要、数字经济的概念日渐清晰、数字经济的发展道路日趋明晰，数字经济发展理念在我国经济发展进入新常态的巨大历史变革中逐渐形成。

（三）发展于我国经济发展新时代的伟大实践

2017年10月召开的党的十九大标志着中国特色社会主义进入新时代，我国经济发展从高速增长阶段转向高质量发展阶段，发展不平衡不充分问题成为社会主义建设面临的新瓶颈，数字经济成为提高全要素生产率、推动经济高质量发展的新动能。习近平高度重视数字经济与实体经济的深度融合发展，既强调“要利用区块链技术探索数字经济模式创新……为加快新旧动能接续转换、推动经济高质量发展提供支撑”，又指出“制造业是实体经济的基础，实体经济是我国发展的本钱，是构筑未来发展战略优势的重要支撑”。数字经济为实体经济提高发展质量与效益不断注入新动能、带来新活力，实体经济又是国民经济的命脉和根基，数字经济的持续健康发展必须以发达稳健的实体经济为依托。习近平就数字经济与实体经济辩证发展关系的深入分析及所提出的“数字产业化”“产业数字化”发展方略为加快产业结构转型升级、实现数字经济高质量发展指明了方向。2020 年突发的新冠肺炎疫情暂时打破了新时代社会经济有力有序向好发展的节奏，面对疫情对社会经济发展的巨大冲击，习近平强调，要“加快 5G 网络、数据中心等新型基础设施建设，抓紧布局数字经济、生命健康、新材料等战略性新兴产业、未来产业，大力推进科技创新，着力壮大新增长点、形成发展新动能”，为统筹推进疫情防控和经济社会发展找准了现实路径。实践充分证明，发展数字经济是有效恢复生产生活秩序、促进社会经济稳定繁荣的正确道路。

二、数字经济发展理念的核心要义

数字经济发展理念经过长期的历史积淀与实践检验，尤其在党的十八大以来所取得的巨大成就与所经历的历史变革中不断优化成长，对为什么发展数字经济、重点发展什么领域以及如何发展数字经济，即发展数字经济的重要动能、关键议题和基本路径进行了全面阐析，具有丰富而深刻的核心要义。

（一）数字经济是实现社会经济创新发展的重要动能

数字经济是以数据为关键生产要素的新型经济形态，数据较土地、资本等传统生产要素而言具有可共享、可复制、可无限供给等显著特点，能够有效打破生产要素供给有限性对社会经济发展造成的制约，在促进产业转型、优化经济结构、推动高质量发展上具有巨大潜力和强大动能。习近平指出：“新常态要有新动力，数字经济在这方面可以大有作为。”借助网络直播、农村电商等数字经济新模式，农业行业能够有效贯通农产品供应链，实现产销精准对接，引导与推进农业规模化、产业化、现代化发展，提高农业全要素生产率和农产品市场价值，带动农民群众增收致富，推动脱贫减贫与实现农业现代化和乡村振兴同频共振，巩固脱贫攻坚成果。利用大数据、云计算与物联网技术，工业企业能够深入洞察用户需求、消费趋势和市场潮流，实施精准定制与智能制造，打造满足消费需求、引领消费市场的自主原创精品，实现产品生产的横向整合和价值链条的纵向整合，提升产业链与价值链层次水平，促进产业数字化转型，提高工业企业信息化生产力。而且，数字经济作为现代服务业创新最为活跃的经济形态，已广泛渗透到社会经济的各个角落，共享单车、滴滴出行等分享经济、共享经济新业态便捷了人们的日常生活，移动支付、精准医疗等数字经济新技术提高了人们的生活品质，人民群众的美好生活需要得到满足。因而，数字经济有助于全面提高全要素生产率，全力提升农业现代化、新型工业化与服务业现代化的整体水平，在适应与引领经济新常态、推动经济高质量发展上大有可为、大有作为，是实现社会经济创新发展的重要动能。

（二）数字技术是实现数字经济持续发展的关键议题

数字经济是数字技术发展到一定阶段的必然结果，数字技术的持续创新与转化促使数字经济将数据不断转换成为生产要素，将数据资源有效化作经济增长的动力源泉和产业竞争的核心优势。我国虽是世界网络大国，数字技术在消费级应用领域积累丰厚，个别领域甚至领先全球，但并非世界网络强国，整体网络信息技术与网络安全保障仍处于世界中低端水平，工业级核心技术仍较为落后，尤其在芯片技术、系统软件、材料技术等方面缺乏核心竞争力，国外的技术垄断与技术封锁成为数字经济持续快速发展的突出瓶颈。习近平强调，要"加快推进网络信息技术自主创新，加快提升我国对网络空间的国际话语权和规则制定权"。只有快速突破数字经济发展的前沿核心技术，才能夯实数字技术基础、筑牢网络安全屏障，否则就会在技术标准、核心技术、关键零部件上受制于人，难以真正有效掌握数字经济发展的主动权和话语权。因此，必须切实加强数字技术创新，以区块链技术作为核心技术自主创新突破口，加快构建自主可控、以我为主的数字经济产业链、供应链、创新链与价值链，将数字经济发展的主导权牢牢掌握在自己手中。切实保障国家数据安全，强化关键信息基础设施安全保护，有效提升数据安全预警和追踪溯源水平，砌牢数字技术安全的"防火墙"。切实完善人才队伍建设，有效增强领导干部与基层人员获取数据、分析数据、运用数据的基本功，打造多层次、多类型的数字技术人才队伍，夯实数字技术创新发展的人才基石。现代信息网络与信息通信技术是数字经济发展的重要空间载体与必要技术支撑，我国数字经济的持续发展必须建立在牢固扎实、自主可控的数字技术之上。

（三）共享共治是实现数字经济健康发展的基本路径

数字经济是继农业经济、工业经济之后的一种新型社会经济发展形态。在数字经济时代，关键生产要素由农业经济的土地、工业经济的技术与资本转换成为数据，生产与消费之间、虚拟世界与物理世界之间的界限逐渐消失，传统的模式与机制已难以适应数字经济发展的新要求，必须建立全新的思维方式、发展范式和治理体系。习近平在第二届世界互联网大会开幕式上指出："国际社会应该在相互尊重、相互信任的基础上，加强对话合作，推动互联网全球治理体系变革，共同构建和平、安全、开放、合作的网络空间，建立多边、民主、透明的全球互联网治理体系。"加强数据共享、推动合作共治成为有效破解数字经济发展难题、实现数字经济健康发展的应然方案，其中共享是前提，共治是手段。数字经济时代的关键生产要素是数据，数据的生命在于共享，孤立、封闭的数据是没有任何价值可言的，数据越共享越增值，只有通过数据共享并依托"云网端"等新基础设施，才能有效提升数据的速度、广度与深度，最大限度地提高数据资源的配置效率和利用水平，最大限度地降低经济组织的运营成本与交易成本，促进实现普惠科技、普惠金融与普惠贸易，让世界各国人民共享数字经济发展成果。数字经济在迅猛发展的同时也带来了前所未有的风险与挑战，数据产权的归属、类型和结构界定的法律制度与国际规则模糊不定，网络诈骗与信息泄露等网络安全问题频发，严重制约着数字经济的健康发展。故此，习近平积极倡导推进网络空间命运共同体建设，呼吁国际社会共同处理数字经济发展在法律、安全、治理等方面的问题与挑战，共创世界数字经济互惠互享的美好未来。数字经济的健康发展关乎全球亿万人民的福祉，共享共治是推动和实现世界数字经济健康发展的基本路径与必然选择。

三、数字经济发展理念的时代价值

数字经济发展理念源自对中国数字经济创新发展的先行探索和成功实践，集中体现了中华优秀传统文化与当代中国智慧的精髓，既有极高的理论深度，又有极强的实践力度，不仅在我国经济发展领域，而且在全球治理领域都具有重要的时代价值。

（一）为有序高效恢复经济活力明确了发展方向

突如其来的新冠肺炎疫情对我国社会经济运行造成巨大冲击，经济发展面临重大危机和严峻考验。习近平指出："危和机总是同生并存的，克服了危即是机。"疫情冲击下的中国经济如何快速恢复活力、化"危"为"机"，迫切需要新思想、新理论的指导和新技术、新动能的推动。习近平积极主张通过数字技术创新催生新产业、新业态、新模式，抢抓"数字产业化"与"产业数字化"战略新机遇，以数字经济提高全要素生产率，促进产业转型升级，推动社会经济高质量发展。由于疫情的巨大冲击，传统市场需求被抑制、产品供应链被中断，正常的市场经济秩序受到严重破坏，此时数字经济产业渗透性强、产业融合度高的独特优势充分凸显，在较短的时间内快速实现市场"补位"和供应"补链"，为激发市场潜力、实现高质量发展带来了新机遇与新动能。在社会经济政策的有力推动与数字经济的创新驱动下，中国的复工复产稳步推进，生产生活秩序趋于正常，经济活力逐步恢复，数字经济在化解新冠肺炎疫情冲击、恢复经济发展活力上充分显现出经济"稳定器"与发展"助推器"的重要作用，而这正是习近平长期关注和持续推动数字经济发展的重要结果。数字经济发展理念为疫情冲击下的经济活力恢复与发展水平提升指明了发展方向，中国经济活力的恢复亦为疫情笼罩的世界经济稳定复苏注入了宝贵信心与重要动力。

（二）为全面推动数字经济发展擘画了宏伟蓝图

党的十九大报告明确做出建设网络强国、数字中国、智慧社会的重大战略部署，大力推进新型基础设施建设，全力促进数字经济优化升级，中国数字经济进入高质量发展新时代，成为推动社会经济平衡充分发展的新增长点和新动能。习近平高度重视以"网络强国"为"基"、以"数字中国"为"柱"搭建新时代"智慧社会"，让数字经济更好地满足人民日益增长的美好生活需要。习近平在全国网络安全和信息化工作会议上强调，要“敏锐抓住信息化发展历史机遇，自主创新推进网络强国建设”，并全面阐述了网络强国战略思想的丰富内涵，系统回答了当前及未来我国发展怎样的网络、怎样发展网络等一系列方向性、全局性、战略性问题，推动“网络强国”战略建设不断迈上新台阶。习近平就实施国家大数据战略进行中共中央政治局第二次集体学习时强调，要“加快建设数字中国，更好服务我国经济社会发展和人民生活改善”，继“数字福建”“数字浙江”之后，“数字贵州”“数字山东”等数字区域发展战略如雨后春笋般涌现出来，“数字中国”建设进入全域发展新时代。习近平在阐述加快建设创新型国家时又提出“智慧社会”这一全新概念，为推动数字乡村与数字城市建设提供了崭新思路，在提升电子政务水平、缩小城乡数字鸿沟、促进城乡融合发展等方面发挥了极大的促进作用。

（三）为稳步推进世界数字化治理贡献了中国方案

数字经济时代，数字技术已广泛渗透到社会、经济、生活的各个方面，对世界各国的国家治理体系、社会经济发展及人民日常生活都产生了重要影响，数字化治理成为关乎国家治理能力强弱的重要因素。习近平高度重视运用人工智能、互联网、大数据等现代信息技术手段推进国家治理体系和治理能力现代化，政府服务数字化转型取得重大进展，数字化治理能力显著提升。尤其在防控新冠肺炎疫情期间，我国形成了一整套从疫情监测、隔离防控到治疗救治，再到复工复产复学、生产生活有序恢复的数字化治理体系，显示出中国政府强大的数字化治理能力，为有效应对重大公共卫生危机积累了丰富的中国经验。数字化治理的关键在于以人民为中心，习近平始终坚持把人民生命安全和身体健康放在第一位，极大调动了人民群众的积极性、主动性和创造性，人民群众参与度高、协同性强，政策措施得到有效贯彻执行，有力推动了数字化治理进程。数字化治理的重点在于数据的有效使用，习近平高度重视信息发布的权威性、及时性、针对性和专业性，不断稳定民心、提振信心，极大提升了网络谣言治理能力。数字化治理的路径在于一体化合作共享，习近平始终坚持疫情防控全国一盘棋思想，政府、企业与社会公众通力合作、共享信息，形成政府治理与社会自治互动互补的治理合力，有力提升了治理体系与治理能力的现代化水平。面对百年不遇的新冠肺炎疫情，中国数字化治理体系不仅经受住了严峻考验，而且实现了数字化治理能力的显著提升，为打好全球新冠肺炎疫情防控战、推进世界数字化治理改革贡献了中国方案。

总之，经济数字化是全球经济发展的客观趋势，如何赋能数字经济、发挥数字经济效能成为世界各国的关注重点和竞争要点。经过长期实践与深度思考所形成的习近平数字经济发展思想，始终坚持创新驱动，以数字技术提高全要素生产率，打造社会经济高质量发展新引擎；始终坚持人民至上，以数字经济提升人民群众的获得感、满足感与幸福感，分享数字经济发展新红利；始终坚持开放合作，有效弥合数字鸿沟，推进全球共享普惠包容型数字新经济；始终坚持互信共治，推动数字化治理体系改革，共建网络空间命运共同体，为我国乃至世界数字经济新发展提供了科学指南与基本遵循。数字经济发展理念以敢为人先的创新精神与开放包容的普惠情怀推动中国数字经济高质量发展不断开启新征程，也必将引领全球数字经济发展与治理体系改革步入新时代。

第二节 打造数字经济新优势

党的十八大以来，以习近平同志为核心的党中央高度重视发展数字经济，实施网络强国战略和国家大数据战略，建设数字中国、智慧社会，推进数字产业化和产业数字化，我国数字经济发展较快、成就显著。《中华人民共和国国民经济和社会发展第十四个五年规划和 2035 年远景目标纲要》提出“打造数字经济新优势”，各地陆续出台相关实施方案和行动计划，初步构建了既有顶层设计又有具体措施的政策支持体系。2021 年中央经济工作会议强调，加快数字化改造，促进传统产业升级。这进一步阐明了数字技术对传统产业升级的驱动作用。

数字经济就是以数据为关键生产要素、以现代信息网络为重要载体、以数字技术应用为主要特征的经济形态。数字经济健康发展有利于加快新旧动能转换，由数字科技催生的新产业新业态新模式大大丰富了国民经济与社会发展内涵，拓展了经济与社会生活范围，在个性化需求基础上形成新的规模经济和范围经济。数字经济不仅在需求侧产生巨大的扩大内需、升级消费和引导生产作用，也在供给侧生成广泛的有效供给、结构优化和高质量发展效应。要准确识变，认清数字经济发展新趋势；科学应变，找准数字经济发展新机遇；主动求变，开拓数字经济发展新局面，打造数字经济新优势。

一、数字经济健康发展有利于推动构建新发展格局

构建以国内大循环为主体、国内国际双循环相互促进的新发展格局，是以习近平同志为核心的党中央根据我国发展阶段、环境、条件变化，特别是基于我国比较优势变化，审时度势做出的重大决策。构建新发展格局的重要任务是增强经济发展动能、畅通经济循环。

数字技术、数字经济可以推动各类资源要素快捷流动、各类市场主体加速融合，帮助市场主体重构组织模式，实现跨界发展，打破时空限制，延伸产业链、供应链、服务链、信用链、资本链、价值链，畅通国内外经济循环。我国应当充分利用国内庞大市场

与工业体系相对完整的有利条件，借势数字经济发展，打造全球最为开放优化的营商环境，形成最佳的资本和产业技术集成融合的应用场景，构建以国内大循环为主体、国内国际双循环相互促进的新发展格局。

构建新发展格局的关键在于经济循环的畅通无阻，“调理好统摄全身阴阳气血的任督二脉”。立足新发展阶段，畅通经济循环最主要的任务是供给侧的有效畅通。以需求为导向的数字经济在畅通生产要素流动、提高资源配置效率、链接供给与需求等方面具有天然优势，能够将市场需求信息更加及时、准确地传递给企业。2021 年“双 11”前夕，各地工厂进入赶工备货的忙碌时刻。以前平均 1 000 件起订、15 天交付，如今 100 件起订、7 天交付，服装工厂利用智能化调度排产系统，实现从“以产定销”到“以销定产”的转型；根据用户需求定制洗碗机、清洁机器人，家电企业完成了从“我生产什么你买什么”到“你要什么我生产什么”的转变。在当下的中国，越来越多的企业借助数据和算法的“智慧”，打通堵点，清理瘀点，进一步提升技术、产品和服务供给能力，以高质量供给引领创造新需求，实现供需的高水平动态平衡，畅通国内循环。与此同时，通过数字经济平台强化对外贸易纽带，国内企业深度融入全球产业链、供应链，畅通国内国际双循环，在国际贸易和国际竞争中获得优势。

二、数字经济健康发展有利于推动建设现代化经济体系

数字经济具有高创新性、强渗透性、广覆盖性。高创新性是指数字经济能激发现代化经济体系的创新活力，创造新的产品和服务，形成倍加的产出效果。强渗透性是指数字经济能广泛渗透到生产、分配、交换和消费的各个环节，数字经济与实体经济深度融合，能够持续赋能和扩展现代化经济体系的增长空间。广覆盖性是指数字技术能推动社会化大生产实现网络化协作，激发现代化经济体系的网络协同效应。

随着互联网、大数据、云计算、人工智能、区块链等技术加速创新，数字技术正以新理念、新业态、新模式全面融入经济、政治、文化、社会、生态文明建设各领域和全过程，对经济发展、国家和社会治理体系、生产关系变革、人民生活必然产生重大影响。数字经济健康发展有利于推动建设现代化经济体系，有利于建设创新引领、协同发展的产业体系；有利于建设统一开放、竞争有序的市场体系；有利于建设体现效率、促进公平的收入分配体系；有利于建设彰显优势、协调联动的城乡区域发展体系；有利于建设资源节约、环境友好的绿色发展体系；有利于建设多元平衡、安全高效的全面开放体系；有利于建设充分发挥市场作用、更好发挥政府作用的经济体制，实现市场机制有效、微观主体有活力、宏观调控有度。可见，数字经济不仅是新的经济增长点，而且是改造提升传统产业的支点，能够成为构建现代化经济体系的重要引擎。

当前，数字经济已经成为我国经济发展的新动能。手机上，近8亿消费者滑动手指，酣畅地“买买买”；屏幕里，数十万品牌厂商在直播间里掀起带货热潮……由国家工业信息安全发展研究中心编制的《全国数字经济发展指数（2021）》报告称截至2021年12月，我国数字经济持续稳步提升，全国数字经济发展指数为130.9。从2017年到2021年，我国数字经济规模从27万亿元增长到超45万亿元，稳居世界第二，数字经济在整个GDP的比重提升至39.8%。特别是新冠肺炎疫情发生以来，电商零售、远程办公、远程诊疗、在线教育等市场需求巨大，影视文娱、餐饮旅游、服装服饰等受疫情影响较大的行业也向数字经济靠拢，依托视频直播、电子商务等应用缓解经营压力。在抗击疫情中，数字经济为人们直观地展现着信息技术深度融合与数字化转型所带来的巨大效益，塑造着人们新的生产消费习惯，成为驱动我国经济增长的核心关键力量。同时，得益于大数据、云计算、人工智能等新一代数字技术的广泛应用和数字化应用场景的多元丰富，传统产业转型升级的动力不断汇聚。从开发“数字大脑”，实现“产、供、销、人、财、物”数据的智能挖掘，到建立物联网追溯体系，对加工、储运、流通全过程实时监控，数字技术帮助传统产业跨界融合、重构组织模式、降低生产成本、提高生产效率，获得转型升级乃至弯道超车的机遇，成为推动我国经济高质量发展的关键引擎。

三、数字经济健康发展有利于推动构筑国家竞争新优势

大数据、云计算、人工智能、区块链、物联网等新一代数字科技与实体经济的加速融合，带来新产业、新模式的无限可能。数字经济既是经济高质量发展的驱动力，也是提升持久竞争力的着力点。当今时代，数字技术、数字经济是世界科技革命和产业变革的先机，是新一轮国际竞争重点领域，我们一定要抓住先机、抢占未来发展制高点。数字经济关系到能否抓住新一轮科技革命和产业变革机遇，能否赢得未来发展和国际竞争的主动权。

在围绕数字经济的全球竞争中，各国抢抓数字经济的发展机遇，推出发展战略，制定治理规则，从顶层设计的高度加速数字经济布局。例如，美国商务部早在2015年就发布了《数字经济议程》，2019年又制定了《美国国家人工智能研究和发展战略计划》。2020年，欧盟发布了《塑造欧洲数字未来》，制定了欧盟数据战略。中国信息通信研究院发布的《全国数字经济新图景（2020年）》显示，2019年报告测算的美国、日本、印度等47个国家数字经济增加值规模达31.8万亿美元，占据各国经济发展的主导地位。

我国在发展数字经济方面拥有无可比拟的优势。一方面，超大规模市场优势，数量超过10亿的全球最大网民规模，为消费互联网平台提供强大市场需求支撑。另一方面，

全球最完备的现代工业体系和超过 1.5 亿市场主体，为建设产业互联网提供规模经济优势。此外，多年来我国实施的一系列适度超前的数字基础设施建设和一批全球领先的互联网科技企业，能够连接更多用户，集聚更多数据资源，将我国人口红利和超大市场规模优势转化为数据红利，为我国数字经济的蓬勃发展打下了坚实的基础。然而我们也要意识到，由于发达国家在发展数字经济方面起步较早，在技术的研发和应用特别是核心技术的研发方面更具优势。同时，个别国家为维护技术垄断地位在国际竞争中实行“长臂管辖”，为我国数字经济的国际化发展增加了来自市场之外的不确定因素。

当前，百年变局与世纪疫情交织叠加，新一轮科技革命和产业变革加速演进。世界主要经济体都在抢先布局数字技术、数字经济，关键核心技术领域的竞争日趋激烈，全球竞争格局也在深刻演化。我们既要看到我国在数字化、网络化、智能化等领域取得的局部优势，更要清醒认识到在关键核心技术上存在的短板和弱项，以及不同区域、产业和企业间发展不平衡的“数字鸿沟”问题。我们不仅要发挥广阔市场、海量数据和丰富应用场景的优势，更要积极参与数字经济国际合作，主动学习借鉴国际先进经验，最大限度地用好全球要素资源。做大做强数字经济，推动数字经济与实体经济深度融合，是打造未来竞争新优势的迫切需要，是推动制造业高质量发展、支撑构建新发展格局的重要途径。

第三节　做强做优做大我国数字经济

习近平总书记在 2022 年第二期《求是》杂志发表重要文章《不断做强做优做大我国数字经济》，强调：“发展数字经济意义重大，是把握新一轮科技革命和产业变革新机遇的战略选择。”“我们要站在统筹中华民族伟大复兴战略全局和世界百年未有之大变局的高度，统筹国内国际两个大局、发展安全两件大事，充分发挥海量数据和丰富应用场景优势，促进数字技术和实体经济深度融合，赋能传统产业转型升级，催生新产业新业态新模式，不断做强做优做大我国数字经济。”

一、我国数字经济发展的显著成果

以 1994 年我国正式接入国际互联网为标志，数字经济开始走入我们的视野。此后，数字经济经历了以提供信息服务为主的萌芽阶段和电子商务为主的起步阶段。党的十八大以来，党中央提出关于数字经济发展的一系列战略目标，支持基于互联网的各类创新，推进数字产业化和产业数字化不断发展。我国数字经济从“跟跑”发展到“并跑”，在一些领域还实现了“领跑”，蓬勃发展、成果显著。

（一）数字产业化量质齐升

数字产业化是指数据要素的产业化、商业化和市场化。“十三五”期间，我国数字产业实现跨越式发展，产业规模持续扩大，新业态新模式不断涌现，为数字经济的发展奠定了坚实的基础。

体量全球领先。2020年我国数字产业交出了一份亮眼的成绩单：数字经济增速居世界第一，数字经济总量跃居世界第二，数字头部企业数量走进全球第一方阵，成为引领全球数字经济创新的重要策源地。2019年福布斯公布的全球数字经济100强榜单中，我国共有14家企业上榜（含港澳台），位列世界第二。世界经济论坛发布的100家工业4.0时代的全球“灯塔工厂”中，中国占30%，超过美国、日本、法国、德国。这些耀眼的数据彰显着我国数字经济的发展活力。

规模持续增长。2020年，我国数字经济核心产业增加值占GDP比重达7.8%，数字产业化规模持续增长。在信息基础设施方面，我国已建成全球规模最大的光纤和移动通信网络，4G网络覆盖城乡，5G网络加快发展，质优价廉的信息通信网络，让各种各样的技术及应用飞入寻常百姓家，融入生产生活的方方面面。此外，我国硬件、软件产业规模不断扩大，产品类型不断丰富。软件业务收入从2016年的4.9万亿元增长至2020年的8.16万亿元，增长近2倍；大数据产业规模从2016年的0.34万亿元增长至2020年的超过1万亿元；集成电路产业规模年均增速近20%，为全球同期增速的4倍，我国成为全球规模最大、增速最快的集成电路市场。

新业态不断涌现。数字产业火热，场景是最好的“解说员”。在线课堂、互联网医院、智慧图书馆、智能小区……从购物消费、居家生活、旅游休闲、交通出行等各类场景到教育、医疗、养老、就业、助残等重点领域，我国数字化服务迭代升级，新业态不断涌现，展现着数字产业化发展的气象万千。数据显示，2020年京东生鲜销售同比增长215%，我国连续8年成为全球规模最大的网络零售市场；企业组织在钉钉上发起在线会议的数量，单日突破2 000万场、超1亿人次；青岛通过5G网络和云视讯系统，完成12个重点项目“网上签约”；杭州举办的“杭向未来”高层次人才云聘会上线2个多小时，就有近5.8万人浏览，近万人投送简历。数字技术改变着时代场景，也创造着未来生活，亿万人民在数字经济中拥有了更多获得感。

技术不断突破。“十三五”时期，我国在量子计算、高端芯片、高性能计算机、网络架构、基础操作系统、卫星互联网应用、工业互联网及智能制造等领域取得重要进展。2019年以来，我国5G、区块链、人工智能等领域专利申请量居全球第一。国产中央处理器和存储器与国外先进水平差距缩小，统信操作系统（UOS）、“鸿蒙 OS”智能终端操作系统等相继推出，智能语音识别、云计算及部分数据库领域具备全球竞争力……一大批重大科技成果成为推动我国数字产业化高速发展的重要力量。

（二）产业数字化转型加速

产业数字化是数字技术和实体经济的深度融合。随着大数据、云计算、物联网等新一代信息技术取得重大进展，数字技术向经济社会各领域全面渗透，新的人工智能应用场景不断被开发和挖掘，成为我国产业升级、发展方式转变的新路径。

应用场景和产业生态加速构建。我国顺应数字化、网络化、智能化的发展趋势，积极实施“上云用数赋智”行动，围绕数字经济重点产业及数字化应用场景重点发力，企业数字化转型不断走深走实。在吊车操控室里，远控自动化技术让操作员的机械操作杆变成了可远程操控的电子按键和手柄，效率和精准度大幅提升；在农作物大棚里，生产搭上了数字化便车，抗寒保暖、浇灌等工作均实现智能管理，智慧农业、智慧农机关键技术攻关和创新应用研究不断加强；在制造业企业中，数字工厂仿真、企业资源计划系统、制造业企业生产过程执行管理系统、智能物流等广泛应用，使得生产线变得更“聪明”、更高效……截至 2021 年 6 月底，中国制造业重点领域关键工序数控化率、数字化研发设计工具普及率分别达 53.7％和 73.7％，智能制造装备国内市场满足率超过 50％。从行业来看，服务业、工业、农业的数字经济渗透率分别达 37.8％、19.5％和 8.2％。产业数字化提速、数字技术与实体经济的深度融合把我国的产业优势延伸到了数字时代。

工业互联网平台有效搭建。2016 年，我国将工业互联网作为工业转型升级的重要发展方向，工业互联网的种子开始落地生根。“十三五”时期，工业互联网助力企业研发设计、生产制造、经营管理、市场服务等多个环节数字化升级，赋能全产业链协同转型。在疫情防控过程中，工业互联网发展进入快车道。企业利用大数据、工业互联网等不仅能有效对接关键物资供给和需求信息，为实时精准调配物资提供基础，还能针对性加强关键物资生产原材料供给，快速提升物资生产能力。截至 2020 年，我国具备行业、区域影响力的工业互联网平台超过 80 家，工业设备连接数超过 6 000 万台，工业互联网标识解析体系初步构建，五大国家顶级节点稳定运行。各类型工业应用软件数量突破 35 万个，国家、省、企业三级联动的安全技术监测服务体系覆盖 11 万家工业企业，工业互联网对各行业的带动作用初步显现。

二、我国数字经济发展的短板

当前我国数字经济发展，虽然在增强经济发展韧性、助推经济发展质量方面取得了显著成效，但是一些发展痛点和短板也是切实存在的，这也是新发展阶段需要着力解决的问题。

（一）诸多领域存在发展不均衡

区域发展不均衡，我国区域数字经济发展路径同质化现象严重，区域间对关键资源的争夺又进一步加剧了数字经济发展的不均衡状态；生产和消费领域发展不均衡，当前，大量资本争相涌入低技术含量的生活服务领域，在相对冷门的生产领域，则存在重视不够、投入不足等问题，在资源和技术方面普遍缺乏深耕，制约了数字经济向纵深领域发展；三产之间发展不均衡，当前各地数字经济发展普遍存在“虚热实冷”问题，相较于服务业，工业、农业领域数字化转型相对滞后。

（二）数据化不平衡导致融合发展失序和垄断式发展

一方面，传统企业数字化转型面临新旧动能转换动力不足、支撑不够、融合发展失序等问题，转型升级过程中壁垒重重。另一方面，具有先天数据优势的互联网头部企业利用数字经济的监管滞后等缝隙，凭借数据垄断优势在部分领域造成了“强者恒强”“赢者通吃”的发展态势，严重挤占了传统企业和个体经营者市场份额，导致民生领域问题频现，新贫富分化加剧、数字弱势群体出现等社会问题。

（三）数据资源使用效率有待提升

作为当前社会发展的重要资源与基础，数据的开放与共享程度是衡量一个地方数字化转型进度和数字治理水平的关键指标。当前，我国数据资源使用和共享总体仍处于较低水平，各地方、各领域“数据孤岛”频现。在制度建设层面，数据开放共享相关政策文件缺乏明确的标准规范；在思想观念层面，对于数据开放共享的作用和意义认识不到位，存在不会用、不想用、没得用等问题。信息安全隐忧、数据权属、数据定价等方面的界限不明、规则不清，也大大阻碍了数据红利的释放和数据资源使用效率的提升。

（四）数字经济治理能力亟须跟进

数字经济高质量发展离不开有效的数字治理。数据治理是推动数字经济健康、有序发展的重要手段。随着数字经济的迅猛发展，部分行业和领域内市场垄断、无序扩张、野蛮生长等问题逐渐暴露，一系列治理难题也随之浮现。

三、激发数字经济的潜能活力

（一）加强数字技术创新

关键核心技术要不来、讨不来、买不来。尽管我国数字经济规模很大，但是核心元器件仍然严重依赖进口。要掌握数字经济发展主动权，保障网络安全、国家安全，就必须突破核心技术难题。要牵住自主创新这个“牛鼻子”，发挥我国社会主义制度优势、新型举国体制优势、超大规模市场优势，提高数字技术基础研发能力，打好关键核心技术攻坚战，在一些领域、一些方面实现“换道超车”，尽快实现高水平自立自强。强化对数字经济领域核心技术、前沿技术的研发支持，推动开源社区发展，鼓励企业增加基础研究、产业共性技术研发投入；发挥新型举国体制优势，实现关键核心技术自主可控；提前布局前沿技术，以超大规模市场支撑前沿技术产业转化，开辟未来产业发展新空间。必须更多立足国内，实现自主安全发展，主动化解外部冲击带来的影响，确保在极端情况下，我国依然保持经济正常运行和社会大局总体稳定。只有夯实技术基础、掌握核心技术，才能把控好数字经济的“命门”，把发展数字经济自主权牢牢掌握在自己手中。

（二）推动数字经济和实体经济融合发展

实体经济是一国经济的立身之本、财富之源，也是发展数字经济的主战场。推动数字经济与实体经济深度融合，有利于经济发展实现质量变革、效率变革、动力变革，是适应创新发展趋势、提升国际竞争力、推动高质量发展的必然选择。要把握数字化、网络化、智能化方向，推动大数据、人工智能与实体经济的深度融合，大力发展产业互联网、智能制造等数字产业，引导数字经济向生产领域渗透，在实现传统产业转型升级的同时，更好发挥数字技术作用，让生产资料得到高效率配置，生产效率得到迅速提高。要从人民群众的实际需求出发寻找结合点，助力数字技术实现场景化，顺利完成落地，催生新产业新业态新模式。支持企业尤其是龙头企业建立网络协同平台，鼓励其带动上下游企业加快数字化转型。要打造一批有影响力的数字经济龙头企业和产业集群，实现数字经济供给与数字经济需求的有效连接。

目前，中国处于数字经济和实体经济深度融合的第二阶段，即产业数字化和数字产业化阶段。产业数字化是在新一代数字科技支撑和引领下，以数据为关键要素，以价值增值为核心，以数据赋能为主线，对产业链上下游的全要素数字化升级、转型和再造的过程。产业数字化是目的，数字产业化是手段。发达国家发展数字经济的基本经验是由产业数字化迈向数字产业化，而我国数字产业化发展快于产业数字化。近年来，人工智能、大数据、云计算、区块链和5G通信等数字化科技成果赋能实体经济，在大大改变传统加工制造模式、增加服务可交易性的同时，也促进了集成电路、生命科学、海洋工程、航天航空和物流、金融、商业等诸多领域的新产业、新经济发展。事实表明，数字产业化与产业数字化深度融合改变了要素资源配置的结构与效率，对经济增长和社会生活方式产生了革命性的影响。

（三）推动重点领域数字产业发展

把握数字化、网络化、智能化方向，推动制造业、服务业、农业等产业数字化，利用互联网新技术对传统产业进行全方位、全链条改造，发挥数字技术对经济发展的放大、叠加、倍增作用。要推动互联网、大数据、人工智能同产业深度融合，加快培育一批“专精特新”企业和制造业“单项冠军”企业。要推进重点领域数字产业发展，聚焦战略前沿和制高点领域，立足重大技术突破和重大发展需求，增强产业链关键环节竞争力，完善重点产业供应链体系，加速产品和服务迭代。要激活新要素，探索数据生产要素高效配置、安全流通和应用机制。要培育新动能，促进互联网、大数据、人工智能与实体经济深度融合。要探索新治理体系，建立适应数字经济新业态发展要求的管理制度。要建设新设施，不断强化数字经济发展基础。要培养既有行业背景又有数字化素养的复合型人才，加速推动一二三产业和乡村振兴融合发展。

（四）加快新型基础设施建设

发展数字经济的重要前提是加快新型基础设施建设。新型基础设施建设一头连着巨额投资，一头牵着不断升级的应用大市场，必将成为我国经济发展新的重要引擎。要加快 5G 建设进程，打造人机物全面互联的工业互联网，大力发展新型智能化计算设施，推动大型数据中心有序建设、小微型数据中心升级改造。要坚持应用导向、需求导向，进一步丰富应用场景，推动“新基建”与制造、能源、交通、农业等各领域的融合发展，培育线上线下融合新经济，探索“新基建”在社会管理、公共服务、教育医疗、智慧城市等领域的应用，打造集约高效、经济适用、智能绿色、安全可靠的现代化新型基础设施体系。要加强战略布局，加快建设高速泛在、天地一体、云网融合、智能敏捷、绿色低碳、安全可控的智能化综合性数字信息基础设施，打通经济社会发展的信息“大动脉”。要全面推进数字的产业化、规模化应用，重点突破关键软件，推动软件产业做大做强，提升关键软件技术创新和供给能力。

（五）推动数字经济治理现代化进程

近年来，我国在完善数字经济治理体系方面进行了许多有益的探索，出台了《中华人民共和国网络安全法》《中华人民共和国数据安全法》《中华人民共和国个人信息保护法》《关键信息基础设施安全保护条例》《国家网络空间安全战略》，印发了《关于加强网络安全学科建设和人才培养的意见》《关于加强国家网络安全标准化工作的若干意见》，为探索数字经济全球治理体系变革贡献了中国智慧。我国在数字治理领域呈现出全面规范化趋势。伴随着新一代数字技术的持续迭代演进，数字经济治理也正从单轮驱动向双轮驱动转型，并向着全要素、全产业链、全价值链的数智化方向前进。通过激发数字活力、释放数字红利、深化数字经济供给侧结构性改革等举措，能够松绑数字经济发展束缚，以用户需求为导向，推动从业务产品到组织管理的全方位、全流程创新。通过构建全方位、全天候的数智化感知响应系统和治理体系，可以提升预判精准化和决策科学化水平，根治长期以来在数字经济治理过程中存在的缺位、错位、越位等痼疾，系统化推进数字经济和实体经济深度融合发展，构建协同稳定可持续发展的数字经济新生态，进而推动实现全要素生产效能的指数级发展。

拓展阅读

习近平总书记谈数字经济

形成发展新动能

推动制造业高质量发展，主动融入新一轮科技和产业革命，加快数字化、网络化、智能化技术在各领域的应用，推动制造业发展质量变革、效率变革、动力变革。

——2019年5月21日，在主持召开推动中部地区崛起工作座谈会时的讲话

要利用区块链技术探索数字经济模式创新，为打造便捷高效、公平竞争、稳定透明的营商环境提供动力，为推进供给侧结构性改革、实现各行业供需有效对接提供服务，为加快新旧动能接续转换、推动经济高质量发展提供支撑。

——2019年10月24日，在主持十九届中央政治局第十八次集体学习时的讲话

要抓住产业数字化、数字产业化赋予的机遇，加快5G网络、数据中心等新型基础设施建设，抓紧布局数字经济、生命健康、新材料等战略性新兴产业、未来产业，大力推进科技创新，着力壮大新增长点、形成发展新动能。

——2020年4月1日，在浙江考察时的讲话

面向未来，我们要把满足国内需求作为发展的出发点和落脚点，加快构建完整的内需体系，大力推进科技创新及其他各方面创新，加快推进数字经济、智能制造、生命健康、新材料等战略性新兴产业，形成更多新的增长点、增长极。

——2020年5月23日，在看望参加政协会议的经济界委员时的讲话

疫情激发了5G、人工智能、智慧城市等新技术、新业态、新平台蓬勃兴起，网上购物、在线教育、远程医疗等“非接触经济”全面提速，为经济发展提供了新路径。我们要主动应变、化危为机，深化结构性改革，以科技创新和数字化变革催生新的发展动能。

——2020年11月21日，在二十国集团领导人第十五次峰会第一阶段会议上的讲话

助力世界新发展

近年来，新一轮科技革命和产业变革孕育兴起，带动数字技术强势崛起，促进了产业深度融合，引领了服务经济蓬勃发展。这次疫情全球大流行期间，远程医疗、在线教育、共享平台、协同办公、跨境电商等服务广泛应用，对促进各国经济稳定、推动国际抗疫合作发挥了重要作用。我们要顺应数字化、网络化、智能化发展趋势，共同致力于消除“数字鸿沟”，助推服务贸易数字化进程。

——2020年9月4日，在2020年中国国际服务贸易交易会全球服务贸易峰会上的讲话

数字经济是全球未来的发展方向，创新是亚太经济腾飞的翅膀。我们应该主动把握时代机遇，充分发挥本地区人力资源广、技术底子好、市场潜力大的特点，打造竞争新优势，为各国人民过上更好日子开辟新可能。

——2020 年 11 月 20 日，在亚太经合组织第二十七次领导人非正式会议上的讲话

面对各国对数据安全、数字鸿沟、个人隐私、道德伦理等方面的关切，我们要秉持以人为中心、基于事实的政策导向，鼓励创新，建立互信，支持联合国就此发挥领导作用，携手打造开放、公平、公正、非歧视的数字发展环境。

——2020 年 11 月 21 日，在二十国集团领导人第十五次峰会第一阶段会议上的讲话

创新是引领世界发展的重要动力。要坚持创新驱动大方向，点燃数字经济新引擎，让数字技术的成果惠及更多亚太地区人民。

——2021 年 11 月 12 日，在亚太经合组织第二十八次领导人非正式会议上的讲话

资料来源：2022 时事报告 .

时政热点

练习题

一、单选题

1. 中国经济发展进入新常态，经济发展新常态最早由（　　）总书记在河南考察时提出。

A. 邓小平　　B. 江泽民　　C. 胡锦涛　　D. 习近平

2. 增长速度由高速向（　　）转换这是经济新常态的基本特征。

A. 低速　　B. 中低速　　C. 中高速　　D. 超高速

3.（　　）是我国经济发展的基本立足点和长期战略方针。

A. 改革创新　　B. 满足人民物质需求

C. 扩大内需　　D. 推进经济发展

4.（　　）是“互联网＋”的中心词，它是“互联网＋”计划的出发点。

A. 信息　　B. 移动通信　　C. 互联网　　D. 高科技

5.（　　）产业是我国战略性新兴产业重点发展的七大产业之一，具有创新活跃、渗透性强、带动作用大等特点。

A. 新兴工程技术　　B. 新兴信息技术

C. 新兴航空航天技术　　D. 新兴农业技术

6.（　　）有利于发挥市场活力、促进就业创业，是稳增长、调结构、促改革的重要力量。

A. 民间资本　　B. 企业资本　　C. 国有企业　　D. 中下层企业

7. 创业创新的平台给予创业者平等的（　　）。

A. 创业机会　　B. 求职机会　　C. 引资机会　　D. 竞争机会

8.（　　）是企业经营的组成部分，也是经营利润实现的保证。

A. 效益　　B. 物流　　C. 库存　　D. 销售

9. ITU确定了5G的三大类应用场景，不包括（　　）。

A. eMBB　　B. URLLC　　C. mMTC　　D. FTTx

10. 个人业务不确定性应对之道不包括：（　　）。

A. 降本提效，回归通信本质，打造精品网络

B. 开放拓新，云网融合，发展增值业务

C. 针对高价值客户实行权益法则，增加黏性

D. 探索从4G到5G过渡的中庸之道

11. 下列哪项不在“新基建”最受关注的主要大领域？（　　）

A. 5G基站建设　　B. 大数据中心

C. 轨道交通新能源汽车充电桩　　D. 数字化智能家庭

12. 人工智能应用3.0时代为（　　）。

A. 流程智能　　B. 单点智能　　C. 商业智能　　D. 生活智能

13. 2017年中央经济工作会议指出，要（　　），保证我国经济沿着正确方向发展。

A. 坚持加强党对经济工作的集中统一领导

B. 坚持适应把握引领经济发展新常态

C. 坚持使市场在资源配置中起决定性作用

D. 坚持以人民为中心的发展思想

14. 我国经济转向高质量发展阶段的趋势性特征之一是增长动力由（　　）。

A. 要素驱动、投资驱动转向创新驱动

B. 高速增长转向适度增长

C. 规模速度型粗放增长转向质量效率型集约增长

D. 中低端转向中高端

15. 建设长江经济带要在改革创新和发展新动能上做（　　）。

A. 乘法　　B. 除法　　C. 加法　　D. 减法

16. 浙江的安吉县坚持按照习近平的“两山”理论，依靠（　　）等当地的自然资源促进了经济的发展。

A. 青竹　　B. 白茶　　C. 木材　　D. 红茶

17.（　　）是推动长江经济带发展重大国家战略的纲领性文件。

A.《长江经济带创新驱动产业转型升级方案》

B.《关于建设长江经济带国家级转型升级示范开发区的实施意见》

C.《国务院关于依托黄金水道推动长江经济带发展的指导意见》

D.《长江经济带发展规划纲要》

18. 党中央国务院对县域经济的发展高度重视，“十三五”规划提出（　　）。

A. 发展特色县域经济　　B. 壮大县域经济

C. 统筹推动县域经济科学发展　　D. 保持县域经济又好又快发展

19.（　　）构成了习近平新时代中国特色社会主义经济思想的重要组成部分。

A. 城乡区域协调发展新思想　　B. 实施区域协调发展战略

C. 加快建设创新型国家　　D. 实施乡村振兴战略

20. 我国经济转向高质量发展阶段的趋势性特征之一是经济福祉由（　　）。

A. 中低端转向中高端

B. 市场起基础性作用转向市场起决定性作用和更好发挥政府作用

C. 先好先富型转向包容共享型

D. 要素驱动投资驱动转向创新驱动

二、判断题

1. 随着信息技术和人类生产生活交汇融合，互联网快速普及，全球数据呈现爆发增长、海量集聚的特点。（　　）

2. 数字经济就是基于数字技术的经济，而数字技术的发展往往与互联网技术的发展紧密相连，所以很多时候数字经济也常被称作互联网经济或网络经济。（　　）

3. 目前，中国还未实现从人口红利向网民红利的转变。（　　）

4. 开放性生态不是“互联网＋”战略创新的特征。（　　）

5. 比特币是一种特定的虚拟商品，具有与货币等同的法律地位。（　　）

6. 智能合约是一个运行在安全环境下的计算机程序。（　　）

7. 区块链上的总账数据共享。将总分类账簿等数据 sulaixue.com 在区块链上进行共享，便于集团进行财务数据分析。（　　）

8. 区块链技术进行支付是由交易双方直接完成，不涉及中间机构实现点到点交易，减少中间环节。（　　）

9. 粤港澳大湾区是指由香港、澳门两个特别行政区和广东省的广州、深圳、珠海、

佛山、中山、东莞、肇庆、江门、惠州九市组成的城市群。（　　）

10. 推进建设粤港澳大湾区，有利于深化内地和港澳交流合作，对港澳参与国家发展战略，提升竞争力，保持长期繁荣稳定具有重要意义。（　　）

11. 计算、智能、网络对经济发展模式和社会经济运行状态的影响已经完全显现。（　　）

12. 高楼大厦是真正的数字时代的产物。（　　）

13. 经研究调查后预测直播电商在2021年的销售额要突破4万亿元。（　　）

14. 直播电商对外围条件的依赖程度高。（　　）

15. 直播电商的门槛较低。（　　）

16. 到2020年3月，我国在线教育用户达到4.23亿。（　　）

17. 我国服务业占GDP的比重正不断地上升。（　　）

18. 国家“十四五”规划提出要打造全球级大数据平台。（　　）

19. 数据难以匹配需求是当前数字经济发展的最重要的问题。（　　）

20. 数据传输、转换、改造、运用的成本要远远地低于对于实体商品进行同样操作的成本。（　　）

三、思考题

1. 如何正确看待中国数字经济发展态势？

2. 如何正确理解中国数字经济发展新优势？

第四讲

提升科技创新能力 实现科技自立自强

★★★★★

重大原始创新成果往往萌发于深厚的基础研究，产生于学科交叉领域，大学在这两方面具有天然优势。要保持对基础研究的持续投入，鼓励自由探索，敢于质疑现有理论，勇于开拓新的方向。这是习近平总书记2021年4月考察清华大学成像与智能技术实验室时的讲话。

第一节 认识我国科技创新取得的历史性成就

2021年9月20日，世界知识产权组织发布的《2021年全球创新指数报告》（GII 2021）显示，中国在全球创新指数榜单排名第12位，比2020年提升2位。中国有19个科技集群进入全球科技集群百强，数量仅次于美国，排在世界第2位。这是新时代从各方面持续推动科技创新领先的结果。党的十八大以来，我国科学技术的基础研究经费增长近一倍，在基础研究和原始创新领域持续发力。全国科技工作会议（2016年）提到“我国科技创新已步入以跟踪为主转向跟踪和并跑、领跑并存的新阶段”，一系列重量级、国际级科技项目纷纷亮相。新时代，我国科技创新成果丰硕，中国桥、中国路、中国港、中国车、中国楼、中国字（数字信息领域）成为中国对外展示和宣传的亮丽名片。载人航天、探月工程、深海工程、超级计算、量子信息、天眼、神舟、北斗组网、C919大飞机等高科技领域取得一批重大成果，突破性成果不断涌现，为中国的强国梦和科技梦实现了历史性跨越和突破。无数的科研工作者数十年如一日，用脚踏实地的苦干精神夯实了国家科技自立自强的基础。党的十九届五中全会提出把科技自立自强作为国家发展的战略支撑，这是党和国家立足发展全局做出的重大战略决策部署。科学技术从来没有像今天这样深刻影响着国家和民族的前途与命运。

一、基础研究和原始创新取得重要进展

2020年9月11日，习近平总书记主持召开科学家座谈会并发表重要讲话，强调要把原始创新能力提升摆在更加突出的位置，努力实现更多“从0到1”的突破。总书记的讲话，指明了当前科技创新对于国家发展的战略意义和实现的现实路径。科技立则民族立，科技强则国家强。1986年，国家科学技术委员会（现名科学技术部）决定把全国科学技术工作分为三个层次：第一个层次是直接面向经济建设为当前的经济建设服务；第二个层次是高新技术开发与研究；第三个层次是基础研究。基础研究工作是整个科学技术发展的基础和保障，虽然它们不一定能带来立竿见影的经济效益，但从长远来看，一定会带来更多的社会效益。加强基础研究是提高我国原始创新能力、增加人才资本的重要途径，是打造科技强国的关键条件，是建设创新型国家的决定因素，是国家发展的战略支撑。

（一）加大基础研究　致广大而尽精微

“不困在于早虑，不穷在于早豫”是汉代刘向《说苑·谈丛》中的警句，它的意思是“要想不陷入困境，就须提前谋划；要想不至于陷入绝境，就须事先预防”。2021 年 4 月，习近平总书记考察清华大学成像与智能技术实验室。基础研究和原始创新，始终是清华大学成像与智能技术实验室团队前行的基石。中国工程院院士、清华大学信息科学技术学院院长戴琼海谈道：“所谓‘颠覆性研究’有三个标准：是否改变了科学研究的路径，是否改变了产业发展的方向，是否可以写进教科书。”他要求实验室的青年教师和学生们，必须去想“图诺问题”，这是一个与图灵奖和诺贝尔奖同级别的问题。

要提升科技创新能力，实现科技自立自强，必须健全鼓励支持基础研究和原始创新的体制机制。高铁是中国制造业的一张亮丽名片，从和谐号到复兴号的研制充分体现了国家制定科技自立自强要求的制度。20 世纪 90 年代初，中国高铁在引进、借鉴、吸收德国、日本等发达国家技术基础之上，进行国内的自主创新，成为中国创新领域的典型代表，成了中华民族伟大复兴的“加速器”。到 2021 年 12 月 30 日，中国高铁运营里程突破 4 万公里，覆盖 95%的 100 万人口及以上的城市，约占全球高铁网的 7 成。从 1909 年詹天佑主持建成中国第一条自行设计的京张铁路到 2019 年年底开通的京张高铁，时间跨越百年。为什么中国制造业这么强？从发展过程的每一步、每一人来看，就是始终能以坚持自主创新、大胆技术革新为突破口，以工匠精神为传承，以实现科技自立自强为己任。“一些人绕过问题，我想去解决问题。”这是一位青年学子的心声，这是中华民族伟大复兴之路上科学技术领域立足发展的人才支撑。

（二）基础研究定基调　及毫芒而全意蕴

习近平总书记在 2020 年 9 月 11 日的科学家座谈会上指出，基础研究一方面要遵循科学发现自身规律，以探索世界奥秘的好奇心来驱动，鼓励自由探索和充分的交流辩论；另一方面要通过重大科技问题带动，在重大应用研究中抽象出理论问题，进而探索科学规律，使基础研究和应用研究相互促进。2020 年 8 月 29 日，中华中医药学会中医药防治重大疾病基础研究平台成立大会在北京召开。这是基础研究和应用研究相互促进的典型代表。中药在中国已经有几千年的发展历史，在两年来抗击新冠肺炎疫情中的作用全国人民有目共睹。“人民英雄”国家荣誉获得者、中国工程院院士张伯礼认为，中医知识源远流长，历经数千年虽有改进和发展，但和现代科学结合太差，其现代科学内涵有待揭示，面向科学前沿的中医药基础研究靠“单打独斗”更是独木难支，为把“单打独斗”变成“齐心协力”共克难题，所以成立中医药防治重大疾病基础研究平台。目前该平台成员单位有覆盖全国近 30 个省的 40 余家高校、科研院所、国家与省部级重点实验室。

2018年，为加快建设创新型国家，提高我国基础科学研究水平，改善国内基础科学研究短板，提升基础科学原始创新能力，优化基础科学研究环境，国务院印发《关于全面加强基础科学研究的若干意见》（以下简称《意见》），对全面加强基础科学研究做出重要部署。《意见》明确了我国基础科学研究三步走（2020年、2035年、21世纪中叶）的发展目标，从“完善基础研究布局、建设高水平研究基地、壮大基础研究人才队伍、提高基础研究国际化水平、优化基础研究发展机制和环境”5个方面共20点提出了全面加强基础科学研究的重点任务。《意见》的出台表明我国基础科学研究迎来了最好的时光，进入它的黄金发展期。

（三）民营企业强发力　助力基础研究创新

习近平总书记在2022年2月28日下午主持召开中央全面深化改革委员会第二十四次会议时强调：“加快建设一批产品卓越、品牌卓著、创新领先、治理现代的世界一流企业，在全面建设社会主义现代化国家、实现第二个百年奋斗目标进程中实现更大发展、发挥更大作用。”“最好的防御还是进攻。”世界处于百年未有之大变局，为保障国家各领域安全，需要努力认清世界纷繁复杂的环境，从最薄弱的基础领域做起，对最关键的领域发起不断地冲击。2020年9月，任正非在北京大学专家座谈会上表示，只有长期重视基础研究，才有工业的强大，只有长期重视基础教育，才有产业振兴的人才土壤。基础研究是创新之源。基础研究工作者需要耐住性子和冷清，经受反复失败与无数次重复。当一个科学人才几年没出成果时，可能会被人质疑和误解。正因为如此，关于基础研究领域的话题一直是重中之重。与国家战略同步，作为“56789”中70%以上的技术创新成果主体的民营企业，目前纷纷在基础研究领域持续发力。设立于2016年的“未来科学大奖”，关注的正是原创性的基础科学研究工作。至2021年9月，“未来科学大奖”共组织6次评奖，奖项分别为生命科学奖、物质科学奖、数学与计算机科学奖，共有24人获奖。2021年9月，第三届“科学探索奖”获奖名单揭晓。“科学探索奖”面向基础科学和前沿技术领域，获奖领域为数学物理学、生命科学、天文和地球科学、化学新材料、信息电子等。设立于2018年的达摩院青橙奖2021年授予10位面向不超过35岁的年轻学者，其关注基础研究和颠覆性技术研究。进入新时代，越来越多有责任和担当使命的民营企业家把大量资金投入基础研究领域，加大了对青年科学家的资金帮扶力度，助力青年科学家拓荒“科研无人区”，勇于面对世界级难题做出原创性贡献，勇攀科学技术之巅。

二、民生科技领域取得显著成效

2011年，科技部印发了《关于加快发展民生科技的意见》，明确人口健康、公共安全、生态环境、防灾减灾为发展民生科技的四大方向。从“十二五”时期开始，我国科技发展工作把保障和改善民生放在突出位置。2020 年，国务院《政府工作报告》提出，发展民生科技。科技是社会发展的前进动力，科技进步要作用于人民生活才能发挥它的最大价值，而其中的民生科技就是服务百姓生活的关键一环。“民生科技”是直接造福百姓“衣食住行用”的科技，是老百姓日常生活使用最多的科技。《国家中长期科学和技术发展规划纲要（2006—2020 年）》中，环境技术、农业技术、现代服务业、人口与健康技术、公共安全技术直接涉及民生关键领域，成为发展民生科技的重要保障和关键举措。发展民生科技，一是以民生需求为基础，在粮食安全、教育公平、医疗保障、住房需求、环境改善、服务提升、社会治理等方面加强民生科技的发展；二是加大政府和企业的投资力量，以政府为主导，积极引导社会力量参与民生科技和民生建设领域当中。民生科技是人民生活改善不断提升的手段之一，是实现人们对“美好生活需要”的重要领域。我们要把满足人民对“美好生活需要”的向往作为民生科技发展的出发点和落脚点，使民生科技真正做到惠及普通百姓生活的方方面面。

（一）粮食安全是国家安全的重要基础

2021 年 9 月 28 日，国家知识产权局知识产权发展研究中心发布的《生物育种产业专利导航研究成果》显示，全球生物育种领域专利申请数量快速增长，我国生物育种专利申请量排名全球第一。该研究旨在引领生物育种关键核心技术创新，强化种业知识产权保护。2019 年 4 月，位于河南省新乡市平原示范区的国家生物育种产业创新中心启动建设，它是全国首家生物育种产业创新中心。生物育种是现代农业的“芯片”，是从源头上保障国家粮食安全的战略性、基础性核心产业。2022 年 2 月 22 日，《中共中央国务院关于做好 2022 年全面推进乡村振兴重点工作的意见》，即 2022 年中央一号文件发布，明确了“保障国家粮食安全”的底线任务。

1919 年，毛泽东在《湘江评论》创刊宣言中写道：“世界什么问题最大？吃饭问题最大。什么力量最强？民众联合的力量最强。”中国是世界最大的粮食生产国。2021 年中央一号文件要求，要打好种业翻身仗。“一粒种子可以改变一个世界，一项技术能够创造一个奇迹。”2021 年 12 月，习近平在中央农村工作会议上强调：“保障好初级产品供给是一个重大战略性问题，中国人的饭碗任何时候都要牢牢端在自己手中，饭碗主要装中国粮。”2022 年中央一号文件再次明确指出，坚持中国人的饭碗任何时候都要牢牢端在自己手中，饭碗主要装中国粮。近年来，我国不断实施“科技兴粮”战略，为粮食安全生产打下了坚实基础。国家“十四五”规划中也首次将粮食综合生产能力作为安全保障类约束性指标之一列入其中，更加突显了粮食安全在国家整体安全中的战略地位和基础作用。“全世界有 22.5 亿亩水稻，如果有一半种上杂交稻，增产的粮食可以多养活 4.5 亿人。”世界杂交水稻之父袁隆平 2020 年 6 月谈道：“杂交水稻的发展史，本来就是一个技术不断创新发展的历程。围绕国家粮食安全，我们必须长期坚持开展杂交水稻技术研发。”民以食为天，食以安为先。新时代，国家把粮食安全作为治国理政的头等大事来抓，也为世界粮食安全做出了卓越贡献。

（二）社会治理下的科技创新

科学技术是生产力，是科技与经济的内在联系。人类社会与科技的关联则更为密切，因为人类史的变迁本身就是一部科技革命不断推进的演变史。而且，科技越发展，其与人类社会的关系便越密切，对人类的影响也就越深，对人类社会治理的影响就越大。2013年11月，中共十八届三中全会提出“国家治理体系和治理能力现代化”的重大命题。2019年10月党的十九届四中全会提出，“必须加强和创新社会治理，完善党委领导、政府负责、民主协商、社会协同、公众参与、法治保障、科技支撑的社会治理体系”，明确提出把科技支撑作为完善社会治理体系的重要内容。2020年以来的抗击新冠肺炎疫情是对“国家治理体系和治理能力的一次大考”，我国既有的社会治理体系正在经受着严峻的考验。2020年2月14日，习近平总书记在中央全面深化改革委员会第十二次会议上指出：“要放眼长远，总结经验、吸取教训，针对这次疫情暴露出来的短板和不足，抓紧补短板、堵漏洞、强弱项。”而且强调“要鼓励运用大数据、人工智能、云计算等数字技术，在疫情监测分析、病毒溯源、防控救治、资源调配等方面更好发挥支撑作用”。2022年1月11日，上海一家奶茶店成为“全国最小中风险地区”，被称为“精准防控样本”，也是社会治理在疫情防控下的典型标杆，把对人民群众的生活、工作、出行影响降至最低，体现出科技创新与社会治理水平的不可分割性。

科技的创新是社会治理体系的核心内容之一，在这次疫情防控中发挥着非常重要的作用。打赢疫情防控的人民战争、总体战、阻击战，需要不断优化社会治理能力。提升疫情的社会治理能力，就是不断推动和加强社会治理基层化或社区化，把疫情防控工作落实到社区、小区、单元楼、户、人，这是做好外防输入、内防扩散的关键一环。如何做好这一最基础和最重要的环节，科技支撑是关键。微信群便于信息迅速传递，为防控疫情提供了方便、快捷的治理平台。疫情下许多事情也并没有耽误，很多事情可以通过互联网来完成，包括学校的教学工作、企业的远程办公、消费者的线上购物，这不仅极大减少了疫情防控的压力，也促进了科技在社会治理方面的应用和疫情治理能力水平的提高。

（三）医疗条件改善，医药创新水平提升

2016年8月，习近平总书记在全国卫生与健康大会上强调：“没有全民健康，就没有全面小康。”2021年12月3日，国家医保局公布了2021年国家医保药品目录调整结果，74种药品新增进入目录，于2022年1月1日起执行。被称为“天价救命药”的诺

西那生钠注射液（用于治疗脊髓性肌萎缩症）的价格从每针 70 万元降至每针 3.3 万元，为无数脊髓性肌萎缩症患者及家庭带来了希望。2020 年 11 月，首批国家集中带量采购的冠脉支架的均价从 1.3 万元跌到 700 元，同样引发关注。没有全面健康，就没有全面小康。2022 年，国家医保局决定，将常态化制度化开展药品和高值医用耗材集中带量采购，进一步降低患者医药负担。医疗条件的改善事关百姓福祉，同样在医疗领域，老百姓也真实地感受到了民生科技的医药“红利”。互联网医院是疫情期间人们最关注的民生科技服务项目之一，如何解决民众看病难问题，科学技术在医疗领域的作用更加显著。

2020 年 12 月，国家医疗保障局召开新闻发布会，正式公布 2020 年国家医保药品目录谈判结果。最新版国家新冠肺炎诊疗方案所列药品已被全部纳入国家医保药品目录，以实际行动助力疫情防控，保障人民身心健康。2022 年 1 月，工业和信息化部、国家发展和改革委员会等九部门联合印发《“十四五”医药工业发展规划》，提出到 2025 年，医药工业主要经济指标实现中高速增长，前沿领域创新成果突出，创新驱动力增强，产业链现代化水平明显提高，药械供应保障体系进一步健全，国际化全面向高端迈进。在创新方面，全行业研发投入年均增长 10%以上。在供应保障方面，基本药物、小品种药、易短缺药品供应稳定，一批临床急需的儿童药、罕见病药保障能力增强。这无疑有助于实现医药创新更高水平发展，以满足人民群众健康需求，为全面建成健康中国提供坚实保障。科技创新遵循着一定的自然规律，实验操作遵循着一定的章法操守。而科学发现需要观察、思考和勇气，科学发明需要理论、实践和创新，在科技领域里容不得一丝马虎和冒进突进，只有这样才能攻克医学难关，不负人民生命之托。

三、国防科技创新取得重大成就

1956 年 7 月，我国第一架喷气式歼击机首飞成功；1964 年 10 月，我国第一颗原子弹爆炸成功；1966 年 10 月，我国成功进行第一颗装有核弹头的地地导弹飞行爆炸；1967 年 6 月，我国第一颗氢弹空爆试验成功；1969 年 9 月，我国成功进行首次地下核试验；1970 年 4 月，我国第一颗人造地球卫星发射成功；1973 年 8 月，我国第一台每秒钟运算 100 万次的集成电路电子计算机试制成功；1974 年 8 月，我国自行设计制造的第一艘核潜艇命名为“长征一号”，正式编入海军战斗序列，人民海军进入拥有核潜艇的新阶段；2017 年 4 月，我国第一艘国产航母正式下水……这些难忘的“第一”定格了我国 70 多年国防科技发展的坚实足迹。今天的世界并不安全，只有拥有过硬的国防实力，才能展示自己的话语权和主导权。今天对科技发展的要求不仅体现在人们的日常生活中，也体现在战争对科技的依赖性上。从 1991 年的海湾战争开始，大量高科技武器已经成为战争的撒手锏。国防领域的科技创新不仅成为社会发展的动力和源泉，也是战争走向的关键点，这是区别于以往任何战争的显著特点。

（一）国防科技创新是国家安全的关键

中国空间站开启有人长期驻留时代，这是2021年中国十大科技进展新闻之一。神舟十二号执行我国空间站阶段首次载人飞行任务。新中国在一穷二白和自力更生的基础上形成了具有中国特色的国防体系。诞生之初，面对国内外的压力和封锁，不断涌现的“两弹一星”等国防武器突破和粉碎了核垄断和核威胁，极大提高了社会主义中国的国际地位和世界影响力，有力捍卫了我国国家安全和保障了人民安全。国防科技水平是一个国家经济和科技等综合国力的重要体现。从第一颗原子弹、第一艘核潜艇、第一颗人造卫星到“神威·太湖之光”夺得2016年世界超算冠军（“神威·太湖之光”超级计算机是国家“863计划”信息技术领域重大项目支持的课题之一），我国的国防科研成就已经从新中国历史上的“第一”发展到不断向全球国防科技领域的“第一”迈进，“第一”的含金量不断提升、“第一”的科技领域不断拓展。

强国必须强军，强军才能国安，国安才能民富。强国强军是共产党人的不懈追求，是实现中华民族伟大复兴的必然要求。着眼国际战略局势和国家安全发展环境变化，十九大报告中提出了军队建设的中长期目标是“力争到二○三五年基本实现国防和军队现代化，到21世纪中叶把人民军队全面建成世界一流军队”。我军诞生于“以小米加步枪”的革命战争年代，却创造了许多以劣胜强的辉煌战绩。新中国成立后，我国早期的国防科技和武器装备发展在经历了遏制、打压、封锁后走上了自主创新的征程。无数的历史经验已经证明，科学技术必然带来各领域的深刻变革及人类生存环境的改变。只有把国防科技创新放在重要和基础的位置上，才能保家卫国，才能做好军事斗争准备工作，坚决完成党和人民赋予的历史使命。

（二）军事装备是军事现代化的保障

2019年4月23日，人民海军055型大型驱逐舰正式亮相，这标志着人民海军军事装备建设达到世界一流水平。这不仅是我国近年来不断提升的综合国力表现，更是科技水平不断提高的结果。习近平总书记2021年7月1日在庆祝中国共产党成立100周年大会上的讲话指出：“新的征程上，我们必须全面贯彻新时代党的强军思想，贯彻新时代军事战略方针，坚持党对人民军队的绝对领导，坚持走中国特色强军之路，全面推进政治建军、改革强军、科技强军、人才强军、依法治军。”党的十八大以来，我国国防科技创新在集中力量办大事制度的基础上进一步取得了举世瞩目的成就，新型战机、新型驱逐舰、新型主战坦克、第五代隐身战斗机歼-20和大型运输机运-20等先进装备不断涌现，接连服役，推陈出新的速度越来越快。

军事装备的现代化是军队现代化的重要标志之一，是国家安全、经济安全和其他安全的重要支撑。所以每个国家都会不惜成本研制或者购买军事装备，促使军事装备领域成为世界高新技术不断涌现的主要领域，每一领域的重大突破都能推动军事装备跨越式发展。国家发展的历史直接或者间接地告诉我们战争起源的历史发展规律，铁器优势胜于青铜器，枪炮威力大于刀剑，信息战争优于传统战争。一切战争的起源都与当时的科学技术相关，与在此基础上发展起来的武器装备有关，战争就是随着科学技术和武器装备的出现而被动或主动地出现的。

（三）构建新时代人民军队思想政治教育体系

独立自主发展国防科技是我国国防事业发展的立足点，也是我国制定国防科研发展目标的基本依据。在革命战争年代，中国军队从“小米加步枪”中得出一个结论，就是要高度重视国防科技和武器装备现代化，但不以“武器论”为唯一追求。所以，我国军队的现代化是不仅仅是军事武器的现代化，更是军队思想政治教育的现代化。正如毛主席在抗美援朝期间的一次谈话中所说：“你打你的，我打我的，你打原子弹，我打手榴弹，抓住你的弱点，跟着你打，最后打败你。”在朝鲜战场上，中国人民志愿军虽“钢少气多”，却战胜了武装到牙齿的联合国军。不以“武器论”为唯一追求也体现在习近平总书记在庆祝中国人民解放军建军 90 周年大会的讲话中：“历史告诉我们，战争不仅是物质的较量，更是精神的比拼。没有顽强的意志，没有敢于牺牲的品质，再好的武器装备也不能保证胜利。”

新时代，我们要不断激发在困难时期“一不怕苦、二不怕死”的战斗精神，军队思想政治教育首先要解决的根本性问题是“为谁当兵、为谁打仗”，针对这个首要问题，要讲清“为什么打仗”“怎么打仗”“靠什么打仗”。深刻理解“军人生来为家国”，要为流血牺牲做好充足思想和心理准备。只有讲清“为什么打仗”“怎么打仗”“靠什么打仗”，才能真正构建起新时代人民军队思想政治教育体系，并推进武器装备现代化与其他领域现代化的有机结合，人民军队才能永远立于不败之地，国家才能获得长期的和平与发展环境。

第二节　深刻理解科技自立自强的必要性紧迫性

2016 年，习近平总书记在中央军委军队规模结构和力量编成改革工作会议上强调，要推动我军由人力密集型向科技密集型转变，构建能够打赢信息化战争的中国特色现代军事力量体系。随着人工智能在军事领域上的广泛应用，传统作战方式正向智能化、无人化方向发展，战场形势瞬息万变、稍纵即逝，分分钟就能解决战斗，分秒之间就已决定战争胜负。人民军队的光辉历史，见证了国防科技的发展轨迹和辉煌成就。关键核心技术是要不来、买不来、讨不来的。党的十九届五中全会（2020年10月）提出，“坚持创新在我国现代化建设全局中的核心地位，把科技自立自强作为国家发展的战略支撑”。

一、科技创新成为国际战略博弈的战场

2021年12月8日，中国科学院科技战略咨询研究院、中国科学院文献情报中心与科睿唯安三家机构联合发布了《2021研究前沿》报告。报告显示，2021年，在11个大学科领域整体层面，美国活跃度最高；中国连续稳居第二，与美国的差距呈继续缩小态势。

（一）牢固树立新型举国体制战略思想

“谁能控制空间，谁就能控制世界。”科技创新已成为国际战略博弈的主战场。中国只有不断大胆破除阻碍技术发展创新的不合理制度，制定新型创新战略路径，才能“弯道超车”，才能保持或领跑高技术领域。

2020年3月，习近平总书记在北京考察新冠肺炎防控科研攻关工作时再次强调，要完善关键核心技术攻关的新型举国体制。新时代，明确提出构建关键核心技术攻关新型举国体制主要有两个原因：首先，随着科学发展往纵深发展，破解科学难题越来越难，且创新成本投入巨大，短期内难有可观回报，导致一般企业无法长期承受这种高风险商业投资。其次，现代科技创新普遍涉及不同学科和领域，需要聚集不同领域的人物力进行集体攻关，一般企业缺乏这种协调和统筹不同资源的能力。新型举国体制下，要求做到“坚持国家一声令，规划全国一盘棋，集中优势办大事，政府作为转角色，顶层谋划布新局”。与此同时，科技创新能力的现实转化要同国家需要、人民要求、市场需求相结合，只有这样才能真正实现科技创新的价值。要认识到，让市场在资源配置中起决定性作用，同时更好发挥政府的作用，加强统筹协调力度，确保政策支持到位，落实服务到位，这是新型举国体制的制度要求。

（二）提高资源配置效率　助力科技自立自强

2022年，《科技部办公厅关于开展颠覆性技术研发方向建议征集工作的通知》发布，面向全社会进行颠覆性技术研发方向建议征集工作，方向集中在信息、材料、空间

技术等涉及多个国计民生的重大领域，目的是发现并扶持一批开展颠覆性技术创新的优秀人才和创新团队。依靠举国体制、集中力量办大事，是我国科学技术领域发展的传统优势。在国际环境日益复杂变化的今天，科学技术要想自立自强就必须坚持新型举国体制，特别是在核心关键领域、“卡脖子”的地方要依托集中军地（军队和地方两用人才）优势，带动国家科技发展实现新跨越。

按科技发展规律而言，科技创新体现出多学科交叉的态势，涉及不同领域和学科。仅凭某个企业、某个市场一己之力难以独立完成，需要集中不同领域、各个部门的优质资源进行集体攻关，政府在组织集中力量办大事的作用上有着巨大优势。2020 年 3 月 30 日，《中共中央国务院关于构建更加完善的要素市场化配置体制机制的意见》中要求，要破除阻碍要素自由流动的体制机制障碍，扩大要素市场化配置范围，健全要素市场体系，推进要素市场制度建设。这为构建社会主义市场经济条件下关键核心技术攻关的人才合理畅通、有序流动提供了有力保障。就外部环境而言，关键核心技术要不来、买不来、讨不来。2020 年以来的新冠肺炎疫情暴露出我国在生命科学领域的关键核心技术突破有待加强。这种形势下，只有发挥新型举国体制优势，集中力量办事，提高资源配置流动效率，才能不断增强我国科技创新能力，掌握更多核心技术，为维护人民生命健康做出更大贡献。

二、掌握关键核心技术　提高成果转化成效

2019 年 11 月党的十九届四中全会审议通过的《中共中央关于坚持和完善中国特色社会主义制度推进国家治理体系和治理能力现代化若干重大问题的决定》中提出要构建关键核心技术攻关新型举国体制，指明了完善科技创新体制机制的重点和方向，为加快建设创新型国家指引了方向，为掌握关键核心技术提供了明确指引。

（一）坚持问题导向　推动产学研相结合

当前，我国经济社会发展、基础研究、民生改善、国防建设面临许多亟待解决的现实问题，这要求科技攻关必须坚持问题导向，奔着最紧急、最紧迫、最关键的问题领域去，尽快掌握关键核心技术，为科技自立自强提供支撑，为经济社会发展提供保障。2020 年，钟南山院士这样回答 25 位科技工作者为什么要给习近平总书记写信：“给习近平总书记写这封信，当时主要就是感觉到我们国家在很多关键核心的领域仍然受制于人。在这种压力下，必须要推动自主创新，还要推动产学研结合，也就是科技要跟经济结合，不管是数字经济，还是实体经济。”2021 年中国十大科技进展新闻，之江实验室领衔的联合科研团队“凭打破‘量子霸权’的超算应用摘得 2021 年度‘戈登贝尔奖’”榜上有名。2017 年之江实验室成立（浙江省政府、浙江大学、阿里巴巴集团联合共

建），这是以企业为主体、市场为导向，产学研深度整合的技术创新载体，有助于提高科技成果转移转化成效。

（二）尊重科学研究规律　重视科学发现价值

爱因斯坦说过："在科学上，每一条道路都应该走一走，发现一条走不通的道路，就是对科学的一大贡献。"中国科学院院士、南方科技大学校长薛其坤说："最优秀的科学家要做的工作，就是实现从0到1的突破，这也是最难的工作。所以面对他们，尽量少问'你的研究成果有什么用'，这不是他们的主要工作。"科学研究的成果最重要的就是从0到1的突破，因为有了1，才有了1之后更多的无限可能性。科学研究成果的"转化"不是科学研究的唯一目标。1919年1月，陈独秀在《新青年》第六卷第一号发表《本志罪案之答辩书》，大力提倡"德先生"（民主）与"赛先生"（科学）。"赛先生"呼唤科学文化氛围，做科学研究要致力培养做科学研究的环境。科学研究的过程是充满了发现、质疑和颠覆的过程，是一个长时期艰苦奋斗的过程。尊重科学发展规律，就要充分了解，科学发现的1兴许是无法物化、也无法量化的，不是有钱就能出科学研究成果，基础研究也不是短平快的研究项目，它需要耐往性子，潜心研究。

三、发挥市场优势　落实科研成果转化

2021年11月3日，2020年全国科技工作会议在北京召开。顾诵芬、王大中两位院士获得2020年度国家最高科学技术奖。顾诵芬院士用一生书写了"航空救国""航空报国""航空强国"。王大中院士为中国先进核能领域逐步走向世界前沿奉献了一生。国家最高科学技术奖授予在当代科学技术前沿取得重大突破或者在科学技术发展中有卓越建树、在科学技术创新、科学技术成果转化和高技术产业化中创造巨大经济效益或者社会效益的科学技术工作者。

（一）科学研究与市场需求相统一

2022年2月23日，科技部火炬中心公布了2021年度全国技术合同交易数据。据《2021年全国技术合同登记情况表》数据显示，截至2021年12月31日，全国共登记技术合同670 506项，成交金额37 294.3亿元，分别比上年增长22.1%和32%。数据的背后，既反映了科学技术对市场的影响力，也显示出我国科技成果转化成效蕴藏的巨大潜能。科学技术就是生产力，助推技术创新解决市场中存在的实际问题，需要把科学研究与市场需求紧密结合起来，落实"市场在资源配置中起决定性作用"这一重要原则。2015年，我国修订并发布实施了《中华人民共和国促进科技成果转化法》，该法开宗明义表明了科技成果转化为现实生产力、规范科技成果转化活动、加速科学技术进步对推

动经济建设和社会发展的重要作用。该法的修订与实施破除了制约科技成果转化的体制机制障碍，表明在评价科技成果转化环节要让市场和企业发挥更多的主导作用，这必将极大地激励广大科研工作者积极开展科学研究的热情。

（二）尊重科研人员成果市场转化

2020 年 5 月，两份重磅文件《中共中央国务院关于新时代加快完善社会主义市场经济体制的意见》和《赋予科研人员职务科技成果所有权或长期使用权试点实施方案》同日发布，且都提出“试点赋予科研人员职务科技成果所有权或长期使用权”。文件的出台有利于进一步解决科技、经济“两张皮”的困局和难点，把科技工作者的创新成果转化为真正的现实生产力。在两份文件发布之前，我国科研人员在工作中创造出来的科学技术成果，因为离不开所属单位提供的人力、物力、技术、资金等支持，所以创造出来的科学技术成果属于典型的“职务发明”“职务作品”，所有权、使用权都归单位支配，造成了一种矛盾局面：科研人员的研究成果不归属个人。所以不管该成果未来能产生多大的经济利益和社会效益，都与科研人员本人没有丝毫关系，科研人员能拿到手的钱只是工资和奖金，而没有把其科研成果的经济利益计算在内。这两份文件的出台，在一定程度上有利于破除科研成果转化的现实障碍，改变体制缺陷，激发科研人员内在的积极性和主动性。科技部 2020 年 10 月 19 日印发关于《赋予科研人员职务科技成果所有权或长期使用权试点单位名单》的通知。北京市以及教育部等部委的共 9 个省市、40 个单位入选试点名单，为期 3 年，这将有助于进一步激发科研人员自主创新的积极性，促进科技成果转移转化。

第三节 准确把握科技自立自强的战略要求

2014 年 6 月 9 日，习近平总书记在中国科学院第十七次院士大会、中国工程院第十二次院士大会上谈道：“面对科技创新发展新趋势，世界主要国家都在寻找科技创新的突破口，抢占未来经济科技发展的先机。”“只有把核心技术掌握在自己手中，才能真正掌握竞争和发展的主动权，才能从根本上保障国家经济安全、国防安全和其他安全。不能总是用别人的昨天来装扮自己的明天。不能总是指望依赖他人的科技成果来提高自己的科技水平，更不能做其他国家的技术附庸，永远跟在别人的后面亦步亦趋。我们没有别的选择，非走自主创新道路不可。”如何才能真正把核心技术掌握在自己手中，真正掌握竞争和发展的主动权，如何才能走出自主创新道路，其出发点和落脚点都在人才培养上。因为人是决定性因素，要准确把握人在提升科技创新能力、实现科技自立自强上的战略要求。

一、完善人才培养体系　为创新筑牢根基

2022年2月通过的《关于加强基础学科人才培养的意见》中强调，要全方位谋划基础学科人才培养，科学确定人才培养规模，优化结构布局，在选拔、培养、评价、使用、保障等方面进行体系化、链条式设计，大力培养、造就一大批国家创新发展急需的基础研究人才。大国之间技术创新的竞争归根到底是创新人才的竞争，人才是创新活动中最为活跃和最为积极的决定性因素和基础性因子。当前社会，科技人才的竞争越发激烈，科技领域的纠纷越发剧烈，正因为科学技术能力是具有专业技术的特殊人才所掌握的，所以，它不是普通生产力，而是第一生产力。所以我们要完善科技人才发现、培养、激励机制。

（一）健全人才发现机制　落实培养人才体制

2021年，先后有王绶琯、沈忠厚、周毓麟、吴孟超、袁隆平、薛禹群、郑哲敏、李正名、陈文新、吴新智等多位科学家离世。目前，我国科技领军人物、战略型科学家仍然缺乏。这些难点和痛点的解决，除了面向全球招才引智外，更要把重点放在对国内科技人才的早期发现、定向培养及全方位支持上。要大力推进科学技术创新，就要完善健全科技人才发现机制。要全方位评价科技人才，对有实力的科技人才要进行科学识别，深挖细挖。还要“不拘一格降人才”，对有潜力的科技人才要大胆采用，给予包容，给予扶持，因为人才成长本身具有不确定性和长期性。培养人才不是拔苗助长，不能急功近利，而是要牵线搭桥、穿针引线，是要尽可能给人才提供良好的体制环境和成长平台，切实提高科研人员的基本待遇和福利水平，使科技人才无后顾无忧，可以心无旁骛地做科研，敢坐、愿坐冷板凳，勇于突破科技前沿领域。2018年，华为任正非指出：我们要宽容失败，才会有创新，宽容失败的科研环境。对科学家的评价要相对合理，不要过于情感化，对一时的不成功也要合理的鼓励，肯定科学家的贡献。对科技人才的培养机制应该是全方位的，这不仅需要国家政策的显性支持，也要潜移默化地对科研人员的修养品德进行培育，使科研人员的关注点始终放在对科研的兴趣与坚持上。

（二）激励科学家精神　树立科学精神

谁能代表科学家精神？科学家精神是什么？2019年6月，《关于进一步弘扬科学家精神加强作风和学风建设的意见》（以下简称《意见》）出台，明确了新时代科学家精神的内涵，即胸怀祖国、服务人民的爱国精神，勇攀高峰、敢为人先的创新精神，追求真

理、严谨治学的求实精神，淡泊名利、潜心研究的奉献精神，集智攻关、团结协作的协同精神，甘为人梯、奖掖后学的育人精神。这一《意见》的出台，突出体现了新时代对科学家这一群体的殷切期望和精神褒奖。要激励和引导科技工作者，就必须重视科学家精神的培育和养成，形成“尊重知识、尊重人才、包容不同、容纳失败、科学管理、服务到位”的科研环境。精神可以传递，科学必须求是。

二、唯在得人　努力成为世界主要科学中心

2018 年 5 月，习近平总书记在中国科学院第十九次院士大会、中国工程院第十四次院士大会上指出：“中国要强盛、要复兴，就一定要大力发展科学技术，努力成为世界主要科学中心和创新高地。”

（一）道阻且长　唯在得人

广袤的太空是人类科学探索的新领域，其蕴藏着巨大的政治、经济与军事价值，已成为当今各国现在或未来关注的维护国家利益的战略“制高点”，成为各国军事力量竞争的新空间和军事技术集结的新领地。没有空间上的安全，国家的领土（领陆、领水、领空和底土）安全将难以得到真正保证。所以太空时代的到来，使传统意义上的国家安全面临新的挑战，增加了不确定的安全因素。因为谁拥有了制天权，谁就可以在战争或竞争中取得“居高临下”的关键优势。因此，世界各国对空间（利用航天器控制太空空间）的开发、利用和竞争也日趋激烈。2020 年 7 月 31 日，北斗三号全球卫星导航系统建成暨开通仪式在中国北京举行。我国成为世界上第三个独立拥有全球卫星导航系统的国家。1993 年的银河号事件暴露了我国在卫星导航领域上的被动局面，经过 20 多年航天人的系统建设，北斗系统终于让我国在航天方面不再受制于人。

（二）唯在得人　始于育人

创新之道，唯在得人。唯在得人，始于育人。培养、造就一大批具有国际水平的战略科技人才、科技领军人才、青年科技人才和创新团队是建设科技强国，努力成为世界主要科学中心的关键和基础。2020 年 9 月 11 日，习近平总书记主持召开科学家座谈会谈道：“科学成就离不开精神支撑。科学家精神是科技工作者在长期科学实践中积累的宝贵精神财富。”具有甘为人梯、奖掖后学的育人精神是关乎科学事业长远发展的大战略和大情怀。科技的成就不是一蹴而就、立竿见影的短暂过程，而是一项承上启下、继往开来的持续攻坚；科技的发展是甘当人梯、奖掖后学的科学前辈和勇往直前、后来居上的科学后辈共同钻研与兼容并包的双向过程；科技的环境是科学前辈的无私奉献与科学后辈的谦虚态度的心理磁场。“春蚕到死丝方尽，蜡炬成灰泪始干。”对新时代的科学

家群体来说，要甘为人梯、奖掖后学，把发现、培养、激励青年科技人才作为一项重要任务来承担，要敢于给青年人压担子、搭台子、铺路子。“青年是祖国的前途、民族的希望、创新的未来。”对广大青年科技人才来说，要继续保持艰苦奋斗、勇往直前的精神，把握好青年科技人才的创新意识与创新能力，号召青年科技人才把个人的理想与国家民族的命运紧密联系在一起，并为此奋斗终生。

三、重视基础学科教育　提高原始创新能力

你是否有过遨游太空的梦想？你是否因为杨利伟的“上天”而激动万分？你是否因《流浪地球》的科幻故事而浮想联翩？2020年7月23日，海南文昌航天发射场，我国首次火星探测任务“天问一号”探测器成功发射，拉开了我国向更遥远的宇宙深处探索的序幕，也扩展了人们对火星的无限向往。正是因为科学充满了未知，未来充满了想象，探索充满了好奇，才使我们的创新和实践变得更有意义。

（一）做好长远规划　教育始终先行

2005年7月29日，钱学森对前去探望他的时任国务院总理温家宝说：“为什么我们的学校总是培养不出杰出人才？”这是时代之问，也是老一辈科学家对科学文化教育的深切期盼。在2020年的科学家座谈会上，习近平总书记强调：“要加强创新人才教育培养，把教育摆在更加重要位置，全面提高教育质量，加强数学、物理、化学、生物等基础学科建设，鼓励具备条件的高校积极设置基础研究、交叉学科相关学科专业，加强基础学科本科生培养，注重培养学生创新意识和创新能力。”这是对时代之问的时代回答，也是对老一辈科学家对科学文化教育深切期盼的深切回应。《中国教育现代化2035》是中国第一个以教育现代化为主题的中长期战略规划，聚焦教育发展的突出问题和薄弱环节，立足当前，着眼长远，重点部署了面向教育现代化的十大战略任务。在《中国教育现代化2035》中，提出要“加强高等学校创新体系建设，建设一批国际一流的国家科技创新基地，加强应用基础研究，全面提升高等学校原始创新能力。探索构建产学研用深度融合的全链条、网络化、开放式协同创新联盟”。这为进一步提高高等学校创新科研水平做出了长远规划和战略指引。

（二）挑战技能高峰　勇担历史使命

在2019年的第45届世界技能大赛上，中国代表团在本次大赛中获得16枚金牌，再次荣登金牌榜、奖牌榜、团体总分第一。其中获得金牌的项目如“数控车、综合机械与自动化、制造团队挑战赛、电子技术、电气装置、移动机器人、水处理技术”等获奖者多为高职院校的在校大学生，这为我们培养未来的工匠人才、传播工匠精神奠定了坚

实的基础。国家的重视、行业的发展，教育的投入，人才的培养，必将为职业院校不断培养出“知识型、技能型、创新型的劳动力大军”打下良好基础。

在 2020 年的科学家座谈会上，习近平总书记对科学工作者寄予厚望：“希望广大科学家和科技工作者肩负起历史责任，坚持面向世界科技前沿、面向经济主战场、面向国家重大需求、面向人民生命健康，不断向科学技术广度和深度进军。”一代人有一代人的奋斗与担当，一个时代有一个时代人的使命与高度。当前，世界处于百年未有之大变局，世界范围内既有合作又有竞争，既有博弈又现“冷战”，我们要做好在失衡失控失速的情况下寻找新的均衡平衡的可能性。复杂的国内外局势不断给国家带来巨大的风险挑战与发展机遇，既有各行各业转型升级的亟须解决，又有经济高质量发展的迫切需求，还有人民群众对追求美好生活向往的不断要求，更有实现中华民族伟大复兴的历史使命，这些迫切需要广大科技工作者当好领头羊、做好新表率、勇攀新高峰，在提升科技创新能力、实现科技自立自强的路上锐意进取，敢为人先，永不止步。

拓展阅读

实现高水平科技自立自强

日前，在中国科学院第二十次院士大会、中国工程院第十五次院士大会和中国科学技术协会第十次全国代表大会上，习近平总书记发表重要讲话强调，坚持把科技自立自强作为国家发展的战略支撑，立足新发展阶段、贯彻新发展理念、构建新发展格局、推动高质量发展，面向世界科技前沿、面向经济主战场、面向国家重大需求、面向人民生命健康，深入实施科教兴国战略、人才强国战略、创新驱动发展战略，把握大势、抢占先机，直面问题、迎难而上，完善国家创新体系，加快建设科技强国，实现高水平科技自立自强。

“科技立则民族立，科技强则国家强。”在革命、建设、改革各个历史时期，我们党都高度重视科技事业，科技事业在党和人民事业中始终具有十分重要的战略地位、发挥了十分重要的战略作用。我们始终坚持党对科技事业的全面领导，观大势、谋全局、抓根本，形成高效的组织动员体系和统筹协调的科技资源配置模式。党的十九大以来，党中央全面分析国际科技创新竞争态势，深入研判国内外发展形势，坚持把科技创新摆在国家发展全局的核心位置，全面谋划科技创新工作。从“科技自立自强”到“高水平科技自立自强”，“高水平”这三个字既是要求、号召，也是鞭策、激励。几年来，在党中央坚强领导下，在全国科技界和社会各界共同努力下，我国科技实力正在从量的积累迈向质的飞跃、从点的突破迈向系统能力提升，科技创新取得新的历史性成就。毋庸讳言，没有中国共产党，就没有新中国；没有中国共产党的坚强领导，就没有中国科技的蓬勃发展。

加强原创性、引领性科技攻关，坚决打赢关键核心技术攻坚战。基础研究是科学之本、技术之源、创新之魂。基础研究要勇于探索、突出原创，拓展认识自然的边界，开辟新的认知疆域。科技攻关要坚持问题导向，奔着最紧急、最紧迫的问题去，从国家急迫需要和长远需求出发。厚植基础性学科，才能催生颠覆性创新。颠覆性创新是关键核心技术攻关的突破口，决定着这个国家原始创新的动力和活力。当前，我国已经进入创新驱动发展阶段，颠覆性创新是强大引擎，是实现科技超常规、跨越式发展的关键。广大科技工作者要心怀“国之大者”，准确把握新阶段、新理念、新格局下的科技发展态势，通过自主创新破解“卡脖子”项目和领域，积极探索科技前沿，补齐科技短板。要增强企业创新动力，发挥企业出题者作用，加快构建龙头企业牵头、高校院所支撑、各创新主体相互协同的创新联合体，提高科技成果转移转化成效。要大力加强多学科融合的现代工程和技术科学研究，带动基础科学和工程技术发展，形成完整的现代科学技术体系。

构建开放创新生态，参与全球科技治理。科学技术具有世界性、时代性，是人类共同的财富。我们要统筹发展和安全，以全球视野谋划和推动创新，积极融入全球创新网络，聚焦气候变化、人类健康等问题，加强同各国科研人员的联合研发。要激发各类人才创新活力，建设全球人才高地。要更加重视人才自主培养，努力造就一批具有世界影响力的顶尖科技人才，稳定支持一批创新团队，培养更多高素质技术技能人才、能工巧匠、大国工匠。要坚持面向世界、面向未来，增进对国际科技界的开放、信任、合作。要深度参与全球科技治理，贡献中国智慧，让科技更好增进人类福祉，让中国科技为推动构建人类命运共同体做出更大贡献。

我国广大科技工作者要以与时俱进的精神、革故鼎新的勇气、坚忍不拔的定力，肩负起时代赋予的重任，努力实现高水平科技自立自强。两院院士是国家的财富、人民的骄傲、民族的光荣。广大院士要做胸怀祖国、服务人民的表率，追求真理、勇攀高峰的表率，坚守学术道德、严谨治学的表率，甘为人梯、奖掖后学的表率。要不忘初心、牢记使命，响应党的号召，听从祖国召唤，敢为人先，追求卓越。

资料来源：黄维．实现高水平科技自立自强［N］．人民日报海外版，2021-05-31.

时政热点

练习题

一、单选题

1. 党的（　　）提出，“坚持创新在我国现代化建设全局中的核心地位，把科技自立自强作为国家发展的战略支撑”。

A. 十九届三中全会　　B. 十九届四中全会

C. 十九届五中全会　　D. 十九届六中全会

2. 2020年7月23日，（　　）航天发射场，我国首次火星探测任务“天问一号”探测器成功发射，拉开了我国向更遥远的宇宙深处探索的序幕，也扩展了人们对火星的无限向往。

A. 甘肃酒泉　　B. 海南文昌　　C. 山西太原　　D. 四川西昌

3. 在2019年的第（　　）届世界技能大赛上，中国代表团在本次大赛中获得16枚金牌，再次荣登金牌榜、奖牌榜、团体总分第一。

A. 43　　B. 44　　C. 45　　D. 46

4. “现在中国没有完全发展起来，一个重要原因是没有一所大学能够按照培养科学技术发明创造人才的模式去办学，没有自己独特的创新的东西，老是‘冒’不出杰出人才。这是很大的问题”。这是哪一位老一辈科学家对科学文化教育的深切期盼？（　　）

A. 钱三强　　B. 钱学森　　C. 钱伟长　　D. 邓稼先

5. （　　）是科学之本、技术之源、创新之魂。

A. 技术发明　　B. 艺术创造　　C. 基础研究　　D. 科学研究

6. 2019年6月，《关于进一步弘扬科学家精神加强作风和学风建设的意见》（以下简称《意见》）出台，明确了新时代科学家精神的内涵，即胸怀祖国、（　　）的爱国精神。

A. 服务人民　　B. 勇攀高峰　　C. 敢为人先　　D. 追求真理

7. 2016年8月，（　　）在全国卫生与健康大会上强调：没有全民健康，就没有全面小康。

A. 孙春华　　B. 习近平　　C. 李克强　　D. 钟南山

8. 2019年10月党的（　　）明确提出把科技支撑作为完善社会治理体系的重要内容。

A. 十九届三中全会　　B. 十九届四中全会

C. 十九届五中全会　　D. 十九届六中全会

9. 从1991年的（　　）开始，大量高科技武器已经成为战争的撒手锏。

A. 科索沃战争　　B. 科威特战争

C. 中东战争　　D. 海湾战争

10. “谁能控制空间，谁就能控制世界。”（　　）已成为国际战略博弈的主战场。

A. 结构创新　　B. 文化创新　　C. 制度创新　　D. 科技创新

11. 加强基础研究是提高我国原始创新能力、增加人才资本的重要途径，是打造科技强国的（　　），是建设创新型国家的决定因素，是国家发展的战略支撑。

A. 必要条件　　B. 关键条件　　C. 基本条件　　D. 基本因素

12. 2020年7月31日，北斗三号全球卫星导航系统建成暨开通仪式在中国（　　）举行。

A. 北京　　B. 上海　　C. 广东　　D. 深圳

13. 2020年9月11日，习近平总书记主持召开科学家座谈会谈道：“科学成就离不开精神支撑。（　　）是科技工作者在长期科学实践中积累的宝贵精神财富。”

A. 创新精神　　B. 科学家精神　　C. 协作精神　　D. 奉献精神

14. 1919年，毛泽东在《湘江评论》创刊宣言中写道：“世界什么问题最大？（　　）问题最大。”

A. 文化　　B. 科技　　C. 吃饭　　D. 经济

15. 1986年，国家科学技术委员会（现名科学技术部）决定把全国科学技术工作分为三个层次，其中加强（　　）是提高我国原始创新能力、增加人才资本的重要途径，是打造科技强国的关键条件，是建设创新型国家的决定因素，是国家发展的战略支撑。

A. 经济建设　　B. 高新技术开发与研究

C. 基础研究　　D. 科技创新

16. 国防科技水平是一个国家经济和科技等综合国力的重要体现，2021年中国十大科技进展新闻之一，中国空间站开启有人长期驻留时代，（　　）执行我国空间站阶段首次载人飞行任务。

A. 神舟六号　　B. 神舟七号　　C. 神舟十一号　　D. 神舟十二号

17. 2018年5月，（　　）在中国科学院第十九次院士大会、中国工程院第十四次院士大会上指出："中国要强盛、要复兴，就一定要大力发展科学技术，努力成为世界主要科学中心和创新高地。"

A. 韩正　　B. 李克强　　C. 王岐山　　D. 习近平

18. 世界各国对空间（利用航天器控制太空空间）的开发、利用和竞争也日趋激烈，我国成为世界上第（　　）个独立拥有全球卫星导航系统的国家，北斗系统终于让我国在航天方面的提升。

A. 三　　B. 二　　C. 四　　D. 五

19. 关键核心技术要不来、买不来、（　　）。

A. 急不来　　B. 夺不来　　C. 抢不来　　D. 讨不来

20.（　　）是关键核心技术攻关的突破口，决定着这个国家原始创新的动力和活力。

A. 原始创新　　B. 基础研究创新

C. 颠覆性创新　　D. 自主创新

二、判断题

1. 党的十九届五中全会提出把科技自立自强作为国家发展的战略支撑，这是党和国家立足发展全局做出的重大战略决策部署。（　　）

2. 1986 年，国家科学技术委员会（现名科学技术部）决定把全国科学技术工作分为四个层次。（　　）

3. 要提升科技创新能力，实现科技自立自强，必须健全鼓励支持基础研究和原始创新的体制机制。（　　）

4. 2020 年 8 月 29 日，中华中医药学会中医药防治重大疾病基础研究平台成立大会在北京召开。（　　）

5. 目前中医药防治重大疾病基础研究平台成员单位有覆盖全国近 30 个省的 50 余家高校、科研院所、国家与省部级重点实验室。（　　）

6. “民生科技”是直接造福百姓“衣食住行用”的科技，是老百姓日常生活使用最多的科技。（　　）

7. 2019年4月，位于河南省开封市平原示范区的国家生物育种产业创新中心启动建设，它是全国首家生物育种产业创新中心。（　　）

8. 科学技术是生产力，是科技与经济的内在联系。（　　）

9. 科技是社会治理体系的核心内容之一，在这次疫情防控中发挥着非常重要的作用。（　　）

10. 只有把国防科技创新放在重要和基础的位置上，才能保家卫国，才能做好军事斗争准备工作，坚决完成党和人民赋予的历史使命。（　　）

11. 独立自主发展国防科技是我国国防事业发展的立足点，也是我国制定国防科研发展目标的基本依据。（　　）

12. 党的十九届五中全会提出，“坚持科技自立自强在我国现代化建设全局中的核心地位，把创新作为国家发展的战略支撑”。（　　）

13. 只有发挥新型举国体制优势，集中力量办事，提高资源配置流动效率，才能不断增强我国科技创新能力，掌握更多核心技术，为维护人民生命健康做出更大贡献。（　　）

14. 2017年之江实验室成立（浙江省政府、浙江大学、阿里巴巴集团联合共建），这是以市场为主体、企业为导向，产学研深度整合的技术创新载体，有助于提高科技成果转移转化成效。（　　）

15. 科学研究的过程并不是充满了发现、质疑和颠覆的过程，也不是一个长时期艰苦奋斗的过程。（　　）

16. 2020年11月3日，2020年全国科技工作会议在北京召开。（　　）

17. 因为人是决定性因素，所以要准确把握人在提升科技创新能力，实现科技自立自强上的战略要求。（　　）

18. 大国之间技术创新的竞争归根到底是创新人才的竞争，人才是创新活动中最为活跃和最为积极的决定性因素和基础性因子。（　　）

19. 基础研究要勇于探索、突出原创，拓展认识自然的边界，开辟新的认知疆域。（　　）

20. 《国家创新驱动发展战略纲要》和《“十三五”国家科技创新规划》提出要发展和培育面向市场的新型研发机构，构建更加高效的科研组织体系，在国家层面明确了新型研发机构在创新驱动发展和科研组织体系建设中的职能与使命。（　　）

三、思考题

1. 为什么基础研究之路要坚持面向世界科技前沿、面向经济主战场、面向国家重大需求、面向人民生命健康？

2. 独立自主在世界百年未有之大局中的当代价值有哪些？

第五讲

透视碳达峰碳中和 解码低碳发展之路

★★★★★

2020年9月22日，习近平总书记在第七十五届联合国大会一般性辩论上提出："人类不能再忽视大自然一次又一次的警告，沿着只讲索取不讲投入、只讲发展不讲保护、只讲利用不讲修复的老路走下去。应对气候变化《巴黎协定》代表了全球绿色低碳转型的大方向，是保护地球家园需要采取的最低限度行动，各国必须迈出决定性步伐。中国将提高国家自主贡献力度，采取更加有力的政策和措施，二氧化碳排放力争于2030年前达到峰值，努力争取2060年前实现碳中和。"

第一节 全球环境治理面临前所未有的挑战

一、全球环境治理体系的紧迫形势

2020年以来的新冠疫情告诉我们，人类社会需要一场自省与共同的世界革命。人与自然能否和谐共生，是全人类面临的共同挑战。全球性的气候变化问题已经成为不可回避的重大挑战，这不仅将影响人类世界，也将危及自然界，而自然界又是人类生存的根基。自然的生态平衡不仅来源于大自然固有的自我修复能力，更取决于人类社会对自然的利用和保护情况。

（一）全球气候变化的形势日趋严峻

近年来，随着全球温室气体排放持续加剧，全球气候恶化现象急剧发生。生物多样性丧失、荒漠化现象加剧、热带雨林减少、森林乱砍滥伐严重、传染病风险增加，给人类生存环境造成严重危害，给世界发展带来严峻挑战。气候变化是人类必须共同面临的根本问题，是波及全球的重大生态环境危机。全球气候变化的原因归结为两类：一是自然的气候波动，二是人类活动的影响，特别是自第一次工业革命以来的人类生产活动，在创造巨大物质财富的同时，也使环境付出了沉痛的代价，这是造成目前全球气候变化危机的主要原因，而环境危机的承受方还是人类与自然。

（二）全球变暖和极端天气气候事件频发

全球气候恶化现象的急剧发生，导致全球持续变暖和极端天气气候事件频发。2021年8月9日，联合国政府间气候变化专门委员会（IPCC）发布第六次评估报告显示，自1970年以来的50年是过去2000年以来最暖的50年。预计到21世纪中期，气候系统的变暖仍将持续。未来20年，全球温升将达到或超过1.5摄氏度。2011年至2020年全球地表温度比工业革命时期上升了1.09摄氏度，其中约1.07摄氏度的增温是人类活动造成的，导致全球气候变化前所未有，极端天气气候事件频发：2021年1月中国局部地区出现罕见的寒潮天气，2月美国得克萨斯州遭遇罕见冬季风暴袭击，3月蒙古国、中国部分地区遭遇超强沙尘暴。长此以往，未来极端天气（极端高温、极端低温、极端干旱、极端降水）气候事件（50年一遇或100年一遇）会更加频繁。全球变暖和极端天气气候事件的发生使人类生存发展面临严重挑战，长期威胁人类社会的粮食安全、医疗安全、清洁用水安全、人身安全和人类发展速度等。

二、全球气候治理体系国际公约

恩格斯曾明确指出："我们不要过分陶醉于我们对自然界的胜利。对于每一次这样的胜利，自然界都对我们进行报复。"全球环境治理问题是一个关乎人类与自然共同生存与发展的重大挑战。从 20 世纪 90 年代开始，为应对这一全球共同挑战，世界各国已经开始就应对气候变化进行谈判并基本达成共识，逐渐构建起全球气候治理的制度框架，形成了三项重要的国际性公约。《联合国气候变化框架公约》《京都议定书》《巴黎协定》是在全球气候治理层面上三个非常核心的国际公约。

（一）《联合国气候变化框架公约》："共同但有区别的责任"原则

1992 年 5 月 9 日《联合国气候变化框架公约》通过；1994 年 3 月 21 日生效，在全球范围内的气候治理框架体系得以最终确立。公约的终极目标是"将大气中的温室气体浓度维持在一个稳定的水平，在该水平上人类活动对气候系统的危险干扰不会发生"。根据公约中的"共同但有区别的责任"原则（是指由于地球生态系统的整体性和在导致全球环境退化过程中发达国家和发展中国家的不同作用，各国对保护全球环境应负共同但有区别的责任），基于历史排放原因对环境的影响和发展中国家的经济情况，公约对发达国家和发展中国家所应承担的公约义务进行了明确的区分。公约要求作为温室气体主要排放者的发达国家（历史上和目前全球温室气体排放的最大部分源自发达国家），要采取积极、有效的具体措施来限制其本国的温室气体排放量和有义务帮助发展中国家改善环境质量，并提供资金以支付发展中国家履行公约义务所需的费用。

（二）《京都议定书》：限制温室气体排放的约束力

《京都议定书》于 1997 年 12 月通过，2005 年 2 月 16 日生效。这是人类历史上首次以法规的形式达成限制温室气体（甲烷、二氧化碳等）排放的公约。其目标是"将大气中的温室气体含量稳定在一个适当的水平，进而防止剧烈的气候改变对人类造成伤害"。目标要求从 2005 年起发达国家开始承担减排义务，2012 年起发展中国家开始承担减排义务。《京都议定书》贯彻和遵循了《联合国气候变化框架公约》中的"共同但有区别的责任"原则，它为发达国家规定了具有法律约束力的减排指标和时间表，对发展中国家基本上是鼓励、支持和引导其采取自愿而非强制的减排措施。

（三）《巴黎协定》：坚持公平和各自能力原则

《巴黎协定》于 2015 年 12 月通过，于 2016 年 11 月 4 日起正式实施。《巴黎协定》

是继2005年生效的《京都议定书》后全球范围内第二份具有法律约束力的气候公约，是全球共同应对气候变化的重要保障，为2020年后全球应对气候变化行动做出了具有法律约束力的整体安排，使全球气候治理进入新时期。《巴黎协定》的长期目标是将全球平均气温较前工业化时期上升幅度控制在2摄氏度以内，并努力将温度上升幅度限制在1.5摄氏度以内。《巴黎协定》第四条规定：发达国家缔约方应当继续带头，努力实现全经济绝对减排目标。发展中国家缔约方应当继续加强它们的减缓努力，应鼓励它们根据不同的国情，逐渐实现全经济绝对减排或限排目标。

我国的"碳达峰""碳中和"发展之路就是对上述三个国际公约责任的履行与实施，通过实现碳排放与经济发展相脱钩，最终达成相对的"零排放"。从根本上来说，气候变化问题并不是单纯的环境问题，气候变化的治理也不是有心就能改善的，与其国家的发展水平、贫困程度等密切相关。

三、新时代全球气候治理面临的挑战

百年未有之大变局的今天，在政治和经济领域内的单边主义、贸易保护主义倒行逆施，经济制裁频繁出现，大国之间的博弈加剧，局部战争频发，导致经济发展加剧不平衡，国际社会的不稳定不确定局面急剧增多。全球气候治理层面上的三个国际公约无法消除全球气候治理的矛盾与摩擦。

（一）新时代全球气候治理的矛盾

2021年，印度马克思主义学者维贾伊·普拉沙德在第26届联合国气候变化大会［又称《联合国气候变化框架公约》第26次缔约方大会（COP26）］上的发言，在网络上引发了广泛而深刻的讨论。维贾伊指出，西方国家通过殖民等方式掠夺了发展中国家的财富，让发展中国家依赖煤炭等化石能源，如今反过头来指责发展中国家造成了污染。对发展中国家和第三世界国家的人民来说，首要任务是发展教育、保障就业、增加收入、消除贫困等目标，这一目标与改善全球气候环境对能源利用的要求和经济社会发展转型存在一定程度上的冲突或者根本性矛盾，如何解决这一问题，如何切实帮助发展中国家提高应对气候变化的能力，这是新时代全球气候治理面临的挑战，也是落实和实施《巴黎协定》的关键环节。

（二）全球气候治理使命意识有待提高

自人类进入第一次工业文明以来，在创造巨大社会物质财富的同时，也加速了对自然资源的攫取和破坏，打破了人与自然的生态系统平衡，特别是破坏了发展中国家的生态平衡。虽然各国对全球气候危机感同身受，对气候治理达成基本共识，但对如何承担气候治理的责任以及承担多少存在分歧，使之未能有效阻止全球变暖现象的持续发生。原因之一在于“逆全球化”潮流使全球气候治理举步维艰。2020 年 11 月 4 日，美国正式退出《巴黎协定》(2021 年 2 月 19 日，美国正式重新加入《巴黎协定》)，美国的“逆全球化”和贸易保护行为不仅给全球自由贸易带来严重经济压力并造成了破坏，更影响了各国之间对全球气候治理的国际合作与履约进程，全球气候治理的资金不足持续扩大，动摇了国际间气候合作的信心，对全人类携手应对气候变化带来了不良影响和不利后果。《巴黎协定》规定，发达国家有义务为发展中国家提供环境治理的资金和技术服务等方面的支持。特别是发达国家曾经承诺，到 2020 年要实现每年向发展中国家提供 1 000 亿美元应对气候变化支持资金的目标。2021 年 6 月 13 日，联合国秘书长古特雷斯再次敦促发达国家特别是七国集团履行向发展中国家每年提供 1 000 亿美元气候资金的承诺，强调该承诺对实现《巴黎协定》的气候行动目标至关重要，对避免让《巴黎协定》成为一纸空文至关重要。

第二节 中国应对气候变化发生历史性变化

2021 年 10 月，习近平总书记在《生物多样性公约》第十五次缔约方大会领导人峰会上发表主旨讲话指出：“人与自然应和谐共生。当人类友好保护自然时，自然的回报是慷慨的；当人类粗暴掠夺自然时，自然的惩罚也是无情的。”“生态文明是人类文明发展的历史趋势。”“以生态文明建设为引领，协调人与自然关系。要解决好工业文明带来的矛盾，把人类活动限制在生态环境能够承受的限度内，对山水林田湖草沙进行一体化保护和系统治理。”

一、党的十八大以来的生态文明建设

党的十八大报告指出：“坚持节约资源和保护环境的基本国策，坚持节约优先、保护优先、自然恢复为主的方针。”新时代以来，我国生态文明建设取得了丰硕成果：2014 年库布其沙漠生态治理区被联合国环境规划署确立为全球沙漠“生态经济示范区”；2017 年塞罕坝林场建设者获得联合国环保最高荣誉“地球卫士奖”；2018 年浙江省“千村示范、万村整治”工程被联合国授予“地球卫士奖”中的“激励与行动奖”。

（一）打好污染防治攻坚战

2012 年 11 月，党的十八大把生态文明建设纳入中国特色社会主义事业“五位一体”

总体布局，首次提出“美丽中国”的生态文明建设目标。2018年5月，习近平总书记在全国生态环境保护大会上强调，要充分利用改革开放40年来积累的坚实物质基础，加大力度推进生态文明建设、解决生态环境问题，坚决打好污染防治攻坚战，推动我国生态文明建设迈上新台阶。“十四五”规划中也明确提出“生态文明建设实现新进步”的目标。2021年，我国污染物排放持续下降，8项约束性指标顺利完成，生态环境质量持续改善，生态环境保护实现良好开局。2021年全国地级及以上城市优良天数比率为87.5%，同比上升0.5个百分点（河南平均优良天数256天，多于国家目标30天，优良天数比率达到70.1%）；全国地表水优良水质断面比率为84.9%，同比上升1.5个百分点。始终不懈努力的绿色发展底色换来了生态环境质量的不断改善。

（二）推进湿地生态保护修复

湿地与森林、海洋并称为地球三大生态系统。湿地在保护生物多样性、防止自然灾害、降解污染、提供动植物产品、水和矿产资源等方面有着极为重要的战略作用，在观光与旅游、教育与科研价值等方面有着重要的社会效用。近年来，国家对湿地保护的重视程度越来越高，不断出台加强湿地保护的措施。2016年，国务院办公厅印发《湿地保护修复制度方案》。2017年，我国修订了《国家湿地公园管理办法》。2014年，中国把湿地保护工作纳入各级党委、政府的政绩考核，有助于树立和践行正确的政绩观。2021年12月，通过《中华人民共和国湿地保护法》。“十三五”期间（2016—2020）新建国家湿地公园201处，新增湿地面积20.26万公顷，湿地保护率达到50%以上，初步建立起以国际重要湿地、国家重要湿地、湿地自然保护区、国家湿地公园为主体的全国湿地保护体系。我国积极深度参与《国际湿地公约》履约工作，指导全球小微湿地保护修复工作，体现一个国家在保护湿地生态方面所做出的国际贡献。2018年10月，在《国际湿地公约》第十三届缔约方大会全体会议上，中国6个城市（常德、常熟、东营、哈尔滨、海口、银川）获得全球首批“国际湿地城市”称号。

（三）促进资源节约　保护资源安全

节约资源和保护环境是我国的基本国策。保护生态环境的首要任务就是资源节约利用。必须牢固树立节约资源理念，广泛培育节约资源意识。节约资源需要全民积极广泛参与，涉及各行各业。意味着要大力发展循环经济，改变浪费资源和破坏环境的生产方式。意味着要改变个人及家庭的生活方式和消费模式，以节用为美德。意味着必须加强耕地、严守耕地底线等资源保护，推进水资源循环利用，建设节水型社会。2013年5月，习近平总书记在十八届中央政治局第六次集体学习时指出：“大部分对生态环境造成破坏的原因是来自对资源的过度开发、粗放型使用。如果竭泽而渔，最后必然是什么鱼也没有了。因此，必须从资源使用这个源头抓起。”新时代，我们要把资源保护提高到国家资源安全的高度，全面促进资源节约集约与综合利用，打造人与自然和谐共同体。

（四）生物多样性取得显著成效

2021年10月，习近平总书记在《生物多样性公约》第十五次缔约方大会领导人峰会上谈道："中国正式设立三江源、大熊猫、东北虎豹、海南热带雨林、武夷山等第一批国家公园，保护面积达23万平方公里，涵盖近30%的陆域国家重点保护野生动植物种类。"2020年3月至2021年9月的云南野象群集体北迁并返回事件，是中国保护生物多样性的最佳案例，是中国对野生动物就地保护和迁地保护的有机统一，让全世界看到了中国保护野生动物的成果，其种群数量由20世纪80年代初的190多头发展到2021年的约300头。2021年10月，中共中央办公厅、国务院办公厅印发了《关于进一步加强生物多样性保护的意见》。生物多样性是人类与自然生存和发展的基础，物种多样化使地球生态多姿多彩，使自然界充满活力和乐趣。生态系统多样化使各种生物与周边环境都能达成人与自然的和谐共生，遗传多样化使生物对环境的适应能力不断增强。在履行保护生物多样性的国际义务中，中国率先出资15亿元人民币成立昆明生物多样性基金，支持发展中国家开展生物多样性保护事业，为保护生物多样性做出了大国表率。

二、新发展理念与生态文明建设

2015年10月，习近平总书记在党的十八届五中全会第二次全体会议上提出了"创新、协调、绿色、开放、共享"的发展理念。新发展理念符合当代我国国情，顺应了新时代发展要求，对解决发展中的难点困点堵点，增强我国产业转型的发展动力，具有重大现实意义。"十四五"时期，我国将加快构建以国内大循环为主体、国内国际双循环相互促进的新发展格局，我国的发展途径更加多渠道，发展环境更加生态化。在这一时代背景下，落实好新发展理念在生态文明建设领域的"指向标"作用，具有重要的现实意义。

（一）新发展理念是生态文明建设取得成效的理论基础

改革开放以来，我国经济领域发生了翻天覆地的变化，人民生活水平普遍提高，民生领域环境极大改善。随之而来的生态环境问题开始逐渐显现，人民群众对美好生态环境的需求有了极大的提高。我们要解决好工业文明随之带来的复杂矛盾，把人类活动限制在自然生态环境能够承受的限度内，把对生态文明的建设放在重要的选项里，把山青、水秀、林茂、田饱、湖清、草肥、沙绿作为人们对生态环境改善的具体要求。因此生态文明建设要取得真正成效，造福于人民对美好生活的向往，就必须坚持"创新、协调、绿色、开放、共享"新发展理念的理论指导作用，自觉将新发展理念融入生态文明建设之中。

（二）新发展理念夯实了生态文明建设的实践基础

过去的发展告诉我们，一味强调发展的速度必然损害生态环境，损害人类生命健康。然而发展结果也为生态环境的改善提供了资金上的保障。“创新、协调、绿色、开放、共享”的新发展理念是新时代绿色发展实践的先导，绿色发展实践也印证新发展理念的基础，也是生态文明建设的题中应有之义。新发展理念要求我们在保持和促进经济不断高质量发展的过程中，必须牢固树立并坚决贯彻新发展理念，宁要绿水青山不要金山银山，正确认识党和人民事业长久发展所做的历史性选择。

（三）新发展理念为全球生态文明建设提供中国方案

2013年11月，习近平总书记提出“山水林田湖生命共同体”理论。2018年5月，提出“山水林田湖草是生命共同体”思想。2021年3月，提出“山水林田湖草沙”思想，首次将沙漠纳入社会主义生态文明建设中，再次丰富了习近平生态文明思想的理论和思想内涵，体现出习近平总书记对生态环境保护和生态系统多样性上的全局性思考。2020年以来的新冠肺炎疫情肆虐全球，世界各地暴雨频发、高温天气接踵而来，极端天气频繁出现。这一次次提醒人们深刻反思人类与自然的关系，重新认识大自然的造福与破坏力量，促使人类社会加快转变发展方式和生活方式。2020年我国成为全球唯一实现经济正增长的主要经济体国家，外贸规模再创历史新高，中国担负着“绿色经济”复苏的大国重任。中国的新发展理念不仅符合中国可持续发展的内在要求，也为其他国家特别是发展中国家的生态文明建设方案提供了经验借鉴和中国智慧，体现了推动构建人类与自然生命共同体的大国担当，为人类可持续发展提供了切实可行的中国方案。

三、打造人与自然生命共同体

自然界不仅是人类诞生、成长、演进过程的基础，也适应于自然规律本身的存在。人类在自然灾害面前和严峻的生态危机中同样是命运共同体。习近平总书记在党的十九大报告中指出要构建“人与自然生命共同体”。“人与自然生命共同体”对处理全球环境治理问题精准把脉开出治理良方，是全球环境治理的正确选择和可持续发展的必然之路。2021年4月，习近平总书记首次谈到“人与自然生命共同体”理念的六个坚持：坚持人与自然和谐共生；坚持绿色发展；坚持系统治理；坚持以人为本；坚持多边主义；坚持共同但有区别的责任原则。“六个坚持”的丰富内涵，是构建人与自然生命共同体应对自然挑战的正确选择。

（一）坚持以人为主导　促进人与自然和谐共生

马克思在《资本论》中指出：“劳动首先是人和自然之间的过程，是人以自身的活动来中介、调整和控制人和自然之间的物质变换的过程。”同时，马克思在《关于费尔巴哈的提纲》中阐述道：“关于环境和教育其改变作用的唯物主义学说忘记了：环境是由人来改变的，而教育者本人一定是受教育的。”党的十八大以来，以保护水资源、防治水污染、改善水环境、修复水生态为主要任务的河长制，充分反映与强调了“人”在生态环境保护中的主体作用，肯定了“人”在决定环境和社会之间关系的主导作用。促进人与自然和谐共生，需要把保障人民群众切身利益和身心健康放在生态文明建设的关键环节上，以人为主导来解决生态建设中出现的问题。

（二）坚持以问题为导向　生态思想体系不断完善

从 2013 年“山水林田湖”到 2018 年“山水林田湖草”再到 2021 年“山水林田湖草沙”，习近平生态文明思想始终处于不断发展和变化中，生态思想体系不断完善。这是对不同发展阶段、不同环境对象、不同时代要求的深刻理解，不断展现了党和国家在生态文明领域建设中的成熟思考与成长能力，集中体现了党和国家的自我革新能力，真正实现了“统筹兼顾”。习近平总书记强调，环境治理是一个系统工程，如果“种树的只管种树”就容易“顾此失彼，最终造成系统性破坏”。进入新时代，我国生态环境问题导致的雾霾天气、极端气候频繁出现，各种矛盾纷纷显现，这是发展过程中面临的难点。坚持以问题为导向，实现“统筹兼顾”，廓清权责目标，谁主管谁负责，下大力气解决环境污染问题，是党中央处理各种生态环境问题的主要方向。

（三）坚持以科技为导向　建立生态安全的底线思维

2020 年 10 月，党的十九届五中全会首次强调要“统筹传统安全和非传统安全”，这是我国当前国际国内环境面临深刻变化的明确阐述，是国家安全观的理论发展和实践选择。2002 年，党的十六大报告就做出了“传统安全威胁和非传统安全威胁的因素相互交织”的判断。如今，非传统安全愈加重要，生态安全作为非传统安全的一部分早已成为国家安全的重要领域。生态安全不仅是社会发展的健康基础，也是国内经济政治安全的题中应有之义。生物入侵威胁成为人类面临的新威胁，关乎国际政治局势，兼有传统安全与非传统安全的因素。要建立起生态安全的底线思维，突破发展瓶颈，就必须依靠科技创新，解决发展和生态深层次的矛盾和问题，引导科技力量参与到生态系统治理的创新中来。

第三节　中国实现碳达峰碳中和的部署举措

2020 年 9 月，习近平总书记在第七十五届联合国大会上提出：“中国将提高国家自主贡献力度，采取更加有力的政策和措施，二氧化碳排放力争于2030年前达到峰值，努力争取2060年前实现碳中和。”据经济合作与发展组织统计，英国和德国在20世纪70年代实现碳达峰，美国在2007年实现碳达峰。多数发达国家的碳中和时间表定为2050年。一般情况下，从碳达峰到碳中和需要有50～70年的过渡转型期。我国作为世界第二大经济体和最大发展中国家，要在2030年实现碳达峰，2060年实现碳中和，需要制定更加严格的措施和目标。碳达峰碳中和（以下简称“双碳”）的实现必将是一场覆盖面广和影响深久的社会性变革。“双碳”目标实现是中国的远景规划，是涉及发展方式转变的路径问题。当前，“双碳”目标已经成为经济社会高质量发展的核心议题。

一、促进产业转型升级　绿色发展的必然选择

新时代，摆在我们国家面前的是，发展的不平衡不充分问题还很严重，人民对满足美好生活的需要还很迫切，这一切必须靠发展，而发展就需要能源领域的消耗与排放。道阻且长，气候环境的变化是人类共同面临的问题，也是不能和无法回避的问题。2021年的政府工作报告中“双碳”首次被写入，表明“双碳”工作的路线图已基本明晰。国务院印发的《2030年前碳达峰行动方案》，聚焦了2030年前的碳达峰目标。

（一）促进产业转型升级　积极调整能源结构

促进产业转型升级。到2021年，我国已经连续11年成为世界最大的制造业国家，对世界制造业贡献比重接近30%。中国要完成“双碳”的既定目标（从2022年开始在8年内要实现碳达峰，到2060年实现碳中和），意味着我国传统产业走转型升级的绿色发展之路势在必行。从2017年开始，我国经济已经从高速增长阶段转向高质量发展阶段，十九大报告中提出的“建立健全绿色低碳循环发展的经济体系”为新时代下高质量发展指明了方向，也提出了转型发展的时代要求。在新时代，我国调整产业结构、转变生产方式的任务依然艰巨繁重。环境污染严重、能源消耗很高的高污染高耗能（两高）产业，传统占比依然较高，坚决遏制“两高”项目盲目上马，成为节能减排和“双碳”工作的首要任务。

积极调整能源结构。我国是世界第二大能源生产国，也是第二大能源消费国。如何减少相应的环境污染，是能源结构调整推动产业发展向绿色转型的重要任务之一。2019年9月，国家能源局发展规划司司长李福龙表示，正在研究“十四五”能源发展规划，将继续壮大清洁能源发展。调整中国能源结构要降低国家对国际石油的依赖，保证我国石油安全；要降低煤电比重是“双碳”目标达成的重中之重，是节能减排和保护生态环境的需要；要大力发展新能源和可再生能源，大力推进水力发电、风力发电、太阳能、生物能（沼气）、地热能（包括地源和水源）、海潮能等多种清洁能源发电形式，逐步降

低国家对石油、煤等能源的过度依赖；把水电开发放在更加重要的位置上，这是由中国能源发展的国情决定的。我国水能资源理论蕴藏量占我国常规能源资源量的 40%，是仅次于煤炭资源的第二大能源资源，我国也是世界上水能资源总量最多的国家，水电开发可以有效改善我国能源结构，有利于实现人们对美好生活环境的向往。

（二）加快城乡建设和交通运输绿色低碳转型

城乡建设助力“双碳”实现。2021 年 10 月，中共中央、国务院印发《关于完整准确全面贯彻新发展理念做好碳达峰碳中和工作的意见》，明确提出要“提升城乡建设绿色低碳发展质量”。印发了《关于推动城乡建设绿色发展的意见》，要求“推动城乡建设绿色转型”。城乡建设是实现“双碳”目标约束的一个重要领域，也是推动绿色发展、建设美丽中国的主要渠道，是人民幸福生活的主要场所。坚决打好蓝天、碧水、净土保卫战，是加强生态文明建设的战略举措。随着工业化、新型城镇化进一步推进，能源消耗量还将不断增长。2021 年末，中国常住人口城镇化率达到 64.72%。随着城镇化进程的持续推进，城乡建设领域“大量建设、大量消耗、大量排放”等问题将导致碳排放量继续呈上升趋势。针对当前城乡建设当中存在的突出问题，下一阶段要大力实施绿色建造，使绿色低碳生活成为风向标，将绿色低碳要求贯穿于城乡规划、城乡建设、城乡管理各环节。持续推进生活垃圾分类，推动城市绿色低碳建设，建造绿色低碳乡村。积极发展低能耗材料产业，加快推广超低能耗、近零能耗建筑。从“用绿水青山去换金山银山”，到“既要金山银山，也要绿水青山”，再到“绿水青山就是金山银山”，绿色低碳的生产生活方式成为人民的美丽选择和自觉行动，也为落实“双碳”目标任务奠定了良好的基础。

交通运输绿色低碳转型。中国是全球能耗强度降低速度最快的国家之一。目前，交通领域碳排放约占全国碳排放总量的 10%，特别是公路运输，年均排放 10 亿吨二氧化碳，占交通运输行业碳排放总量的 85%左右，是碳排放量大户。汽车是温室气体排放量增长速度最快的交通运输工具。作为完成“双碳”目标约束的重点领域，交通运输绿色低碳转型是关键领域，优化公共交通基础设施建设，绿色化转型势在必行，减排任务任重道远。2018 年 6 月发起的“美丽中国，我是行动者”活动持续在全国广泛部署开展。为了使天更蓝、水更清，城市更美丽，倡导以公交、地铁、骑行为主的城市公共交通出行，稳步推行绿色低碳出行理念。光盘行动、反对铺张浪费、拒绝过度包装、告别一次性用品成为一种绿色风向标。中国是全球利用新能源、可再生能源第一大国。党的十八大以来，我国新能源汽车进入加速发展新阶段，成交量连续多年居全球第一。在交通领域，以新能源替代传统能源，是人类应对气候变化的必然选择，也是汽车行业的必然趋势。2015 年《关于节约能源使用新能源车船税优惠政策的通知》下发，国家进一步加大了对新能源车船的支持推广力度，加快了交通运输向全面电动化转型。2022 年 3 月 1 日工信部表示，将继续实施新能源汽车购置补贴等政策。在“双碳”目标下，新能源汽车将迸发更多能量和更广泛价值。

（三）碳汇能力巩固提升行动

2021年4月，习近平总书记在中共中央政治局第二十九次集体学习时指出，“十四五”时期，我国生态文明建设进入以降碳为重点战略方向、推动减污降碳协同增效、促进经济社会发展全面绿色转型、实现生态环境质量改善由量变到质变的关键时期。新时代，生态文明建设进入以降碳为重点战略转移的新领域。碳汇能力巩固提升行动是“碳达峰十大行动”之一。碳汇是指通过植树造林、植被恢复等措施，吸收大气中的二氧化碳，从而减少温室气体在大气中浓度的过程、活动或机制。从森林贫瘠化到人工林面积最大长期居世界第一，从“沙进人退”到“绿进沙退”的科学治沙，见证了国家持续推进国土绿化，加强草原生态保护修复，改善生态环境的持续结果。经过70多年坚持不懈植树造林，“双碳”基础不断夯实。中国森林覆盖率2020年底达23.04%。连续30多年来，我国森林面积和蓄积量长期保持“双增长”。塞罕坝被誉为“水的源头”，2017年荣获“地球卫士奖”。“十四五”时期，森林覆盖率要提升4个百分点。提升生态碳汇能力，就要全面践行“绿水青山就是金山银山”理念，统筹推进“山水林田湖草沙”系统治理，加大对减缓全球气候变化具有重要作用的森林、草原、湿地、红树林、海草等的碳吸收能力，为巩固提升我国碳汇能力夯实根基。

二、强化低碳科技创新发展与研发

“十四五”时期是实现碳达峰目标的关键五年。2021年10月，国务院印发《2030年前碳达峰行动方案》（以下简称《方案》）。《方案》聚焦2030年前碳达峰目标，提出了“碳达峰十大行动”，对推进碳达峰工作做出了总体部署。从新中国到新时代，中国在政策制定、制度执行、中长期目标的规划、集中力量办大事方面有着丰富的历史传统和现实优势，这是我们实现碳达峰碳中和的关键所在。

（一）加强低碳产业　走好低碳发展之路

绿色低碳科技创新行动是“碳达峰十大行动”之一。实现“双碳”目标，要在经济社会发展和生态环境保护之间实现平衡，这既是严峻的现实考验，而“双碳”目标的提出，也蕴藏着丰富的发展机遇。实现“双碳”目标，要求我们必须牢牢把握住科技创新这一“关键变量”，发挥科技创新的支撑引领作用，强化创新能力，加快绿色低碳科技革命。牢牢把握科技创新，必须进一步激活和推动企业（民营企业贡献了中国经济70%以上的技术创新成果）发展的内生动力，积极营造企业从“要我创新”向“我要创新”转变的科技创新体制机制和市场氛围，更好推进绿色低碳关键技术突破，推动企业生产方式向节能减碳转型，向低能耗、低污染、低排碳的低碳产业转型。科技创新是实现“双碳”目标的关键，走向低碳化时代是大势所趋，这对我国以劳动密集型企业为主的中小企业带来了巨大的挑战，加强低碳科技研发能力成为关键因素。2013年，我国首座国家级低碳产业示范园落户北京市门头沟。低碳化是一项重大的社会系统工程，我们必须从经济社会发展的全局出发，着重在能源、交通、建筑、农业、工业、服务、消费七大领域实现“低碳化”，为实现“双碳”目标打下坚实基础，走好低碳发展之路。

（二）发展循环经济 助力降碳行动目标

发展循环经济助力降碳行动是“碳达峰十大行动”之一。循环经济的特点是低开采、高利用、低排放，它以循环利用节约集约能源、提高资源利用效率、减少开采原材料、原材料初加工，有效减少二氧化碳等温室气体排放等为主要目标。“十三五”期间，我国循环经济发展取得积极成效，对碳减排综合贡献率达到25%，对减少碳排放的支撑作用十分显著，充分发挥了减少资源消耗和降碳的协调作用。2021年7月发布的《“十四五”循环经济发展规划》（以下简称《规划》）指出，发展循环经济是我国经济社会发展的一项重大战略。大力发展循环经济，对保障国家资源安全，推动实现碳达峰、碳中和，促进生态文明建设具有重大意义。《规划》围绕构建资源循环型产业体系、建设资源循环型社会、建立循环型农业生产方式等内容，提出了“十四五”循环经济发展的目标任务，有利于应对气候变化，催生更多新经济增长点，打造行业新生态。

（三）强化基础研究 加快先进技术研发

2021年10月，中共中央、国务院《关于完整准确全面贯彻新发展理念做好碳达峰碳中和工作的意见》提出，“加强绿色低碳重大科技攻关和推广应用，强化基础研究和前沿技术布局，加快先进适用技术研发和推广”。基础研究是科技创新的基础。2022年2月通过的《关于加强基础学科人才培养的意见》中强调，要全方位谋划基础学科人才培养，科学确定人才培养规模，优化结构布局，在选拔、培养、评价、使用、保障等方面进行体系化、链条式设计，大力培养造就一大批国家创新发展急需的基础研究人才。2021年《关于完整准确全面贯彻新发展理念做好碳达峰碳中和工作的意见》明确提出，建设碳达峰碳中和人才体系，鼓励高等学校增设碳达峰碳中和相关学科专业。当前，我国低碳产业科技整体创新能力水平不足，低碳技术开发基础水平较弱，关键在于低碳科技创新领域人才缺口较大，只有建设“双碳”人才体系和人才队伍建设，才能加快先进低碳技术的研发和推广。强化绿色低碳技术创新中的企业主体地位，推进产学研（企业、高校、科研机构）深度融合，实现三者在功能与资源优势上的协同作用。充分发挥市场的决定性作用，引导绿色低碳技术市场需求，实现以需求为导向的科技成果转化。2021年7月，全国碳排放权交易市场上线交易正式启动。到2021年12月末，广州碳排放权交易中心数据显示，广东碳排放配额累计成交2亿吨，占全国总量28.22%，位居全国第一。综合用好碳排放权交易（是指运用市场经济来促进环境保护的重要机制，允许企业在碳排放交易规定的排放总量不突破的前提下，可以用这些减少的碳排放量，使用或交易企业内部以及国内外的能源）机制，营造健康活跃的技术交易氛围，努力实现“双碳”目标。

三、提高对外开放绿色低碳发展水平

（一）加快建设我国绿色贸易体系

党的十九大提出“绿色低碳循环发展理念”。以开放促改革，以改革促发展，是我国改革开放40多年来不断取得辉煌成就的重要法宝。2021年中国对外贸易总额高达39.1万亿元人民币，同比上涨21.4%，我国商品出口从改革开放初期占全球份额的不足1%上升到如今独占全球市场14.9%。对外贸易增长促进了国民经济快速发展，也让我们付出了相当惨痛的环境代价，承受着贸易摩擦压力。2021年12月，为贯彻新发展理念，继续推动高质量发展，国务院关税税则委员会宣布2022年将调整部分商品的进出口关税。从2022年1月1日起，我国将对汽车用电子节气门等部分有利于环境保护产品在内的954项进口商品实行进口暂定税率。“十四五”期间，我们必须从根本上转变对外贸易发展方式，加快构建绿色贸易体系，发展绿色贸易。持续优化贸易结构，扩大绿色低碳产品进口，降低环境产品进口关税。严格管理“两高”（高耗能、高排放）产品出口，取消“两高”产品出口退税，引导传统贸易绿色转型。引导境外中资企业积极履行符合当地标准的环保企业社会责任。这是贯彻落实“双碳”目标的必然要求，是重塑我国国际竞争的必然选择，也是扩大国际合作与交流的重要途径。

（二）支持发展中国家能源绿色低碳发展

2021年9月，习近平总书记以视频方式出席第七十六届联合国大会一般性辩论并向世界宣布：“中国将大力支持发展中国家能源绿色低碳发展，不再新建境外煤电项目。”这是中国对构建人与自然生命共同体的国际承诺，为积极推动能源绿色低碳发展采取的又一重大举措，再次表明了我国对气候变化问题的高度重视与实际行动。2021年11月，习近平总书记在中非合作论坛第八届部长级会议上提出：“面对气候变化这一全人类重大挑战，要倡导绿色低碳理念，积极发展太阳能、风能等可再生能源，推动应对气候变化《巴黎协定》有效实施，不断增强可持续发展能力。”会议通过了《中非应对气候变化合作宣言》，加强了应对气候变化的南南合作，助力非洲国家优化能源结构，推动产业结构升级，实现绿色、低碳、高质量发展。这体现了中国作为负责任大国与广大发展中国家一道积极应对气候变化的担当，共同构建起人类命运共同体的决心与行动，帮助非洲提高了应对气候变化的能力，保障了发展中国家自主、可持续发展的正当权利。

（三）强化国际交流与合作

2021 年 10 月，世界气象组织发布《2021 年全球气候状况》报告。该报告显示，2021 年全球平均气温（1 月至 9 月）较 1850—1900 年高出约 1.09 摄氏度，目前被世界气象组织列为全球有记录以来第六个或第七个最温暖的年份。该报告称，2020 年全球温室气体浓度已达到新高，而这种增长在 2021 年仍在继续。全球气候危机已经超越环境问题本身的范畴，对经济社会与国家安全都产生了重要影响，成为亟待解决的国际性问题。联合国秘书长古特雷斯指出，“2021 年是应对全球气候变化的关键之年，要抓住后疫情时期的恢复计划，以更绿色、更清洁的方式重振经济、重塑发展方式，各国都应采取更强有力、更雄心勃勃的计划”。党的十八大报告指出，我国坚持共同但有区别的责任原则、公平原则、各自能力原则，同国际社会一道积极应对全球气候变化。新时代，我国从签订和落实《巴黎协定》推动净零排放，到做出“双碳”目标约束，再到支持发展中国家能源绿色低碳发展，用实际行动和切实履职参与到国际社会应对气候变化的行动上来，坚持我国发展中国家的角色定位，维护我国自身可持续发展的权益。加强国际合作对实现《巴黎协定》和可持续发展目标至关重要。中国主动参与全球气候治理，积极参与应对气候变化的国际谈判、国际规则与标准的制定，促进推动建立公平合理、合作共赢的全球气候治理体系，体现了负责任大国的担当与使命。

拓展阅读

把碳达峰碳中和纳入生态文明建设整体布局

3月15日，习近平总书记主持召开中央财经委员会第九次会议并发表重要讲话强调，实现碳达峰碳中和是一场广泛而深刻的经济社会系统性变革，要把碳达峰碳中和纳入生态文明建设整体布局，拿出抓铁有痕的劲头，如期实现2030年前碳达峰、2060年前碳中和的目标。

生态文明建设是关系中华民族永续发展的千年大计。党的十八大以来，在以习近平同志为核心的党中央坚强领导下，全国各地深入贯彻习近平生态文明思想，积极实施应对气候变化战略，有效扭转二氧化碳排放快速增长局面。截至2019年底，我国碳排放强度比2015年下降18.2%，提前完成“十三五”约束性目标任务，同时提前完成向国际社会承诺的2020年目标，不仅自身应对气候变化工作取得显著成就，也为全球生态文明建设做出示范引领和重要贡献。

“十三五”圆满收官，“十四五”征程启航。“十四五”是碳达峰的关键期、窗口期，我们要抓住机遇、乘势而上，推动碳达峰目标任务稳步实现。要加强体系建设，构建清洁低碳安全高效的能源体系，完善绿色低碳政策和市场体系，以体系强基固本；要加强能力建设，既提升绿色低碳技术等创新能力，又提升生态碳汇能力，靠能力行稳致远；要加强行动建设，实施重点行业领域减污降碳行动，倡导绿色低碳生活行动，加强国际合作行动，用行动落实蓝图。

生态文明建设是一个长期任务，需要持续努力，久久为功。我国力争2030年前实现碳达峰，2060年前实现碳中和，是党中央经过深思熟虑做出的重大战略决策，事关中华民族永续发展和构建人类命运共同体。理念上，要贯彻新发展理念，坚持系统观念，把节约能源资源放在首位，加强风险识别和管控，处理好发展和减排、整体和局部、短期和中长期的关系；执行上，要坚持全国统筹，强化顶层设计，发挥制度优势，压实各方责任，坚持政府和市场双手发力，在改革创新中推进落实；格局上，要加强国际交流合作，有效统筹国内国际能源资源，在构建新发展格局中共筑人类生态文明之基。

生态文明建设是我国实现高质量发展的内在要求，也是实现民族复兴的必由之路。实现碳达峰碳中和是一场硬仗，也是对我们党治国理政能力的一场大考。我们要以习近平生态文明思想为指导，深刻领会贯彻落实习近平总书记重要讲话精神，众志成城、迎难而上、艰苦奋斗，扎实推进“十四五”应对气候变化目标任务，转变发展理念、升级发展方式，坚定不移走生态优先、绿色低碳的高质量发展道路，为推动构建人类命运共同体做出新的中国贡献！

资料来源：央视评论员．【央视快评】把碳达峰碳中和纳入生态文明建设整体布局．央视网，2021-03-17.

时政热点

练习题

一、单选题

1. 2020年9月22日，习近平总书记在第（　　）届联合国大会上提出：人类不能再忽视大自然一次又一次的警告，沿着只讲索取不讲投入、只讲发展不讲保护、只讲利用不讲修复的老路走下去。

A. 七十三　　B. 七十四　　C. 七十五　　D. 七十六

2. 自（　　）年以来的新冠疫情告诉我们，人类社会需要一场自省与共同的世界革命。

A. 2019　　B. 2020　　C. 2021　　D. 2022

3. 从20世纪（　　）年代开始，为应对这一全球共同挑战，世界各国已经开始就应对气候变化进行谈判并基本达成共识，逐渐构建起全球气候治理的制度框架，形成了三项重要的国际性公约。

A. 60　　B. 70　　C. 80　　D. 90

4.（　　）2015年12月通过，2016年11月4日起正式实施。

A.《联合国气候变化框架公约》　　B.《京都议定书》

C.《巴黎协定》　　D.《国际湿地公约》

5. 全球气候治理层面上的（　　）个国际公约，无法消除全球气候治理的矛盾与摩擦。

A. 二　　B. 三　　C. 四　　D. 五

6. 2021年，（　　）马克思主义学者维贾伊·普拉沙德在《联合国气候变化框架公约》第26次缔约方大会（COP26）上的发言，在网络上引发了广泛而深刻的讨论。

A. 美国　　B. 英国　　C. 印度　　D. 法国

7. 2021年10月，习近平总书记在《生物多样性公约》第（　　）次缔约方大会领导人峰会上发表主旨讲话指出“人与自然应和谐共生”。

A. 十二　　B. 十三　　C. 十四　　D. 十五

8. 新时代以来，我国生态文明建设取得了丰硕成果：________年库布其沙漠生态治理区被联合国环境规划署确立为全球沙漠“生态经济示范区”；________年塞罕坝林场建设者获得联合国环保最高荣誉“地球卫士奖”；________年浙江省“千村示范、万村整治”工程被联合国授予“地球卫士奖”中的“激励与行动奖”。（　　）

A. 2013　2016　2017　　B. 2014　2017　2018

C. 2015　2018　2019　　D. 2016　2019　2020

9. 2018年10月，在《国际湿地公约》第十三届缔约方大会全体会议上，中国（　　）个城市获得全球首批“国际湿地城市”称号。

A. 5　　B. 6　　C. 7　　D. 8

10. （　　）和保护环境是我国的基本国策。

A. 节约资源　　B. 经济发展　　C. 科技创新　　D. 基础建设

11. 新发展理念要求我们在保持和促进经济不断高质量发展的过程中，必须牢固树立并坚决贯彻新发展理念，宁要绿水青山不要金山银山，正确认识党和人民事业长久发展所做的（　　）。

A. 阶段性选择　　B. 创造性选择

C. 历史性选择　　D. 永恒性选择

12. 2021年3月，提出“山水林田湖草沙”。首次将（　　）纳入社会主义生态文明建设中，再次丰富了习近平新时代生态文明思想的理论和思想内涵，体现出习近平总书记对生态环境保护和生态系统多样性上的全局性思考。

A. 湖泊　　B. 沙漠　　C. 田野　　D. 草地

13. 党的（　　）大以来，以保护水资源、防治水污染、改善水环境、修复水生态为主要任务的河长制，充分反映与强调了“人”在生态环境保护中的主体作用，肯定了“人”在决定环境和社会之间关系的主导作用。

A. 十五　　B. 十六　　C. 十七　　D. 十八

14. 要建立起（　　）的底线思维，突破发展瓶颈，就必须依靠科技创新，解决发展和生态深层次的矛盾和问题，引导科技力量参与到生态系统治理的创新中来。

A. 生态安全　　B. 经济安全　　C. 政治安全　　D. 社会安全

15. （　　）是实现“双碳”目标约束的一个重要领域，也是推动绿色发展、建设美丽中国的主要渠道，是人民幸福生活的主要场所。

A. 城乡规划　　B. 城乡建设　　C. 城乡管理　　D. 城乡发展

16. 2021年4月，习近平总书记在中共中央政治局第二十九次集体学习时指出，“十四五”时期，我国（　　）进入以降碳为重点战略方向、推动减污降碳协同增效、促进经济社会发展全面绿色转型、实现生态环境质量改善由量变到质变的关键时期。

A. 经济建设　　B. 政治建设　　C. 文化建设　　D. 生态文明建设

17. 科技创新是实现“双碳”的关键，走向低碳化时代是大势所趋，这对我国以劳动密集型企业为主的（　　）带来了巨大的挑战，加强低碳科技研发能力成为关键因素。

A. 小型企业　　B. 中型企业　　C. 中小型企业　　D. 大型企业

18. 到2021年12月末，广州碳排放权交易中心数据显示，（　　）碳排放配额累计成交2亿吨，占全国总量28.22%，位居全国第一。

A. 广东　　B. 深圳　　C. 珠海　　D. 东莞

19.《中非应对气候变化合作宣言》，加强了应对气候变化的南南合作。这体现了中国作为负责任大国与广大发展中国家一道积极应对气候变化的担当，共同构建起人类命运共同体的决心与行动，帮助（　　）提高了应对气候变化的能力，保障了发展中国家自主、可持续发展的正当权利。

A. 非洲　　B. 亚洲　　C. 南美洲　　D. 北美洲

20.（　　）发布的《“十四五”循环经济发展规划》指出，发展循环经济是我国经济社会发展的一项重大战略。

A. 2021 年 5 月　B. 2021 年 6 月　C. 2021 年 7 月　D. 2021 年 8 月

二、判断题

1. 人类活动的影响是造成目前全球气候变化危机的主要原因，而环境危机的承受方还是人类与自然。（　　）

2. 恩格斯曾明确指出：“不要过分陶醉于我们对自然界的胜利。对于每一次这样的胜利，自然界都报复了我们。”（　　）

3. 2012 年 11 月，党的十八大把生态文明建设纳入中国特色社会主义事业“五位一体”总体布局，首次提出“美丽中国”的生态文明建设目标。（　　）

4. 2021 年 6 月 13 日，联合国秘书长古特雷斯再次敦促发达国家特别是七国集团国家履行向发展中国家每年提供 1 000 亿美元气候资金的承诺。（　　）

5. 塞罕坝林场建设者获得 2017 年联合国环保最高荣誉“地球卫士奖”。（　　）

6. 湿地与陆地、海洋并称为地球三大生态系统。（　　）

7. 2014 年，中国把湿地保护工作纳入各级党委、政府的政绩考核，有助于树立和践行正确的政绩观。（　　）

8. 在履行保护生物多样性的国际义务中，中国率先出资 10 亿元人民币成立昆明生物多样性基金，支持发展中国家开展生物多样性保护事业，为保护生物多样性做出了大国表率。（　　）

9. 2021 年 3 月，提出“山水林田湖草沙”。首次将沙漠纳入社会主义生态文明建设中。（　　）

10. 加快构建以国内大循环为主体、国内国际双循环相互促进的新发展格局。（　　）

11. 2020年10月，党的十九届五中全会首次强调要“统筹传统安全和非传统安全”。（　　）

12. 到2021年，我国已经连续10年成为世界最大的制造业国家。（　　）

13. 我国是世界第二大能源生产国，也是第二大能源消费国。（　　）

14. “十四五”时期，我国生态文明建设进入以降碳为重点战略方向、推动减污降碳协同增效、促进经济社会发展全面绿色转型、实现生态环境质量改善由量变到质变的关键时期。（　　）

15. 循环经济助力降碳行动是“碳达峰十大行动”之一。循环经济的特点是高开采、高利用、低排放。（　　）

16. 2021年《关于完整准确全面贯彻新发展理念做好碳达峰碳中和工作的意见》明确提出，建设碳达峰碳中和人才体系，鼓励高等学校增设碳达峰碳中和相关学科企业。（　　）

17. 2021年7月，全国碳排放权交易市场上线交易正式启动。到2021年12月末，上海碳排放权交易中心数据显示，广东碳排放配额累计成交2亿吨，占全国总量28.22%，位居全国第一。（　　）

18. 2021年中国对外贸易额高达39.1万亿元人民币，同比上涨21.4%，我国商品出口从改革开放初期占全球份额的不足1%上升到如今独占全球市场14.9%。（　　）

19. 2021年9月，习近平总书记以视频方式出席第七十六届联合国大会一般性辩论并向世界宣布：中国将大力支持发展中国家能源绿色低碳发展，积极新建境外煤电项目。（　　）

20. 2021年是应对全球气候变化的关键之年，要抓住后疫情时期的恢复计划以更绿色、更清洁的方式重振经济、重塑发展方式，各国都应采取更强有力、更雄心勃勃的计划。（　　）

三、思考题

1. 你会为碳达峰碳中和目标的实现做些什么？
2. 如何理解“人与自然命运共同体”的理念？

第六讲

开拓创新方式方法 加快推进乡村振兴

★★★★★

2021 年 7 月 1 日，习近平总书记在庆祝中国共产党成立 100 周年大会上庄严宣告：经过全党全国各族人民持续奋斗，我们实现了第一个百年奋斗目标，在中华大地上全面建成了小康社会。千百年来困扰中华民族的绝对贫困问题，历史性地得到解决。在朝着第二个百年奋斗目标奋进的新征程上，农民群众正在更加平等地参与现代化进程、共享现代化成果，奔向更加幸福美好的未来。在向第二个百年奋斗目标迈进的历史关口，巩固和拓展脱贫攻坚成果，全面推进乡村振兴，加快农业农村现代化，是一个关系大局的重大问题。

第一节 乡村振兴战略

党的十九大提出实施乡村振兴战略，是以习近平同志为核心的党中央着眼党和国家事业全局，深刻把握现代化建设规律和城乡关系变化特征，顺应亿万农民对美好生活的向往，对“三农”工作做出的重大决策部署，是决胜全面建成小康社会、全面建设社会主义现代化国家的重大历史任务，是新时代做好“三农”工作的总抓手。

一、乡村振兴战略提出的背景

我国有5 000多年的悠久历史，乡村是中华民族传统文明的发源地，在经济社会发展中一直占有重要地位，乡村的富庶是盛世历史的重要标志。乡村兴则国家兴，乡村衰则国家衰。当前，我国乡村仍然面临发展滞后的严峻形势，我国人民日益增长的美好生活需要和不平衡不充分的发展之间的矛盾在乡村表现最为突出，与全面建成小康社会的伟大目标仍有较大差距。

（一）新时代我国社会主要矛盾发生变化

党的十九大报告指出：“中国特色社会主义进入新时代，我国社会主要矛盾已经转化为人民日益增长的美好生活需要和不平衡不充分的发展之间的矛盾。”随着农业、农村发展进入新的阶段，“三农”工作面临的形势正在发生深刻变化，农产品供求关系已由总量不足转变为结构性矛盾，农业发展已由增产导向转变为提质导向，科技力量已由主要推动高产转变为带动农业革命性突破和产业格局重大调整，城乡关系已由二元结构向加快融合发展转变，农业劳动力供求已由大量富余转变为总量过剩与结构性、区域性短缺并存。这些变化给农业、农村发展提出了一系列新的要求。

（二）城乡二元矛盾突出

当前我国发展不平衡不充分问题仍然是在乡村最为突出，多数乡村日益凋敝，城乡二元制结构尚未完全破除，城乡发展差距依然较大。城乡二元矛盾尤其突出，我国现阶段城乡矛盾的四大表现：一是城市中心集聚带来的弊端与乡村边缘化引发的乡村衰落之间的矛盾；二是城市发展对土地的需求与乡村耕地保护之间的矛盾，城市发展正在逐步侵占乡村的土地资源，耕地保护受到严峻挑战；三是城乡劳动就业和社会保障差异的矛盾，农村人口受教育程度普遍偏低，在进入城市后主要从事底层工作，社会地位、经济收入严重不足；四是城市和乡村文化冲突的矛盾，在城镇化进程中，乡村居民和城市居民在传统价值观念、文化习俗等方面也不可避免地产生冲突，原本制约乡村居民的乡约乡规正在逐渐瓦解。

（三）粮食安全关乎国家长治久安

粮食安全是指保证任何人在任何时候能买得到又能买得起为维持生存和健康所必需的足够食品。粮食既是关系国计民生和国家经济安全的重要战略物资，也是人民群众最基本的生活资料。因此，粮食，或者说农业是安天下、稳民心的战略产业。我国既是农业生产大国，也是粮食消费大国。我国粮食生产方式转变，作物种植结构调整，粮食进口量居高不下，增产边际成本增加，环境因素制约加剧，供求矛盾突出等问题日益凸显。与此同时，我国粮食存储还存在库存粮食多、库存设施水平不高、收储方式不精细等短板。对于我国这样一个拥有十几亿人口的大国而言，未来粮食供求的结构性矛盾仍将存在。党的十九大报告提出，确保国家粮食安全，把中国人的饭碗牢牢端在自己手中。

（四）建设社会主义现代化强国的要求

习近平总书记指出：“农业强不强、农村美不美、农民富不富，决定着全面小康社会的成色和社会主义现代化的质量。”没有农业农村的现代化，就没有国家的现代化。当前，我国发展不平衡不充分问题在乡村最为突出，主要表现在：农产品阶段性供过于求和供给不足并存，农业供给质量亟待提高；农民适应生产力发展和市场竞争的能力不足，新型职业农民队伍建设亟须加强；农村基础设施和民生领域欠账较多，农村环境和生态问题比较突出，乡村发展整体水平亟待提升；国家支农体系相对薄弱，农村金融改革任务繁重，城乡之间要素合理流动机制亟待健全；农村基层党建存在薄弱环节，乡村治理体系和治理能力亟待强化。

二、乡村振兴战略的总目标

过去几十年，我国农业现代化均取得显著进步，但从全面建设社会主义现代化大局看，农村还是全面建成小康社会的短板，农业还是“四化同步”的短腿，农业农村现代化还有很大的发展空间。实施乡村振兴战略，从实现“两个一百年”奋斗目标全局出发，让亿万农民平等参与现代化进程、共同分享现代化成果，确保“三农”跟上全面建成小康社会、全面建设社会主义现代化国家新征程的步伐。

（一）实现农业现代化

农业现代化是用现代工业装备农业、用现代科学技术改造农业、用现代管理方法管理农业、用现代科学文化知识提高农民素质的过程。农业现代化是建立高产优质高效农业生产体系，把农业建成具有显著经济效益、社会效益和生态效益的可持续发展的农业的过程。农业现代化也是大幅度提高农业综合生产能力、不断增加农产品有效供给和农民收入的过程。当前，我国农业主要矛盾已经由总量不足转变为结构性矛盾，主要表现为阶段性、结构性的供过于求和供给不足并存。推动农业现代化，就是要坚持质量兴农、品牌强农，深化农业供给侧结构性改革，推动农业发展质量变革、效率变革、动力变革，加快实现由农业大国向农业强国转变。

实现农业现代化，首先，农业机械化是农业现代化的基础。运用先进设备代替人力的手工劳动，在产前、产中、产后各环节中大面积采用机械化作业，提高劳动效率。其次，生产技术科学化是农业现代化的动力源泉。把先进的科学技术广泛应用于农业，从而提高产品产量、提升产品质量、降低生产成本、保证食品安全，不断将先进的农业生产技术应用于农业生产过程，不断提高科技对增产贡献率的过程，促使农业增长方式从粗放经营转变为集约经营。最后，农业信息化是农业现代化的重要技术手段。利用现代信息技术和信息系统为农业产供销及相关的管理和服务提供有效的信息支持，以提高农业的综合生产力和经营管理效率的过程。在农业领域全面地发展和应用现代信息技术，使之渗透到农业生产、市场、消费以及农村社会、经济、技术等各个具体环节，加速传统农业改造，大幅提高农业生产效率和农业生产力水平，以信息化的方式改造传统农业，把农业发展推进到更高阶段，实现信息时代的农业现代化。

（二）建设现代化农村

农村现代化是实施乡村振兴战略的重要一步，是缩小城乡差距、解决城市病的有效药方。农村现代化既包括“物”的现代化，也包括“人”的现代化，还包括乡村治理体系和治理能力的现代化。近年来，我国农业现代化建设取得长足进步，如优良品种的推广、高产稳产田的建设、农业机械化的使用、农田水利设施建设、化肥农药等现代要素的投入等都发展非常迅速，已达到相当水平，主要农产品人均占有量均超过世界平均水平，农产品供给丰富，农业现代化已进入全面推进、重点突破、梯次实现的新时期。与农业现代化发展形成鲜明对比的是，农村发展滞后问题日益凸显，农村基础设施建设短板较多，农村环境和生态问题比较突出，农村民生领域欠账较多，城乡基本公共服务差距仍然较大，农村基层基础工作存在薄弱环节，乡村治理体系和治理能力亟待强化，乡村发展整体水平亟待提升。

建设现代化农村，就是按照抓重点、补短板、强弱项的要求，首先，推进乡村绿色发展，打造人与自然和谐共生发展新格局。良好生态环境是农村最大优势和宝贵财富，必须尊重自然、顺应自然、保护自然，推动乡村自然资本加快增值，实现百姓富、生态美的统一。其次，繁荣兴盛农村文化，焕发乡风文明新气象。坚持物质文明和精神文明一起抓，提升农民精神风貌，培育文明乡风、良好家风、淳朴民风，不断提高乡村社会文明程度。最后，提高农村民生保障水平，塑造美丽乡村新风貌。坚持人人尽责、人人享有，按照抓重点、补短板、强弱项的要求，把乡村建设成为幸福美丽新家园，让农村既充满活力又和谐有序，不断满足广大农民群众日益增长的美好生活需要。

（三）培育高素质农民

高素质农民是指爱农业、懂技术、善经营的新型职业农民。高素质农民作为乡村振兴的主力军，是未来农业现代化的新蓝海，是城乡统筹中最重要的利益群体，是巩固拓展脱贫攻坚成果和乡村振兴有效衔接最好的结合点。全面推进乡村振兴，必须紧紧依靠拥有现代化思维、观念和技能的高素质乡村人才。随着工业化、城镇化的快速发展，越来越多的农村劳动力特别是青壮年劳动力转移到农业农村以外就业，农村劳动力老龄化、受教育程度低的现象愈发明显。目前，我国仍处于人口由乡村向城市集中的阶段，农村人口继续呈现外流趋势，推进农业现代化特别是农业规模化、集约化、专业化发展，迫切需要提高农民综合素质和技能水平。

提高农民素质，培养造就新型农民队伍，把培养青年农民纳入国家实用人才培养计划，确保农业后继有人，还需要以促进现代农业高质量发展为导向，以提升农民理念知识技能需求为核心，以提高培育质量效能为关键，瞄准经营管理型、专业生产型和技能服务型三大类型，加快形成和完善促进高素质农民全面发展的政策体系。推进农民培训提质增效、促进高素质农民学历提升、拓展高素质农民发展路径，加快培养有文化、懂技术、善经营、会管理的高素质农民，让他们能够获得稳定的、不断增长的收入，得到平等的社会保障，赢得应有的尊严和尊重。

三、乡村振兴战略的意义

实施乡村振兴战略，是解决新时代我国社会主要矛盾、实现“两个一百年”奋斗目标和实现全体人民共同富裕的必然要求，具有重大现实意义和深远历史意义。

（一）实施乡村振兴战略是解决新时代主要矛盾的迫切要求

“人民日益增长的美好生活需要和不平衡不充分的发展之间的矛盾”已成为新时代中国社会主要矛盾，在农业农村领域最突出表现为城乡发展不平衡和“三农”发展不充分。城乡发展“不平衡”成为影响农民对美好生活体验的严重“减分项”，并直接表现在城乡居民收入上。城乡居民收入差距较大已是长期存在的既定事实，特别是在城乡居民低收入群体中表现更明显。从收入构成上看，城乡居民拥有的资产收益差距也较为悬殊。从收入增长潜力上看，乡村居民收入大多不稳定且增长空间较窄，弥合城乡居民收入差距难度也较大。除此之外，农民享受到的教育、医疗、社保等公共服务质量均与城市有较大差别。可见，城乡发展不平衡问题亟须得到有效解决，实施乡村振兴战略就是要逐步建立健全城乡发展融合体制机制，破除城乡二元结构，彻底解决城乡发展不平衡问题。

城乡发展不平衡和“三农”发展不充分，使农民成为对新时代美好生活最渴望的群体。农民数量巨大，尤其是农民工和低收入农民群体对美好生活的需求度更高。农民未得到满足的需求范围广，涉及工资收入、教育文化、医疗卫生、老年养老、人居环境、社会地位等方方面面。同时，“三农”发展不充分，又反过来加剧了城乡发展不平衡状态，使国家现代化发展潜力难以充分发挥，这种局面亟须做出改变。而破解这种局面的根本途径就是要建设以农业现代化为基础的农村现代化，实现乡村振兴，使农业农村实现充分的现代化发展，让农民充分享有现代化发展成果。综合而言，实施乡村振兴战略是党和国家为解决新时代主要矛盾而做出的有力回应，对促进城乡融合发展、提升“三农”发展水平具有重大意义。

（二）实施乡村振兴战略是实现“两个一百年”奋斗目标的必然要求

党的十九大提出的“两个一百年”奋斗目标是全党全社会在今后一个历史阶段内必须锲而不舍、全力以赴完成的硬任务。从不同历史时期的发展经验来看，能否处理好“三农”问题，关乎社会主义现代化建设全局，必须确保“三农”发展在实现“两个一百年”奋斗目标中不掉队。多年来，党始终坚持民以食为天，把农业置于国民经济发展的基础地位，保护支持发展农业，保证主要农产品供给充足，使中国人的饭碗牢牢端在自己手上，不断增加农民收入、扩大农民福祉、提升农民生活水平。党的十八大以来，党和政府持续加大对“三农”工作的投入，不断出台有关“三农”的优惠政策，使农业农村现代化水平显著提升。但基于中国仍处于并将长期处于社会主义初级阶段的基本国情，要认识到农业现代化依然是实现“四个现代化”的弱项，乡村仍是全面建成小康社会的短板所在，乡村居民整体生活质量与城市居民仍有较大差距，解决“三农”问题依然是向社会主义现代化强国目标迈进最艰巨、最繁重的任务。

与此同时，在新时代，乡村又是一个大有可为的广阔空间，“三农”工作迎来了难得的发展机遇。在未来很长一段时期内，农民依然是一个大体量的消费群体，提升农产品有效供给将是中国农业经济新的增长点。同时，乡村的文化价值、社会价值及生态涵养价值还有待挖掘利用。这也就意味着，做好新时代“三农”工作能够不断挖掘乡村发展潜在的旺盛市场需求，缓解阶段性的工业产能过剩问题，实现中国经济转型升级；能够深化农业供给侧结构性改革，使农业经济实现由量产到提质的转变；能够使乡村真正成为实现社会主义现代化强国目标最深厚的基础与最大的潜力后劲。实施乡村振兴战略是实现“两个一百年”奋斗目标的必然要求，既是加速全面建成小康社会的推进器，更是实现社会主义现代化强国目标的强心剂，对推动中国实现由农业大国向农业强国转变、以中国式现代化推进中华民族伟大复兴的中国特色社会主义现代化建设战略目标具有重大转折意义。

（三）实施乡村振兴战略是实现全体人民共同富裕的必然要求

共同富裕是中华民族千百年来孜孜不倦追求的美好社会理想。共同富裕在新中国成立初意指以农业集体合作形式帮助农民脱贫而达到共同富裕的理想生活状态，农民在一开始就是中国实现共同富裕过程中的重要对象。改革开放后，邓小平明确了共同富裕是社会主义本质特征的根本地位，要以经济建设为前提，先富带后富，逐步实现共同富裕。突出强调了共同富裕不是平均主义，不是全体人民同步实现富裕，而是建立在不同的个体劳动能力与社会需求基础上具有渐进性特征的共同富裕。

新时代实现全体人民共同富裕更注重人民生活的幸福感获得，转变“经济建设腿长、社会建设腿短”的不均衡富裕状态，更注重财富分配的公平，让社会中的每个个体都能有所获得，实现具有综合性、全面性的共同富裕。实现全体人民共同富裕，是需要建立在实现全面小康社会基础上，并在建设社会主义现代化进程中逐步实现的。对于目前中国所处的发展阶段而言，为实现全体人民共同富裕，摆脱贫困是前提，缩小城乡差距是关键。而乡村全面振兴的内在标准之一就是实现“农民富”，将乡村振兴战略与贫困治理有效衔接，不仅是乡村振兴的前提基础，更是新时代走向共同富裕的必经之路。因此，实施乡村振兴战略是实现全体人民共同富裕的必然要求，对让广大农民在共同富裕的道路上赶上来，确保“三农”在共同富裕道路上不掉队起关键作用。

第二节　乡村振兴着力点

乡村振兴战略是党的十九大做出的重大战略部署，是全面建成小康社会的重要举措，是全面建设社会主义现代化国家、向第二个百年奋斗目标大力推进的统筹布局。“振兴”二字的内涵囊括经济、政治、文化、社会、生态“五位一体”的高质量建设。在全面建成小康社会的背景下，准确把握“三农”工作重心历史性转移，推进乡村振兴，要聚焦新时期“三农”问题的主要矛盾，开拓创新方式方法，着力推动乡村产业、乡村生态、乡村文化、乡村治理、农民生活五个方面工作，加快推进乡村振兴。

一、产业兴旺是重点

产业兴旺是乡村振兴关键，必须坚持质量兴农、绿色兴农，以农业供给侧结构性改革为主线，加快构建现代农业产业体系、生产体系、经营体系，提高农业创新力、竞争力和全要素生产率，加快实现由农业大国向农业强国转变。产业兴旺是产业从发展走向振兴的重要载体，是整合城乡要素、促进乡村经济发展、激发乡村内生动力的重要驱动力，也是覆盖领域最大、带动人口最多、可持续性最强、巩固脱贫成果防止返贫、全面完成脱贫任务最有效的方式。

（一）夯实农业生产能力基础

深入实施藏粮于地、藏粮于技战略，严守耕地红线，确保国家粮食安全，把中国人的饭碗牢牢端在自己手中。首先，全面落实永久基本农田特殊保护制度，加快划定和建设粮食生产功能区、重要农产品生产保护区，完善支持政策。其次，大规模推进农村土地整治和高标准农田建设，稳步提升耕地质量，强化监督考核和地方政府责任。再次，加快建设国家农业科技创新体系，加强面向全行业的科技创新基地建设，深化农业科技成果转化和推广应用改革，加快发展现代农作物、畜禽、水产、林木种业，提升自主创新能力。大力发展数字农业，实施智慧农业林业水利工程，推进物联网试验示范和遥感技术应用。最后，推进我国农机装备产业转型升级，进一步提高大宗农作物机械国产化水平，发展高端农机装备制造。

（二）推进一二三产业融合发展

“基在农业、惠在农村、利在农民”是农村一二三产业融合发展的内在要求。首先，鼓励和支持广大农民立足本地的资源，发展适合当地的特色农业、乡村旅游和庭院经济等，多渠道增加农民收入。其次，各地乡村应结合当地实际情况，积极推进一二三产业融合发展，立足本地资源，在发展好种养业的基础上延长农业产业链，发展适合当地的农产品加工业和流通业等。再次，发挥拓展农业的多功能性，推动其与文化、互联网、旅游、健康、养老等领域的结合，发展乡村特色产业、乡村手工业、农村电商、休闲农业、乡村旅游等多种产业和融合型产业。最后，实施休闲农业和乡村旅游精品工程，建设一批设施完备、功能多样的休闲观光园区、森林人家、康养基地、乡村民宿、特色小镇。

（三）加快发展乡村特色产业

因地制宜发展多样性特色农业，倡导“一村一品”“一县一业”。首先，积极发展果菜茶、食用菌、杂粮杂豆、薯类、中药材、特色养殖、林特花卉苗木等产业。其次，支持建设一批特色农产品优势区，创新发展具有民族和地域特色的乡村手工业，大力挖掘农村能工巧匠，培育一批家庭工场、手工作坊、乡村车间。最后，健全特色农产品质量标准体系，强化农产品地理标志和商标保护，创响一批“土字号”“乡字号”特色产品品牌。

二、生态宜居是关键

乡村振兴，生态宜居是关键。良好生态环境是农村最大优势和宝贵财富，要坚持绿色发展，让良好生态成为乡村振兴的支撑点。乡村振兴就是要改变农村以前的依靠过度消耗农业资源的发展方式，必须尊重自然、顺应自然、保护自然，推动乡村自然资本加快增值，实现百姓富、生态美的统一。在乡村发展中推行绿色发展方式和生活方式，让生态美起来，环境靓起来，再现山清水秀、天蓝地绿、村美人和的美丽画卷。

（一）统筹山水林田湖草沙系统治理

把山水林田湖草沙作为一个生命共同体，进行统一保护、统一修复。首先，健全耕地草原森林河流湖泊休养生息制度，分类有序退出超载的边际产能，扩大耕地轮作休耕制度试点。其次，科学划定江河湖海限捕、禁捕区域，健全水生生态保护修复制度，开展河湖水系连通和农村河塘清淤整治。再次，开展国土绿化行动，推进荒漠化、石漠化、水土流失综合治理，扩大退耕还林还草、退牧还草，建立成果巩固长效机制。最后，完善重要生态系统保护制度，促进乡村生产生活环境稳步改善，自然生态系统功能和稳定性全面提升。

（二）加强农村环境问题综合治理

加强农村环境问题综合治理，提升农村人居环境水平，实现百姓富、生态美的有机统一。首先，提高农民群众环境保护意识。通过广播、电视、互联网、入户宣传等方式和手段，普及相关环保知识和法律知识。通过开展农村环境亮化、美化、绿化活动等，调动广大农民群众的积极性、主动性，切实把环保理念转化为实际行动。其次，加大农村环境监管力度。可根据农村实际管理需要，在各村设立以本村村民为主的环境监管队伍。同时，完善相关环保信访制度、环保举报制度，通过多种途径解决农村环境污染问题。最后，大力推动农业绿色发展。引导农民发展生态农业和有机农业，建设有机食品和绿色食品基地，实现投入品减量化、生产清洁化、废弃物资源化、产业模式生态化。

（三）增加农业生态产品和服务供给

在发挥自然资源多重效益上取得新突破，重点是因地制宜发展生态产业、绿色产业、循环经济，推动乡村自然资本加快增值，增加农业生态产品供给。首先，正确处理开发与保护的关系，运用现代科技和管理手段，将乡村生态优势转化为发展生态经济的优势，提供更多更好的绿色生态产品和服务，促进生态和经济良性循环。其次，加快发展森林草原旅游、河湖湿地观光、冰雪海上运动、野生动物驯养观赏等产业，积极开发观光农业、游憩休闲、健康养生、生态教育等服务。最后，创建一批特色生态旅游示范村镇和精品线路，打造绿色生态环保的乡村生态旅游产业链。

三、乡风文明是保障

实现乡村振兴，固然需要经济发展来实现物质上的富足，但绝不仅仅是物质上的满足，更需要文化铸魂。在追求乡村振兴的过程中，乡村文化振兴是关键一环，乡风文明是保障，必须坚持物质文明和精神文明一起抓，提升农民精神风貌，培育文明乡风、良好家风、淳朴民风，不断提高乡村社会文明程度。乡村不仅孕育和滋养着农民的精神家园，也培育和塑造了中华民族的精神世界。加强乡村文化建设，改善村容村貌，增强乡村社会的凝聚力以及整合力，让先进文化成为乡村振兴的推动器。

（一）筑牢乡风文明建设的组织保障

建设乡村精神文明是党在乡村工作的重要内容，新时代乡风文明建设的深入发展离不开乡村党组织的全面领导。首先，发挥乡村党组织的政治功能。在乡风文明建设中发挥乡村党组织的政治功能，要求坚持思想建党，加强政治引领，净化政治生态，在服务农民的实践中讲政治。其次，发挥乡村党组织的模范作用。提升乡村党组织队伍质量，在乡风文明建设中展现组织的先进性，从而形成对农民言行的示范带动效应。严守党员入口，优化乡村党员内部结构。重视乡村党员在乡风文明建设中的主体地位，维护其合法权利。保障乡村党员接受乡风文明建设相关教育培训。

（二）完善乡村公共文化服务体系

按照有标准、有网络、有内容、有人才的要求，健全乡村公共文化服务体系。首先，多渠道增加乡村公共文化服务投入。充足的资金等物质保障对建立完善的乡村公共文化服务体系起着关键性的作用，政府要利用所有可以利用的资源，保障乡村文化服务资金。其次，树立公共文化服务建设新理念，提高服务效能。当前要转变“自上而下”为“自下而上”的乡村公共文化服务供给模式，也就是由“政府主导型”变为“村民自发型”，积极鼓励村民自己组织乡村文化活动。同时，还要真正坚持“以人为本”的理念，通过对村民的实际调查，了解不同村民在文化形式、内容、时长等方面不同的需求，归纳村民本身对文化需求的类型，进而安排公共文化产品和服务。最后，建立畅通的需求表达反馈机制。借助网络平台、村委会、社区等，认真倾听乡村居民的呼声，对农民的诉求做出及时的回应，始终把群众的满意度放在第一位，促进文化工作者和老百姓之间的良性互动，进而提升乡村公共文化服务供给的效益和效能。

（三）大力发展教育，提升农民素质

教育能够提升农民的综合素质和实践能力，培养其独立思考精神和自主发展意识。发展乡村教育的首要目标是培育农民主体意识。首先，不断提高乡村义务教育质量。在城乡义务教育一体化发展趋势下，加大对乡村义务教育投入力度，大力提升乡村义务教育师资水平，从而提高乡村义务教育质量。其次，优化提升乡村职业技能培训。培育“一懂两爱”的新型三农工作队伍是乡村振兴的主体，对农民教育培训要着重填补空白、弥补空洞，注重提高农民知识、科技素养。最后，转变乡村思想政治教育模式。乡村思想政治教育引导着乡村社会教育发展的政治方向，从主体间性视角出发转变乡村思想政治教育模式，把提升农民主体性作为新时代乡村思想政治教育的价值目标。

（四）因地制宜推进乡村移风易俗实践

移风易俗，即对社会旧风俗习惯进行针砭时弊的改革。移风易俗效果如何是衡量乡村社会文明水平高低的一把标尺。首先，开展文明乡风创建活动，营造移风易俗实践氛围。广泛开展文明村镇、星级文明户、文明家庭等群众性精神文明创建活动。可设立村内道德红黑榜，表彰先进人物事迹，形成正面示范。其次，进行移风易俗宣传教育，强化农民对社会新风尚的价值认同，加强无神论宣传教育，丰富农民群众精神文化生活，抵制封建迷信活动，同时，积极征集、推广优良家风家训，实施家风家训引领工程，弘扬新时代乡村家庭美德。最后，注重发挥乡村自治组织的服务规劝作用，扩大移风易俗实践群众参与性，遏制大操大办、厚葬薄养、人情攀比等陈规陋习，发挥乡村自治组织以地方性共识规劝农民改变不良行为、治理乡村歪风邪气的社会功能。

四、治理有效是基础

乡村振兴离不开和谐稳定的社会环境，维护农村社会和谐稳定，实现乡村有效治理，是乡村振兴的重要内容。乡村治理不仅对乡村地区的建设发展具有重要推动作用，而且对治国理政、社会转型具有积极意义。推进乡村治理体系和治理能力现代化，必须把夯实基层基础作为固本之策，建立健全党委领导、政府负责、社会协同、公众参与、法治保障的现代乡村社会治理体制，推动乡村组织振兴，确保乡村社会充满活力、和谐有序。

（一）充分发挥党组织领导作用

农村基层党组织是党在农村全部工作和战斗力的基础，加强农村基层党组织对乡村振兴的全面领导，把农村基层党组织建成坚强战斗堡垒，扎实推进抓党建促乡村振兴，突出政治功能，提升组织力。首先，强化农村基层党组织领导的核心地位，创新组织设置和活动方式，着力引导农村党员发挥先锋模范作用，密切联系群众，提高服务群众能力。其次，动员群众参与乡村治理，增强主人翁意识，维护农村和谐稳定。教育引导群众革除陈规陋习，弘扬公序良俗，培育文明乡风。最后，选优配强乡镇领导班子特别是乡镇党委书记，应将年富力强、理论政策素养高、组织协调能力强、具有一定基层工作经验、敢于攻坚破难的领导干部安排到乡镇党委书记岗位上锻炼，建强乡镇党委班子，要配备结构合理、功能完善的乡镇党委班子，大力培养选拔综合素质高的年轻乡镇干部进入班子，吸取优秀村党支部书记进入班子。

（二）推进乡村治理体系建设

坚持“三治合一”，即坚持自治、法治、德治相结合，全面完善和优化乡村治理体系。首先，坚持村民自治。严格按照国家《选举法》民主选举村委会主任，创建村务监督委员会，同时，需要适当下沉乡村治理重心，将更多资源、管理等投放基层，鼓励并引导以村民小组为基本单元进行村民自治试点。其次，坚持乡村法治建设。村干部要加强对法律知识的深入学习，确保知法懂法、依法治村，加强对法律知识的学习，提高法律素养，做知法、懂法、守法的好公民，在村干部及基层党组织的引领下积极参与乡村治理与发展。最后，弘扬德治。大力推行德治，以德感化村民，引导村民形成健康积极的价值观，营造和谐文明的乡村风气。在现有治理体系下，村干部及基层党组织应以新的理念、新的思维确立乡村熟人社会的道德规范。

（三）建设法治乡村

坚持法治为本，树立依法治理理念，强化法律在维护农民权益、规范市场运行、支持保护农业、治理生态环境、化解农村社会矛盾等方面的权威地位，增强农民法治观念、法治为民意识，将各项工作纳入法治化轨道。首先，完善乡村法律法规制度建设。完善乡村法律法规制度建设，积极深入乡村基层开展实践调研，发现乡村法律法规制度中需要修改、补充、健全的部分，从实际情况出发，不断推进乡村法律法规建设迈向新的高度。其次，加大普法宣传力度，通过多种渠道向村民宣传法律常识，引导村民形成法律思维，引导乡民以合法手段和途径表达诉求、维护权利。最后，加强乡村法律服务队伍建设。在乡村法律服务队伍建设过程中，要加强党建引领，充分发挥乡村基层党组织对于乡村法治化的积极作用，乡村广大党员要努力提升自身法律素养，带领群众学法用法。

（四）推进平安乡村建设

维护农村社会和谐稳定，推进社会主义新农村建设。首先，推动扫黑除恶专项斗争向纵深推进，严厉打击非法侵占农村集体资产、扶贫惠农资金和侵犯农村妇女儿童人身权利等违法犯罪行为。其次，依法管理农村宗教事务，制止非法宗教活动，防范邪教向农村渗透，防止封建迷信蔓延。再次，加强农村社会治安工作，健全农村公共安全体系，持续开展农村安全隐患治理。最后，深化拓展网格化服务管理，整合配优基层一线平安建设力量，把更多资源、服务、管理放到农村社区，加强乡村交通、消防、公共卫生、食品药品安全、地质灾害等公共安全事件易发领域隐患排查和专项治理。

五、生活富裕是根本

乡村振兴，生活富裕是根本，也是实现全体人民共同富裕的必然要求。乡村振兴的出发点和落脚点，是为了让亿万农民生活得更美好，在共同富裕的道路上赶上来、不掉队，在共建共享发展中有更多获得感，要把那些农民最关心、最直接、最现实的利益问题，一件一件找出来、解决好，让农民的获得感、幸福感、安全感更加充实、更有保障、更可持续。围绕农民群众最关心最直接最现实的利益问题，一件事情接着一件事情办，一年接着一年干，把乡村建设成为幸福美丽新家园。

（一）促进农村劳动力转移就业和农民增收

以生活富裕为根本，提高农民获得感，关键在于稳定和拓宽农民增收渠道。首先，健全覆盖城乡的公共就业服务体系，大规模开展职业技能培训，促进农民多渠道转移就业，提高就业质量。其次，加强扶持引导服务，实施乡村就业创业促进行动，大力发展文化、科技、旅游、生态等乡村特色产业，培育一批家庭工场、手工作坊、乡村车间，鼓励在乡村地区兴办环境友好型企业，实现乡村经济多元化，提供更多就业岗位。再次，发展富民乡村产业，把依托农业农村资源发展的二、三产业尽量留在农村，把农业产业链延伸的增收收益和就业创业机会尽量留给农民。最后，拓宽农民增收渠道，鼓励农民勤劳守法致富。

（二）优先发展农村教育事业

乡村振兴，教育先行。农民要致富就要靠人才，人才的培养主要靠教育。首先，高度重视发展农村义务教育，推动建立以城带乡、整体推进、城乡一体、均衡发展的义务教育发展机制。其次，发展农村学前教育，推进农村普及高中阶段教育，加强职业教育，逐步分类推进中等职业教育免除学杂费。最后，建设高素质的农村教师队伍。吸引优秀青年到农村任教，鼓励优秀人才长期从教，逐步建立和完善相应制度，激励优秀人才到乡村学校任教。

（三）推动农村基础设施提档升级

实施乡村振兴战略，加快建设和不断完善农村基础设施。首先，实施农村道路畅通工程，有序实施较大人口规模自然村（组）通硬化路，加强农村资源路、产业路、旅游路和村内主干道建设。其次，实施农村供水保障工程，加强中小型水库等稳定水源工程建设和水源保护，实施规模化供水工程建设和小型工程标准化改造，有条件的地区推进城乡供水一体化，完善农村水价水费形成机制和工程长效运营机制。再次，推进燃气下乡，支持建设安全可靠的乡村储气罐站和微管网供气系统。最后，实施数字乡村建设发展工程，推动农村千兆光网、第五代移动通信（5G）、移动物联网与城市同步规划建设，支持农村及偏远地区信息通信基础设施建设。发展智慧农业，推动新一代信息技术与农业生产经营深度融合。

（四）提升农村基本公共服务水平

以实现农村基本公共服务从有到好的转变为目标，促进公共教育、医疗卫生、社会保障等资源向农村倾斜。首先，推进健康乡村建设。强化农村公共卫生服务，完善基本公共卫生服务项目补助政策，加强基层医疗卫生服务体系建设，支持乡镇卫生院和村卫生室改善条件。其次，完善农村留守儿童和妇女、老年人关爱服务体系，推动村级幸福院、日间照料中心等养老服务设施建设，发展农村普惠型养老服务和互助性养老，同时，加强和改善农村残疾人服务。最后，完善城乡居民基本养老保险待遇确定和基础养老金正常调整机制，统筹城乡社会救助体系，完善最低生活保障制度、优抚安置制度。

第三节 谱写乡村振兴新篇章

砥砺奋进新征程，乡村振兴正当时。“十四五”期间是我国全面建成小康社会、实现第一个百年奋斗目标之后，乘势而上开启全面建设社会主义现代化国家新征程、向第二个百年奋斗目标进军的第一个五年。乡村振兴战略进入全面深入实施阶段，加快乡村发展，着眼国家重大战略需要，做好“三农”工作，接续全面推进乡村振兴，确保农业稳产增产、农民稳步增收、农村稳定安宁，推动乡村振兴取得新进展、农业农村现代化迈出新步伐。

一、聚焦重要领域

（一）全力抓好粮食生产和重要农产品供给

稳定全年粮食播种面积和产量。坚持中国人的饭碗任何时候都要牢牢端在自己手中，饭碗主要装中国粮，全面落实粮食安全党政同责，严格粮食安全责任制考核，确保粮食播种面积稳定、产量保持在1.3万亿斤以上；推进国家粮食安全产业带建设，大力开展绿色高质高效行动，深入实施优质粮食工程，提升粮食单产和品质。

保障“菜篮子”产品供给。稳定生猪生产长效性支持政策，稳定基础产能，防止生产大起大落；加快扩大牛羊肉和奶业生产，推进草原畜牧业转型升级试点示范；稳定水产养殖面积，提升渔业发展质量；稳定大中城市常年菜地保有量，大力推进北方设施蔬菜、南菜北运基地建设，提高蔬菜应急保供能力。

统筹做好重要农产品调控。健全农产品全产业链监测预警体系，推动建立统一的农产品供需信息发布制度，分类分品种加强调控和应急保障；加强智能粮库建设，促进人防技防相结合，强化粮食库存动态监管；坚持节约优先，落实粮食节约行动方案，深入推进产运储加消全链条节粮减损，强化粮食安全教育，反对食物浪费。

（二）强化现代农业基础支撑

落实“长牙齿”的耕地保护硬措施。按照耕地和永久基本农田、生态保护红线、城镇开发边界的顺序，统筹划定落实三条控制线，分类明确耕地用途，严格落实耕地利用优先序，耕地主要用于粮食和棉、油、糖、蔬菜等农产品及饲草饲料生产，永久基本农田重点用于粮食生产，高标准农田原则上全部用于粮食生产；引导新发展林果业上山上坡，鼓励利用“四荒”资源，不与粮争地；加大耕地执法监督力度，严厉查处违法违规占用耕地从事非农建设。

提升农机装备研发应用水平。全面梳理短板弱项，加强农机装备工程化协同攻关，实施农机购置与应用补贴政策，优化补贴兑付方式；完善农机性能评价机制，推进补贴机具有进有出、优机优补，重点支持粮食烘干、履带式作业、玉米大豆带状复合种植、油菜籽收获等农机，推广大型复合智能农机；开展农机研发制造推广应用一体化试点。

加快发展设施农业。因地制宜发展塑料大棚、日光温室、连栋温室等设施；鼓励发展工厂化集约养殖、立体生态养殖等新型养殖设施；推动水肥一体化、饲喂自动化、环境控制智能化等设施装备技术研发应用；在保护生态环境基础上，探索利用可开发的空闲地、废弃地发展设施农业。

（三）聚焦产业促进乡村发展

持续推进农村一二三产业融合发展。鼓励各地拓展农业多种功能、挖掘乡村多元价值，重点发展农产品加工、乡村休闲旅游、农村电商等产业，推进现代农业产业园和农业产业强镇建设，培育优势特色产业集群；实施乡村休闲旅游提升计划，支持农民直接经营或参与经营的乡村民宿、农家乐特色村发展；开展农业品种培优、品质提升、品牌打造和标准化生产提升行动，推进食用农产品承诺达标合格证制度，完善全产业链质量安全追溯体系。

加强县域商业体系建设。实施县域商业建设行动，促进农村消费扩容提质升级；加快农村物流快递网点布局，实施“快递进村”工程，鼓励发展“多站合一”的乡镇客货邮综合服务站、“一点多能”的村级寄递物流综合服务点，推进县乡村物流共同配送，促进农村客货邮融合发展；加快实施“互联网＋”农产品出村进城工程，推动建立长期稳定的产销对接关系。

促进农民就地就近就业创业。鼓励发展共享用工、多渠道灵活就业，规范发展新就业形态，培育发展家政服务、物流配送、养老托育等生活性服务业；推进返乡入乡创业园建设，落实各项扶持政策；大力开展适合农民工就业的技能培训和新职业新业态培训。

（四）坚决守住不发生规模性返贫底线

完善监测帮扶机制。精准确定监测对象，将有返贫致贫风险和突发严重困难的农户纳入监测范围，简化工作流程，缩短认定时间；针对发现的因灾因病因疫等苗头性问题，及时落实社会救助、医疗保障等帮扶措施；强化监测帮扶责任落实，确保工作不留空当、政策不留空白。

促进脱贫人口持续增收。巩固提升脱贫地区特色产业，完善联农带农机制，提高脱贫人口家庭经营性收入；压实就业帮扶责任，确保脱贫劳动力就业规模稳定，深化东西部劳务协作，做好省内转移就业工作；统筹用好乡村公益岗位，实行动态管理。

推动脱贫地区帮扶政策落地见效。保持主要帮扶政策总体稳定，细化落实过渡期各项帮扶政策，开展政策效果评估；保持主要帮扶政策总体稳定，细化落实过渡期各项帮扶政策，开展政策效果评估；拓展东西部协作工作领域，深化区县、村企、学校、医院等结对帮扶；创建消费帮扶示范城市和产地示范区，发挥脱贫地区农副产品网络销售平台作用。

二、创新工作方法

（一）坚持三个导向

坚持目标导向。坚定不移地贯彻落实乡村振兴的阶段性目标和长远目标。乡村振兴战略的长远目标是实现农业农村现代化。阶段性目标总体上分为三个阶段：到 2020 年，乡村振兴取得重要进展，制度框架和政策体系基本形成；到 2035 年，乡村振兴取得决定性进展，农业农村现代化基本实现；到2050年，乡村全面振兴，农业强、农村美、农民富全面实现，每个阶段性目标接续递进、梯次实现。第一个阶段目标已经实现，实现第二和第三阶段目标就要依据当前乡村振兴的基础条件，制定符合地方实际的发展目标和切实可行的实施保障措施，将目标任务细化分解，落实到各部门的工作目标和任务中，将更多的资源用于农村民生保障和改善。

坚持问题导向。聚焦目前农业农村发展中面临的城乡收入、城乡基础设施和城乡公共服务差距大等问题，立足解决乡村发展中的不平衡不充分问题，回应农民群众的期盼和诉求。要不断地加强研判农业农村和城镇化发展阶段，支持乡村振兴的要素市场化配置程度、农业科技发展水平、农村人才支撑等条件，明确影响乡村振兴的主要因素。在此基础上，围绕问题的根本原因和发展方向，制定有针对性、可行性的措施。

坚持结果导向。充分考虑乡村振兴工作成果更多、更公平地惠及最广大的农民群众，得到农民的认可，同时确保农业农村经济提质增效，稳步提升，确保农民持续增收。要建立科学合理的质量监控和绩效评价体系，不仅要重视资金投入和项目推进，更要重视发展质量和实际效果是否提升了农民群众的幸福感和获得感。在规划制定、项目推进过程中，要充分听取农民群众的意见，保证科学性和民主性，让政策效能贯穿到提高群众满意度的全过程之中。

（二）坚持普遍性和特殊性相结合

实现乡村振兴是根据农业农村现代化对我国乡村整体发展提出的普遍性要求。由于地区乡村发展现状、区位条件和资源禀赋的不同，乡村振兴又具有特殊性，需要因地制宜，精准规划，分类实施。按照发展潜力和乡村特色将村庄类型进行划分，并分别制定个性化的发展方向和目标，细化可行性举措。此外，还要充分考虑乡村的地形地貌、气候特点、民俗文化等地方因素，制定符合地方实际的农业生产、公共服务、基础设施等技术和标准。

（三）科学利用新技术和新手段

我国乡村数量众多，资源禀赋各不相同，为了增强乡村振兴规划的科学性，提高规划实施及管理的效能，应加强信息技术和新手段在乡村振兴规划工作中的应用。可以运用大数据、云计算等技术手段分析问题、评估预测，提高规划的科学性。一是利用大数据完善乡村统计数据，将日常生活中产生的大量空间信息与乡村社会经济活动信息，如微信数据、移动手机数据等作为新型数据资源，不断扩展丰富规划数据基础。二是充分利用互联网、云计算和地理信息系统等新兴技术，以网站、微信等应用为依托搭建信息平台，应用于规划的公众参与、社会思想和智慧的交流与凝聚。三是利用规划信息可视化技术、规划公众参与信息平台等，实现规划信息内容向社会公众综合、动态发布，扩大规划影响。四是利用空间信息技术，将大范围、综合性的乡村经济、社会、人文、自然环境等方面的信息，准确、快速地采集并建立规划的空间信息数据库，并利用信息系统的空间分析能力辅助规划分析和决策。

（四）加强相关规划的统筹衔接

乡村振兴规划包括产业发展、基础设施、空间布局和公共服务配置等内容，涉及范围甚广，全面统筹和对接相关规划，有利于提升规划科学性，形成各方面推动乡村振兴规划实施的合力。“十四五”时期，乡村振兴重点工作任务和安排与相关规划的统筹衔接。一是发展思路与目标的统筹对接。围绕乡村振兴规划在“十四五”时期的阶段性目标，以“十四五”规划思路和建议为纲，乡村振兴规划要落实和细化农村产业发展和农民增收的重要任务，将农业产业发展方向、重点区域、重点项目与“十四五”规划进行对接，落实“十四五”规划中关于农民增收的指标要求。二是做好与其他专项规划的对接。乡村振兴规划所提出的重点基础设施建设项目和公共服务项目要与各部门和行业专项规划进行对接，明确项目建设选址、建设规模、资金来源、技术标准等内容，确保规划项目科学可行。

三、完善支撑保障

（一）强化乡村振兴金融服务

健全适合农业农村特点的农村金融体系，把更多金融资源配置到农村经济社会发展的重点领域和薄弱环节，更好地满足乡村振兴的多样化金融需求。首先，强化对“三农”信贷的正向激励。对机构法人在县域、业务在县域、资金主要用于乡村振兴的地方法人金融机构，加大支农支小再贷款、再贴现支持力度，实施更加优惠的存款准备金政策。其次，完善金融支农激励政策。通过奖励、补贴、税收优惠等政策支持“三农”金融服务，落实符合条件的家庭农场等新型农业经营主体按照规定享受小微企业相关贷款税收减免政策，设置与农业生产周期相匹配的农业贷款期限。最后，加强农村金融知识普及教育和金融消费权益保护。坚决落实金融消费权益保护的相关法规，通过不同形式开展金融知识宣讲，下沉活动重心、创新活动形式、提升活动效果。

（二）加强乡村振兴人才队伍建设

在乡村振兴步伐中，最重要的因素就是人才的因素。一是加强农村人才队伍建设。发现和培养使用农业领域战略科学家，加快培养科技领军人才、青年科技人才和高水平创新团队。实施高素质农民培育计划、乡村产业振兴带头人培育项目、乡村振兴青春建功行动等。二是加强对农民的培训和相关学科建设。完善耕读教育体系。优化学科专业结构，支持办好涉农高等学校和职业教育。培养乡村规划、设计、建设、管理专业人才和乡土人才，培育壮大农村实用人才队伍，促进农业农村人才队伍建设。

（三）加强乡村振兴农业科技建设

农业科技创新是农业现代化的战略支撑，要发挥科技创新在实施乡村振兴战略中的关键作用，以创新驱动乡村振兴发展。首先，加强农业基础及应用基础研究。坚持面向世界科技前沿、面向经济主战场、面向国家重大需求、面向人民生命健康，针对农业农村领域重大科学问题集中优势力量，部署基础和应用基础研究重点方向。其次，推进农业科技成果转化。引导高校、科研院所建立健全专业化科技成果转移转化机构和面向企业的技术服务站点网络，推动科技成果与产业、企业有效对接。再次，加快科技创新服务平台、基地建设。加强农业科技园、创新示范区、科技小院和农业嘉年华等高水平的乡村科技创新服务平台与基地建设，吸引更多的高层次科学家、技术专家、企业家、科技特派员和乡土创新创业者汇聚乡村大地，进而培植乡村人力资源和创新资源。最后，发展农业高新技术产业。围绕现代畜牧业、农机装备、智慧农业、特色高效农业等主题培育建设农业高新技术产业示范区。通过高新技术引领改造传统农业，用现代商业模式激活农业，打造现代农业创新高地、人才高地和产业高地，推动一二三产业融合和农业上中下游融合形成产业聚集效应。

农业丰则基础稳，农民富则国家强，农村美则社会好。40 多年前，我们通过农村改革拉开了改革开放大幕；40 多年后的今天，我们要通过全面推进乡村振兴，开启农业农村现代化建设新局面。充分调动亿万农民的积极性、主动性、创造性，苦干实干、久久为功，以奋斗成就乡村振兴伟业，让农业成为有奔头的产业，让农民成为有吸引力的职业，让农村成为安居乐业的美丽家园，梦想之花必将在希望的田野上夺目盛放！

拓展阅读

乡村文化振兴“三部曲”

作为历史上的越国故都，浙江省绍兴市有道不完的历史文化。这些璀璨的传统文化正被赋予新的内涵，“发掘美、创造美、经营美”的“三部曲”，刻画出当下这幅文化燎原乡村的壮美图景。

个性出发挖掘美丽内涵。4年前，绍兴市坡塘村又脏又乱，各项排名垫底。坡塘村党委书记罗国海花了大量精力查资料。他这才发现，坡塘村名竟出自“商圣”范蠡的《养鱼经》——聚土为坡，积水成塘；近现代乡贤唐茂盛，更是“绍兴莲花落”（绍兴一带的曲艺种类之一）的泰斗。罗国海如获至宝，由此锁定“风雅坡塘”的定位。此后，古银杏、古步道、古台门等悉数复原登场，全都围绕“雅”字来，每个都能讲出道道。短短几年，坡塘还真“咸鱼翻身”。昔日的“后进村”“蝶变”成景区村，声名大噪。

“艺术创造”链接现代审美。推进文化振兴，绍兴有个重要理念：微改造。花盆或由旧木桶、废轮胎改造而来，农民画家、篾匠等的作品也可拍卖。这些无不丰富了村庄的文化内涵，也潜移默化提升着审美韵味。柯桥区夏履镇的演绎是通过项目落地，将文化拉进现实。10多年前，该镇就有个老景区，如今全域成了文旅小镇，辖区内12个村庄依据各自特色成为景点，互为补充、抱团发展。光听名字“越王遗风”“山隐桃源”“十里春风”“寨口听溪”，就令人心生向往。

经营乡村变现美丽价值。2021年2月，绍兴对外发出“英雄帖”，统一招募运营团队，主要就是提供旅游产品打造、市场营销等服务，开展整村性、系统化、多维度的市场化运营。4个月后，越城区安桥头村率先掀起了盖头——名为“故乡的故乡”新IP。入驻的运营商将“鲁迅外婆家”与市区的鲁迅故居、鲁迅纪念馆联动，通过童年、童梦、童真、童趣的打造，重现儿时记忆，满足人们内心深处对故乡的向往。选准发力点，贯通产加销，融合农文旅，延长产业链，绍兴乡村焕发勃勃生机。

资料来源：李庆海等．浙江绍兴文化激活乡村“三部曲”[N]．农民日报，2021-07-27.

时政热点

练习题

一、单选题

1. 党的（ ）首提实施乡村振兴战略。

A. 十六大 B. 十七大 C. 十八大 D. 十九大

2. 2018年中央一号文件提出，乡村振兴，（ ）是根本。

A. 产业兴旺 B. 生态宜居 C. 乡风文明 D. 生活富裕

3. 构建农村（ ）融合发展体系。大力开发农业多种功能，延长产业链、提升价值链、完善利益链，通过保底分红、股份合作、利润返还等多种形式，让农民合理分享全产业链增值收益。

A. 一二产业 B. 二三产业 C. 一三产业 D. 一二三产业

4. 下面哪一项不属于“四化同步”范畴？（ ）

A. 工业化 B. 城镇化 C. 网络化 D. 农业现代化

5. 实施乡村振兴战略，必须培养造就一支（ ）的“三农”工作队伍，使农村基层基础工作得到加强。

A. 懂农村、爱农村、爱农业 B. 懂农村、懂农业、爱农民

C. 懂农民、爱农村、爱农业 D. 懂农业、爱农村、爱农民

6. 乡村振兴的基础是（ ）。

A. 产业 B. 人才 C. 文化 D. 组织

7. 要加强农业面源污染防治，扩大轮作休耕试点，实施山水林田湖草综合治理。实现（ ）的绿色发展总体目标。

A. “三不、一零、两全” B. “两不、三零、一全”

C. “两不、一零、三全” D. “三不、两零、一全”

8. （ ）是现代农业体系的“三大支柱”。

A. 产业体系、生产体系、经营体系 B. 产业体系、生产体系、销售体系

C. 产业体系、仓储体系、经营体系 D. 产业体系、生产体系、加工体系

9. 党的十九大报告指出，（ ）问题是关系国计民生的根本性问题。

A. 科教兴国 B. 区域协调 C. 军民融合 D. 农业农村农民

10. 将（ ）纳入城市公共服务体系，确定城乡基本公共服务的内容以及质量要求。

A. 城市精英 B. 农民工群体 C. 乡土人士 D. 乡土人才

11. 乡村振兴包括哪五个方面振兴？（ ）

A. 产业振兴、人才振兴、文化振兴、生态振兴、服务振兴

B. 产业振兴、人才振兴、文化振兴、生态振兴、组织振兴

C. 人才振兴、文化振兴、生态振兴、服务振兴、旅游振兴

D. 人才振兴、文化振兴、经济振兴、生态振兴、农业振兴

12.（　　）是实施乡村振兴战略的总目标。

A. 农业农村现代化　　B. 坚持农业农村优先发展

C. 提高农民收入　　D. 农业高质量发展

13.（　　）是稳民心安天下的基础性、战略性产业。

A. 畜牧业　　B. 渔业　　C. 现代种业　　D. 粮食产业

14. 实施乡村振兴战略是建设（　　）的关键举措。

A. 数字中国　　B. 美丽中国　　C. 生态中国　　D. 和谐中国

15. 文明村镇创建要以美丽乡村建设为主题，突出抓好（　　）、人居环境和文化生活建设。

A. 民房改造　　B. 乡村建设　　C. 乡村绿化　　D. 乡风民风

16. 到（　　）年，乡村振兴取得决定性进展，农业农村现代化基本实现。

A. 2020　　B. 2025　　C. 2035　　D. 2050

17. 每年农历（　　）为中国农民丰收节。

A. 春分日　　B. 夏至日　　C. 立秋日　　D. 秋分日

18. 加强农村思想道德建设，须以（　　）为引领，深化中国特色社会主义和中国梦宣传教育。

A. 社会主义核心价值观　　B. 儒家思想

C. 道家思想　　D. 法治思想

19.（　　）是工业化、城镇化、农业现代化发展到一定阶段的必然要求，是国家现代化的重要标志。

A. 推进城乡发展一体化　　B. 推进城乡融合发展

C. 完善乡村治理体系　　D. 推进城乡生态文明建设

20. 深入实施藏粮于地、藏粮于技战略，落实最严格的（　　）保护制度。

A. 生态　　B. 湿地　　C. 水源　　D. 耕地

二、判断题

1. 农业农村现代化是实施乡村振兴战略的总目标。（　　）

2. 党的十九大提出了乡村振兴战略。（　　）

3. 蓝色农业是指对森林的开发和利用。（　　）

4. 进行“手、脑、身、心”四健教育的主要对象是农村青少年。（　　）

5. 大力实施乡村振兴战略，以产业兴旺为基础。（　　）

6. 浙江是全国最早制定农村集体经济组织地方性法规的省份。（　　）

7. 森林是陆地生态的主体，是生命起源的摇篮和人类生存的根基。（　　）

8. 农村基本经营制度是乡村振兴的制度基础。(　　)

9. 巩固和完善农村基本经营制度，走共同发展之路。(　　)

10. 到2050年，乡村全面振兴，农业强、农村美、农民富全面实现。(　　)

11. 我国耕地保护的红线是15亿亩。(　　)

12. 没有农民的小康，就不可能有全国人民的小康。(　　)

13. 党的十九大报告指出，要培养造就一支懂农业、爱农村、爱农民的三农工作队伍。(　　)

14. 面向贫困村、软弱涣散村和集体经济薄弱村党组织派出指导员。(　　)

15. 发展林业经济，要依托优质的森林生态资源，发展山水观光、森林康养、乡村民宿、水果采摘等，增强人们对森林生态环境的享受和体验感，打造独具特色的“一村一品”“一村一景”“一村一韵”精品森林村庄。(　　)

16. 土地承包期限目前最长是75年。(　　)

17. 农村党支部在农村各项工作中居于领导核心地位。(　　)

18. 现代生态循环农业发展的“一控两减三基本”中的“一控”指的是农业用水量。(　　)

19. 要始终把农村、农业作为财政支出的优先保障领域。(　　)

20. 完善农业支持保护力度，以提升农业质量效益和竞争力为目标，强化绿色生态导向，创新完善政策工具和手段，加快建立新型农业支持保护政策体系。(　　)

三、思考题

1. “任何时候都不能忽视农业、忘记农民、淡漠农村。”如何理解这句话？

2. 乡村振兴战略的总体要求是什么？

第七讲

把握人口发展规律 促进人口均衡发展

★★★★★

我国人口占世界人口的比例长期保持在20%左右。我国人口发展一直对世界人口格局有着举足轻重的影响。新中国成立后党中央根据当时的国情做出实施计划生育的人口政策，为控制世界人口发展做出贡献。随着社会经济的发展以及我国人口的基本国情，为维护国家人口安全和社会和谐稳定、建设社会主义现代化强国、推动高质量发展、加快构建新发展格局，以及推动实现共同富裕，党中央决定实施积极应对人口老龄化的国家战略。

第一节　正确认识我国人口发展形势

习近平强调，我国是世界上人口最多的国家，人口问题始终是一个全局性、战略性问题。党中央在十九届五中全会上，将积极应对人口老龄化确立为国家战略。

一、当前我国人口发展的趋势性特征①

第七次全国人口普查数据显示，全国人口②共 141 178 万人，同 2010 年第六次全国人口普查数据相比，增加 7 206 万人，增长 5.38%，年平均增长率为 0.53%。我国人口 10 年来继续保持低速增长态势（见图 8－1）。

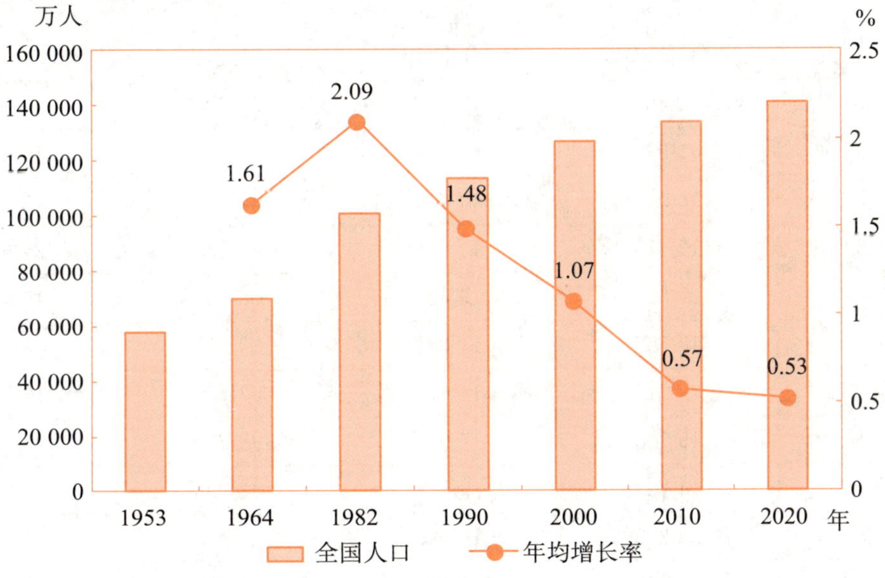

图 8－1　历次人口普查全国人口及年均增长率

资料来源：国家统计局官网，第七次全国人口普查公报（二）[DB/OL]. http://www.stats.gov.cn/tjsj/tjgb/rkpcgb/.

① 人民网：六个方面，看我国人口变化的趋势性特征 [EB/OL]. http://www.qstheory.cn/laigao/ycjx/2021－05/13/c_1127441904.htm.

② 全国人口是指我国 31 个省、自治区、直辖市和现役军人的人口，不包括居住在 31 个省、自治区、直辖市的港澳台居民和外籍人员。

（一）现阶段我国人口发展的阶段性特征

1. 虽然我国人口总量增速是放缓的，但仍然保持了平稳增长

我国人口总量惯性增长。第七次全国人口普查数据显示，2020 年全国人口共 141 178 万人。新中国成立以来，我国人口一直保持增长趋势，虽然我国人口生育率已经于 20 世纪 90 年代降低至更替水平以下并持续至今，但由于人口死亡率降低和建国早期高生育率带来的人口惯性，总人口仍会保持一段时间的增长。

我国人口增速有所放缓。在人口增速方面，从 2010 年到 2020 年间，我国人口年平均增长率为 0.53%，与 2000—2010 年 0.57%的人口年平均增长率相比，增速有所放缓。主要原因是育龄妇女人数持续减少等因素导致人口增长惯性减弱，同时生育水平略有下降。

2. 人口素质大幅改善，人力资本不断提升

人口受教育程度明显提升。第七次全国人口普查数据显示，我国教育事业投入力度进一步加大，教育普及成效显著。相关数据如表 8－1、表 8－2 所示。

表 8－1　各地区每 10 万人口中拥有的各类受教育程度人数　单位：人/10 万人

地　区	大学（大专及以上）	高中（含中专）	初中	小学
全　国	15 467	15 088	34 507	24 767
北　京	41 980	17 593	23 289	10 503
天　津	26 940	17 719	32 294	16 123
河　北	12 418	13 861	39 950	24 664
山　西	17 358	16 485	38 950	19 506
内蒙古	18 688	14 814	33 861	23 627
辽　宁	18 216	14 670	42 799	18 888
吉　林	16 738	17 080	38 234	22 318
黑龙江	14 793	15 525	42 793	21 863
上　海	33 872	19 020	28 935	11 929
江　苏	18 663	16 191	33 308	22 742
浙　江	16 990	14 555	32 706	26 384
安　徽	13 280	13 294	33 724	26 875
福　建	14 148	14 212	32 218	28 031
江　西	11 897	15 145	35 501	27 514
山　东	14 384	14 334	35 778	23 693

表 8 - 1（续）表　　　　单位：人/10 万人

地　区	大学（大专及以上）	高中（含中专）	初中	小学
河　南	11 744	15 239	37 518	24 557
湖　北	15 502	17 428	34 280	23 520
湖　南	12 239	17 776	35 636	25 214
广　东	15 699	18 224	35 484	20 676
广　西	10 806	12 962	36 388	27 855
海　南	13 919	15 561	40 174	19 701
重　庆	15 412	15 956	30 582	29 894
四　川	13 267	13 301	31 443	31 317
贵　州	10 952	9 951	30 464	31 921
云　南	11 601	10 338	29 241	35 667
西　藏	11 019	7 051	15 757	32 108
陕　西	18 397	15 581	33 979	21 686
甘　肃	14 506	12 937	27 423	29 808
青　海	14 880	10 568	24 344	32 725
宁　夏	17 340	13 432	29 717	26 111
新　疆	16 536	13 208	31 559	28 405

资料来源：国家统计局官网，第七次全国人口普查公报（二）［DB/OL］. http://www.stats.gov.cn/tjsj/tjgb/rkpcgb/.

表 8 - 2　各地区 15 岁及以上人口平均受教育年限　　　　单位：年

地　区	2020 年	2010 年
全　国	9.91	9.08
北　京	12.64	11.71
天　津	11.29	10.38
河　北	9.84	9.12
山　西	10.45	9.52
内蒙古	10.08	9.22
辽　宁	10.34	9.67
吉　林	10.17	9.49
黑龙江	9.93	9.36
上　海	11.81	10.73
江　苏	10.21	9.32

表8-2（续）表　　　　单位：年

地　区	2020年	2010年
浙　江	9.79	8.79
安　徽	9.35	8.28
福　建	9.66	9.02
江　西	9.70	8.86
山　东	9.75	8.97
河　南	9.79	8.95
湖　北	10.02	9.20
湖　南	9.88	9.16
广　东	10.38	9.55
广　西	9.54	8.76
海　南	10.10	9.22
重　庆	9.80	8.75
四　川	9.24	8.35
贵　州	8.75	7.65
云　南	8.82	7.76
西　藏	6.75	5.25
陕　西	10.26	9.36
甘　肃	9.13	8.19
青　海	8.85	7.85
宁　夏	9.81	8.82
新　疆	10.11	9.27

3. 劳动年龄人口下降，人口抚养比上升

第七次全国人口普查数据显示，我国劳动年龄人口数量和比重逐渐下降（见表8-3和表8-4）。

人口抚养比上升。改革开放40多年以来我国人口抚养比（0～14周岁与65周岁及以上人口数加总与15～64周岁人口数之比）从1982年的62.6%下降到2010年的34.2%。第七次全国人口普查数据显示，2020年我国人口抚养比为45.9%，与2010年相比，增长了11.7个百分点，这表明随着我国人口老龄化进程的推进，人口抚养比的下降趋势在过去十年发生了逆转。

表 8-3　全国人口年龄构成

单位：人、%

年龄	人口数	比重
总计	1 411 778 724	100.00
0～14 岁	253 383 938	17.95
15～59 岁	894 376 020	63.35
60 岁及以上	264 018 766	18.70
其中：65 岁及以上	190 635 280	13.50

资料来源：国家统计局官网，第七次全国人口普查公报（五）［DB/OL］. http：//www.stats.gov.cn/tjsj/tjgb/rkpcgb/.

表 8-4　各地区人口年龄构成

单位：%

地区	比重			
	0～14 岁	15～59 岁	60 岁及以上	65 岁及以上
全　国	17.95	63.35	18.70	13.50
北　京	11.84	68.53	19.63	13.30
天　津	13.47	64.87	21.66	14.75
河　北	20.22	59.92	19.85	13.92
山　西	16.35	64.72	18.92	12.90
内蒙古	14.04	66.17	19.78	13.05
辽　宁	11.12	63.16	25.72	17.42
吉　林	11.71	65.23	23.06	15.61
黑龙江	10.32	66.46	23.22	15.61
上　海	9.80	66.82	23.38	16.28
江　苏	15.21	62.95	21.84	16.20
浙　江	13.45	67.86	18.70	13.27
安　徽	19.24	61.96	18.79	15.01
福　建	19.32	64.70	15.98	11.10
江　西	21.96	61.17	16.87	11.89
山　东	18.78	60.32	20.90	15.13
河　南	23.14	58.79	18.08	13.49
湖　北	16.31	63.26	20.42	14.59
湖　南	19.52	60.60	19.88	14.81
广　东	18.85	68.80	12.35	8.58

表 8-4（续）表 单位：%

地区	比重			
	0～14 岁	15～59 岁	60 岁及以上	65 岁及以上
广　西	23.63	59.69	16.69	12.20
海　南	19.97	65.38	14.65	10.43
重　庆	15.91	62.22	21.87	17.08
四　川	16.10	62.19	21.71	16.93
贵　州	23.97	60.65	15.38	11.56
云　南	19.57	65.52	14.91	10.75
西　藏	24.53	66.95	8.52	5.67
陕　西	17.33	63.46	19.20	13.32
甘　肃	19.40	63.57	17.03	12.58
青　海	20.81	67.04	12.14	8.68
宁　夏	20.38	66.09	13.52	9.62
新　疆	22.46	66.26	11.28	7.76

资料来源：国家统计局官网，第七次全国人口普查公报（五）［DB/OL］. http：//www.stats.gov.cn/tjsj/tjgb/rkpcgb/.

4. 人口城镇化水平加速提升，人口流动更趋活跃

第七次全国人口普查数据显示，我国人口城镇化水平加速提升，常住人口城镇化率在近十年间提升速度有所加快（见图 8-2）。

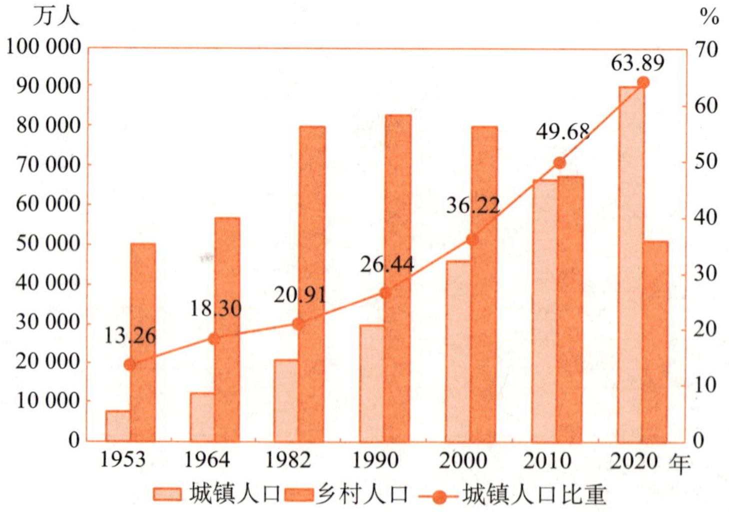

图 8-2　历次人口普查城乡人口

资料来源：国家统计局官网，第七次全国人口普查公报（七）［DB/OL］. http：//www.stats.gov.cn/tjsj/tjgb/rkpcgb/.

流动人口增速加快。改革开放以来，我国流动人口规模持续增长。第七次全国人口普查数据显示，2020 年流动人口规模近 3.8 亿人，比 2010 年大幅增加 1.5 亿人，与上一个 10 年流动人口增长 1 亿人相比，我国流动人口增长速度加快。经济和产业结构布局调整和户籍政策的改革影响了流动人口规模的变化。

5. 人口性别比趋于合理，家庭户人口规模持续下降

第七次全国人口普查数据显示，我国人口性别比进一步回归合理区间。出生性别比长期偏高的问题得到有效控制，性别平等的生育观念更加普及，初步达到了人口性别结构优化的目标（见图 8-3）。

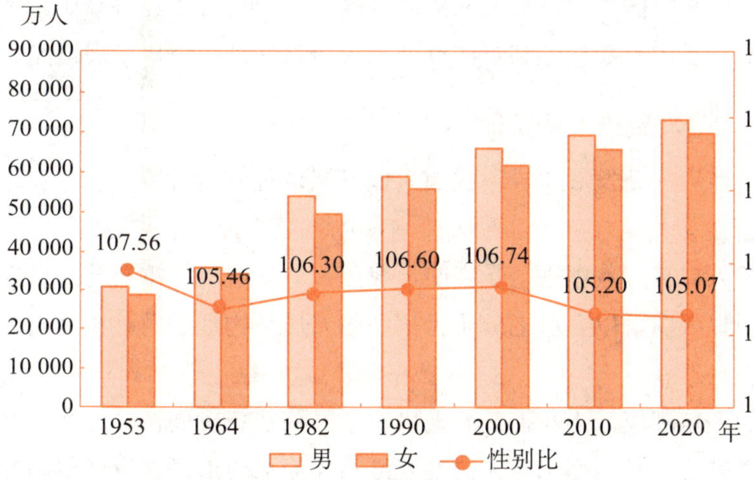

图 8-3 历次人口普查人口性别构成

注：性别比：以女性为 100，男性对女性的比例。

资料来源：国家统计局官网，第七次全国人口普查公报（四）［DB/OL］. http://www.stats.gov.cn/tjsj/tjgb/rkpcgb/.

家庭户人口规模持续下降。我国家庭户人口规模持续下降，从 1990 年的 3.96 人、2000 年的 3.44 人下降至 2010 年的 3.10 人。第七次全国人口普查数据显示这一趋势继续延续，2020 年我国家庭户平均人口规模为 2.62 人，比 2010 年减少 0.48 人。家庭户规模下降的主要原因有生育率下降使得家庭子女数量减少、住房条件改善使得年轻人婚后独居增加和人口流动活跃带来的家庭结构变动等。

（二）我国人口发展呈现出新趋势

1. 人口总量即将达峰，人口负增长为期不远

虽然全面放开二孩政策实施后出生人口有所回升，但在 2020 年之后主要受育龄妇女数量减少等因素的影响，人口增长势能进一步减弱。最新的预测表明，人口总量即将在 2025 到 2030 年间达到峰值。人口在总量达峰后将开始缓慢下降，人口负增长在不远

的将来即将成为现实。

2. 人口数量红利进入尾声，人口老龄化逐步加速

在2021—2030年间，劳动年龄人口总量和比例将继续以较快速度降低，人口抚养比也将继续提升，由低人口抚养比带来的人口数量红利逐步进入尾声。随着第二次生育高峰出生的“60后”群体步入退休年龄，老年人口增长速度将明显加快，到2030年占比将达到25%左右，其中80岁及以上高龄老年人口增加幅度更加明显。

3. 健康中国、科教兴国战略深入实施，人口质量快速提升

随着《“健康中国2030”规划纲要》和科教兴国战略的深入实施，可以预期我国人口质量将在未来较长时间内保持较快的提升速度，并成为推动经济高质量发展的有利条件，走出一条从享受人口数量红利走向创造人口质量红利的人口发展道路。

（三）我国人口发展进入新阶段

随着我国整体迈入新发展阶段，我国人口发展也进入新阶段。

1. 在新发展阶段的背景下，我国人口发展进入深度转型期

第七次全国人口普查数据进一步表明，我国人口发展出现重要转折性变化，即人口总量增长势头明显减弱，以人口老龄化为核心的人口结构性矛盾日益突出。

2. 在新发展格局的构建中，人口发展的重要性提升到更高层面

我国庞大的人口规模、不断提升的人口质量是构建新发展格局的基础性条件，人口要素重要性的提升要求我们将优化人口发展格局作为加快形成新发展格局的关键举措。

3. 在新发展理念指引下，人口发展战略正发生关键性转变

未来应在新发展理念指引下，从经济社会发展全局高度和国家中长期发展层面谋划人口发展，以系统思维和整体布局最大限度地发挥人口要素对社会经济发展的支撑作用，加快构建人口长期均衡发展及其与经济社会、资源环境协调发展的新人口发展格局。

二、我国人口形势带来的机遇与挑战

我们需要全面认识和把握我国人口变化趋势，并高度重视其中的一些结构性矛盾，着力清除未来发展中人口因素可能设置的障碍，推动我国经济发展达到必要的增长速度和发展质量，以十足的成色为基本实现社会主义现代化打下雄厚物质基础。

（一）人口老龄化的挑战

1. 对劳动力市场的影响

劳动力供给将逐渐减少。2013年我国劳动年龄人口比2012年减少了345万人，首次出现了劳动力供给数量下降。劳动力年龄结构也趋于老化。根据联合国2012年的人

口预测，我国劳动力规模从 2015 年到 2030 年期间，每年减少 180 万人左右。从 2030 年开始，劳动年龄人口将较快速下降，平均每年减少 760 万人左右，远快于前一阶段。与此同时，农村剩余劳动力也开始老化。

2. 对经济发展速度和结构的影响

对资本积累有显著不利影响。专家建模测算，即使不考虑老龄化增加资源消耗的效应，老龄化使 2011—2050 年期间国民储蓄率下降约 13.5 个百分点；增加了经济结构调整难度。老龄化降低了劳动密集型产业的比较优势，劳动力等成本上升导致我国产业转型升级和结构调整压力加大；经济运行负担加重。研究表明，即使按相对低保障水平的养老和医疗条件测算，用于养老、医疗、照料、福利与设施方面的费用合计占 GDP 的比例，2015 年为 6.6%，2050 年提高到 23.3%；如果按适中保障水平测算，该比例到 2050 年将达到 26.9%，接近欧盟成员国的平均水平；影响金融系统稳定。进入老龄化社会，社会保险的养老金可能面临大量支出，对我国证券市场稳定带来较大影响。

3. 对社会保障体系的影响

目前，五险一金费率高造成企业负担，亟待降低费率；老龄化导致养老保障支出压力大增。研究显示，2011—2050 年，我国老年人口将增加 160.7%，劳动年龄人口减少 24.2%，老年抚养比由 19.7%上升到 67.8%，养老负担增加 2.4 倍。测算表明，在未来几十年，老龄化引起的制度内抚养比上升，要求我国城镇基本养老保险的缴费率保持上升趋势。而当前我国养老保障制度并不适应老龄化发展需求，如制度体系缺乏有效整合、多支柱制度体系尚未形成、基金投资运营效率不高、制度可持续性不强和制度内生激励性不足、补充性养老保险发展不足等。

4. 对医疗服务体系的影响

第一，老龄化大幅提升健康保障需求。老年人慢性疾病病例数也将显著增加，2010 年我国残障老年人为 716 万人，至 2050 年为 2 470 万人，年均增长 3.2%，增长 2.5 倍。相关就医费用等将快速增加。第二，老龄化增加了医疗保障制度可持续发展压力。随着高龄期延长，因疾病、伤残、衰老而失去生活能力的老年人显著增加，医疗卫生费用呈现出同步增长趋势。研究显示，一般情况下，60 岁以上年龄组的医疗费用是 60 岁以下年龄组医疗费用的 3～5 倍。而目前的医疗保障制度尚未全面考虑老年人患病后的经济支付能力。

5. 对基础设施和城市发展的影响

老年人对生活环境的安全性、便利性和舒适性的需要更高，增加了宜居环境建设压力，并相应增加了建设成本。按照老龄化的要求超前规划，公共服务硬件建设费用会增加 10%的成本；如果没有超前规划，改造或重建公共服务硬件所花费的成本将倍增。我国的城乡建设中大多数公共基础设施和建筑都是针对无残疾的群体，难以适应人口快速老龄化的需要。在城镇，七成以上老年人居住的老旧楼房没有安装电梯，老人与子女同城不同住，老年生活配套设施缺乏、养老机构郊区化等现象普遍存在；多数城镇的居家和社区养老设施发展慢，物业管理服务企业、家庭服务网络等发展滞后。在农村，绝大多数地方还未进行基础设施的适老性改造，问题更加突出。

（二）人口新形势下的机遇

1. 老龄化下仍然有增长优势

2021年我国人均GDP超过世界人均GDP水平，所以在这种状况下，如果我国能用后发优势，将劳动力从低附加值的产业配置到高附加值的产业，那么即使人口不增长，我国也可以获得较高的增长率；随着现代医疗水平的上升，很多60多岁的老人仍然有工作能力和经验，延长退休后还可以增加劳动供给；中国的人口质量有了很大提升，劳动生产效率有了很大提升，仍然有可能保持较快的增长。

2. 老龄化会带来更多的养老需求，有利于拉动经济增长

老龄化快速到来以后，养老需求会逐渐增强，养老住房、养老服务、照看服务、老年旅游、医疗健康等都会有很多新的需求出现。这些需求会增加社会总需求，进而带动经济增长。

3. 劳动力短缺并不必然会影响经济增长

虽然随着老龄化的快速到来，劳动年龄人口下降是必然的，但是这并不意味着很多产业找不到工人了。距离真正的老龄化高峰还有十几年的时间，而人工智能技术正在快速进步，工业互联网也在迅速推进。随着自动驾驶、智能工厂日渐成熟和推广，会有大量的劳动力退出司机、流水线工人、外卖小哥等这些低产值、重复劳动性岗位，可以通过培训将这些劳动力转移到新的行业，形成新的劳动力供给。①

三、科学认识人口老龄化国家战略

目前我国人口老龄化程度正在逐渐加深，《中共中央关于制定国民经济和社会发展第十四个五年规划和二〇三五年远景目标的建议》和《中共中央国务院关于加强新时代老龄工作的意见》，指出实施积极应对人口老龄化国家战略，大力发展普惠型养老服务，构建居家社区机构相协调、医养康养相结合的养老服务体系。

（一）积极应对人口老龄化国家战略的重要内涵

1. 全面加强党的领导，进一步在全社会树立起积极应对人口老龄化的观念

牢固树立积极应对人口老龄化在党和国家全局工作中的战略地位，把创新、协调、

① 本刊编辑部．人口新形势下的挑战和机遇［J］．中国总会计师，2021（05）．

绿色、开放、共享的新发展理念贯穿到积极应对人口老龄化的全过程和各项工作中。

2. 坚持以人民为中心的发展思想，体现问题导向

由于我国老年人口多、人口老龄化城乡和地区差异大、各地区发展存在不平衡不充分现象，只有全局性、系统性、综合性的战略应对，才能保障亿万老年人享受老年幸福生活，不断增强全体人民的获得感、幸福感和安全感。

3. 构建及时、科学综合应对人口老龄化的行动框架

自“十四五”时期开始，我国老年人口总量会由相对缓慢的增长状态转至快速增长，将在短短 10 余年间相继冲上 3 亿人和 4 亿人大关，波浪式增长的特点需要针对每个时期的问题及时解决、综合应对。

4. 将积极应对人口老龄化国家战略的实施与推进国家治理现代化相结合

我们要在国家治理现代化视域下，坚持党总揽全局，以政府治理和社会治理为重点，对人口老龄化及其应对的一系列问题进行系统思考、系统梳理和系统施策，增强统筹解决问题的能力和效率，切实解决人口老龄化过程中老年人、家庭、社区、社会等面临的突出问题。

（二）树立“积极老龄化社会治理”观

1. 创新发展新型敬老文化

老龄化社会治理应首先聚焦于改变人们的传统观念。提升养老服务品质，促进行业健康发展，形成家庭、社会、政府协同参与的老龄化社会治理机制和社会氛围，文化是隐藏其后的关键因素。为此，要重新定义老龄并重新定位老年人，将“老龄”与“残弱”脱钩，消解对于老龄化的负面解读和无谓的焦虑乃至恐慌。通过采取在全社会广泛开展老龄化国情教育等方式，为推动老年友好型社会建设提供文化氛围。

2. 以法治化的方式进一步明晰政府老龄化社会治理的政府职责

政府是老龄化社会治理中最为重要的治理主体。以养老服务为例，政府在养老服务规划制定、基本养老服务提供、养老服务标准制定以及养老服务有效监管等方面扮演重要的职责。在深化“放管服”改革的背景下，要进一步开放养老服务市场，明确企业和社会组织的准入和退出标准，打破养老服务市场的“玻璃门”现象，推动养老服务供给主体多元化。同时，政府通过政府购买、公办民营、民办公助等方式，引入市场机制，缓解政府治理压力，形成政府、市场和社会协同共治的政府老龄化社会治理格局。

3. 树立“人人有责、人人尽责、人人享有”的老龄化社会治理理念

政府要注重老龄化社会治理的整体性和全局性，抓紧研究综合应对老龄化的体制机制，建立健全老龄化社会协同机制，积极引导整个社会积极参与老龄化社会治理；充分利用我国老龄化社会治理的独特优势，发挥传统文化尤其是家庭文化在老龄化社会治理中的积极作用，特别是要更加重视并支持家庭建设在老龄化社会治理中的基础性作用，

营造良好的尊老、敬老、孝老的环境。同时，通过完善养老保障、健康服务、养老服务等政策体系，推进制度与文化创新，促进从强调“中国特色”向构建“中国优势”转变。

（三）完善政府老龄化社会治理体制机制

完善党领导下的政府老龄化社会治理协调机制。针对我国老龄化社会治理中政府部门组织条块化、资源投入分散化、闲置资源利用不充分、协同共治困难等问题，强化在分工基础上的部门协同共治。强化各级老龄委工作的独立性，进一步加强决策权、协调权和监督权；建立健全各级养老服务联席会议制度；完善政府老龄化社会治理共治机制。通过完善考核指标体系，将老龄化社会治理绩效纳入相关部门政绩考核评估，变“被动合作”为“主动协同”。

（四）健全政府老龄化社会治理政策体系

加强顶层设计，强化政策制定的完整性。以实施积极应对人口老龄化国家战略为契机，加快“十四五”时期国家人口发展战略研究。“十四五”时期是我国积极应对人口老龄化问题的重要“窗口期”。“十四五”时期人口发展战略将重点研究制定包括生育政策、家庭支持政策、教育政策、就业政策、社会保障政策以及养老服务政策等一系列老龄化社会治理政策。同时，还需制定可操作、可持续的政策法规实施细则，以形成系统性的政策实施细则框架。

关注重点人群，提升政策实施的针对性。规范政策过程，提升政策治理的有效性。在政策实施过程中，强化政策的科学性和过程规范性，更加重视老龄化社会治理政策的落实、评估和接替。引入第三方机构评估、清理无效政策，解决新老政策重叠问题。

第二节 准确把握我国的人口政策变化

人口增长是当今世界面临的一个十分严重的问题。联合国人口基金为此向国际社会敲响警钟：如不立即采取坚决行动控制人口，保持消费与发展的平衡，世界人口在 21 世纪中叶将达到 100 亿，人类也将无法得到持续发展。

一、中国人口政策提出的背景

人口问题关系中华民族生存与发展，关系中国现代化建设兴衰成败。中国的人口政策是根据国家的基本国情的变化而变化的。

（一）计划生育政策提出的背景

中华人民共和国成立后，由于社会安定，生产发展和医疗卫生条件的改善，人民安居乐业，死亡率大幅度下降，人口迅速增长，人口再生产进入高出生、低死亡、高增长类型。从20世纪70年代初开始，中国在全国城乡大力推行计划生育，并将人口发展计划纳入国民经济与社会发展规划，计划生育工作进入一个新的发展阶段。

（二）单独二孩到全面二孩政策提出的背景

计划生育政策实施30多年，中国社会发生了巨大变化：不只受独生子女政策影响，而且也受社保完善、城市生活压力、娱乐丰富、文明提高等因素影响，国内一些大中城市的生育率大幅下降，我国已经面临社会出生率负增长的现实境况。“未富先老”、劳动力短缺、独生子女家庭养老问题日益严峻。各界开始呼吁从“双独二胎”转向“单独二胎”（夫妻双方一方为独生子女，即可生二胎）。为促进人口均衡发展，完善人口发展战略，积极应对人口老龄化，全面二孩政策实施，各级政府不断提高生殖健康、妇幼保健、托幼等公共服务水平。

（三）三孩政策提出的背景

作为人口大国的中国正处于即将从人口增长由正转负、开始人口萎缩的重大历史转折期，为促进人口长期均衡发展，实施一对夫妻可以生育三个子女政策，并取消社会抚养费等制约措施，清理和废止相关处罚规定，配套实施积极生育支持措施，出台《关于优化生育政策促进人口长期均衡发展的决定》。

二、中国人口政策的演变

我国的人口政策历经：节制生育到计划生育阶段，再到单独二孩、全面二孩及全面三孩的演变。

（一）计划生育政策

自1971年7月，国务院批转《关于做好计划生育工作的报告》，把控制人口增长的指标首次纳入国民经济与社会发展计划。1982年9月，党的十二大把计划生育确定为基本国策，同年12月写入宪法。1991年5月，中共中央、国务院做出《关于加强计划生育工作严格控制人口增长的决定》，明确贯彻现行生育政策，严格控制人口增长。随后《中华人民共和国人口与计划生育法》施行。

（二）单独二孩到全面二孩政策

单独二孩是中国实行计划生育的一项政策，即允许一方是独生子女的夫妇生育两个子女。经夫妻双方申请，办理再生育一个子女《生育服务证》。2013年党的十八届三中全会决定启动实施“单独二孩”政策。到12月28日，“单独二孩”政策正式实施。

随着我国发展，2015年10月，党的十八届五中全会曾明确提出“全面实施一对夫妇可以生育两个子女的政策”。在《中华人民共和国人口与计划生育法修正案》通过后，全面二孩政策随即于2016年1月1日起正式实施。

（三）全面三孩政策

三孩政策是中国积极应对人口老龄化而实行的一种计划生育政策。

2021年5月31日，中共中央政治局召开会议，审议《关于优化生育政策促进人口长期均衡发展的决定》并指出，为进一步优化生育政策，实施一对夫妻可以生育三个子女政策及配套支持措施。

2021年7月20日，《中共中央国务院关于优化生育政策促进人口长期均衡发展的决定》公布。到8月20日，全国人大常委会会议表决通过了关于修改人口与计划生育法的决定，修改后的《人口与计划生育法》规定，国家提倡适龄婚育、优生优育，一对夫妻可以生育三个子女。

三、中国人口政策的意义

党和国家始终坚持人口与发展综合决策，科学把握人口发展规律，坚持计划生育基本国策，有力促进了经济发展和社会进步，为全面建成小康社会奠定了坚实基础。党的十八大以来，党中央高度重视人口问题，根据我国人口发展变化形势，做出逐步调整完善生育政策、促进人口长期均衡发展的重大决策，各项工作取得显著成效。当前，进一步适应人口形势新变化和推动高质量发展新要求，实施全面三孩政策及配套支持措施，具有重大意义。

第三节 积极促进我国人口均衡发展

促进我国人口均衡发展，就必须从顶层设计、配套政策和生育观念三方面入手：

一、加强人口顶层设计

习近平同志在党的十九大报告中强调，“加强人口发展战略研究”。作为人口大国，我国尤其应该重视人口发展战略研究，全面而深刻地理解把握人口规律，推动人口与经济社会协调发展。

（一）更加注重政策体系的战略实效

“十三五”以来，党中央、国务院印发了《国家积极应对人口老龄化中长期规划》，《关于全面放开养老服务市场提升养老服务质量的若干意见》《关于推进养老服务发展的意见》《关于促进 3 岁以下婴幼儿照护服务发展的指导意见》《关于促进养老托育服务健康发展的意见》等政策文件也相继出台，为长期做好相关工作奠定了基础。

针对“孕得优、生得安、育得好”存在的问题，国家发展改革委发布《关于推进儿童友好城市建设的指导意见》等文件，鼓励多种形式开展婴幼儿照护服务，下一步将以“一老一小”为重点，打造一批老年友好、儿童友好、青年干事创业、民生普惠、社会发展有活力的示范城市。

2020 年 5 月，民政部印发了《关于开展婚俗改革试点工作的指导意见》，要求开展对天价彩礼、铺张浪费、低俗婚闹、随礼攀比等不正之风的整治，建立健全长效机制，助力脱贫攻坚，推进社会风气好转。

人社部正在研究对劳动者工作时间、休息休假等进行统筹考虑和规定，着手草拟开展女职工产假、哺乳假等权益专项执法行动工作方案。建议积极探索对生育休假与生育保险制度的改革。此外，在税收、住房、教育支持政策以及保障女性就业合法权益方面，均出台相关政策。

（二）更加健全养老体系的制度设计

积极应对人口老龄化是贯彻以人民为中心的发展思想的内在要求。伴随着人口年龄结构老化，社会与家庭负担加重，社会保障支出压力加大，养老和健康服务供需矛盾更加突出。积极应对人口老龄化，健全可持续的多层次社会保障体系，完善养老服务体系和健康服务体系，构建养老、孝老、敬老的政策体系和社会环境，有利于满足人民日益增长的美好生活需要。

贯彻落实积极应对人口老龄化国家战略，加快建立健全相关政策体系和制度框架；要稳妥实施渐进式延迟法定退休年龄，积极推进职工基本养老保险全国统筹；完善多层次养老保障体系，探索建立长期护理保险制度框架；加快建设居家社区机构相协调、医养康养相结合的养老服务体系和健康支撑体系；发展老龄产业，推动各领域各行业适老化转型升级；大力弘扬中华民族孝亲敬老传统美德，切实维护老年人合法权益；加大财政投入力度，完善老龄事业发展财政投入政策和多渠道筹资机制。

（三）更加坚定生育意愿的乐观态度

我国总和生育率[①]已降到1.3，我国已经步入人口老龄化的阶段，即处在人口结构转变的关键时期，这时中共中央适时做出重大决策，宣布实施三孩生育政策，科学把握发展规律，积极回应社会期待。

落实好中央关于“增强生育政策包容性”“减轻家庭生育、养育、教育负担”的相关部署，推动实现自主生育，努力促进生育率适度回升，促进人口均衡发展。国内和国际范围的调查都发现，无论实际生育水平是高是低，一般家庭的理想子女数大都为两个。实际生育率与理想子女数之间的差额大小，在很大程度上取决于“三育”成本的高低。因此，我们应该抓紧利用机会窗口，从妇幼保健、劳动就业、托幼教育等方面，切实降低“三育”成本，挖掘稍纵即逝的生育潜力。

二、落实人口配套政策

（一）住房政策倾斜

坚持房子是用来住的、不是用来炒的定位，探索新的发展模式，坚持租购并举，加快发展长租房市场，推进保障性住房建设，支持商品房市场更好地满足购房者的合理住房需求，稳地价、稳房价、稳预期，因城施策，促进房地产业良性循环和健康发展。

国务院在2021年7月出台《关于加快发展保障性租赁住房的意见》；《全国深化“放管服”改革着力培育和激发市场主体活力电视电话会议重点任务分工方案》明确提出，要增加保障性租赁住房和共有产权住房供给，规范发展长租房市场，降低租赁住房税费负担，从土地、资金、金融、税收支持等方面支持发展保障性租赁住房，尽最大努力帮助新市民、青年人等缓解住房困难。此外，财政部、住建部制定印发《中央财政城镇保障性安居工程补助资金管理办法》，规范中央财政城镇保障性安居工程补助资金管理，提高资金使用效益，明确补助资金实施期限至2025年，其中，中央财政支持住房租赁市场发展试点政策执行至2022年12月31日。

进入2022年后，已有21个省区市明确提出要大力发展保障性租赁住房，扩大保障性租赁住房供给。从重点地区供应计划来看，2022年保障性租赁住房的供应量约占“十四五”规划的三成，供给量明显增加，这将在很大程度上满足广大群众的住房需求。

（二）国务院医疗政策保障

2022年《政府工作报告》提出，坚持预防为主，加强健康教育和健康管理，深入

① 总和生育率：指一个国家或地区每位育龄妇女平均生育的子女数量。

推进健康中国行动；居民医保和基本公共卫生服务经费人均财政补助标准分别再提高30元和5元；推动基本医保省级统筹；推进药品和高值医用耗材集中带量采购；强化药品疫苗质量安全监管；深化医保支付方式改革，加强医保基金监管；完善跨省异地就医直接结算办法，实现全国医保用药范围基本统一。

落实和完善乡村医生待遇保障与激励政策。持续推进分级诊疗和优化就医秩序，加快建设国家、省级区域医疗中心，推动优质医疗资源向市县延伸，提升基层防病治病能力，使群众就近得到更好医疗卫生服务。稳步实施企业职工基本养老保险全国统筹。适当提高退休人员基本养老金和城乡居民基础养老金标准，确保按时足额发放。继续规范发展第三支柱养老保险。加快推进工伤和失业保险省级统筹。积极应对人口老龄化，加快构建居家社区机构相协调、医养康养相结合的养老服务体系。优化城乡养老服务供给，支持社会力量提供日间照料、助餐助洁、康复护理等服务，稳步推进长期护理保险制度试点，鼓励发展农村互助式养老服务，创新发展老年教育，推动老龄事业和产业高质量发展。

（三）教育资源优化

要促进我国人口的长期均衡发展，必须解决好教育发展不均衡的突出问题。推动义务教育优质均衡发展和城乡一体化，依据常住人口规模配置教育资源，保障适龄儿童就近入学，解决好进城务工人员子女就学问题。加强乡村教师定向培养、在职培训与待遇保障。继续做好义务教育阶段减负工作。多渠道增加普惠性学前教育资源。加强县域普通高中建设。办好特殊教育、继续教育、专门教育，支持和规范民办教育发展。高校招生继续加大对中西部和农村地区倾斜力度。加强师德师风建设。健全学校家庭社会协同育人机制。发展在线教育。完善终身学习体系。倡导全社会尊师重教。我国有2.9亿在校学生，要坚持把教育这个关乎千家万户和中华民族未来的大事办好。全面落实义务教育教师工资待遇。进一步加大向农村和边远地区义务教育的投入力度。

2021年7月24日，《关于进一步减轻义务教育阶段学生作业负担和校外培训负担的意见》发布。2022年1月5日，《教育部办公厅关于认真做好寒假期间“双减”工作的通知》发布，从政策层面加强对于中小学学习减负。

2022年3月，教育部、中央编办、民政部和市场监管总局联合对2018年9月教育部发布的《关于面向中小学生的全国性竞赛活动管理办法（试行）》进行了修订，印发了新的《面向中小学生的全国性竞赛活动管理办法》，进一步健全面向中小学生的竞赛活动管理制度，坚持素质教育导向，更好地发挥竞赛活动的育人功能。

“划片入学”、中小学生的托管和延时服务、学科培训机构的备案制等，不仅能够降低教育成本和家长的教育焦虑，有效清朗中小学教育的社会环境，也有利于和谐家庭关系，促进孩子健康成长。从国家人口发展的角度看，有利于我国人口的长期均衡发展。

以上是我国逐渐解决教育资源不公问题的措施，目前取得显著成效，有助于我国生育意愿的提升和总和生育率的提高。

三、强化社会人口生育观念

（一）坚持党的领导

针对当前社会较低的总和生育率，中共中央、国务院出台了《关于优化生育政策促进人口长期均衡发展的决定》，以六大重点任务部署提高全社会的总和生育率，并切实提出四个方面的保障措施。

要深入评估本地区人口发展形势、工作基础和政策实施风险，科学制定实施方案。及时提请省级人大或其常委会修订本省（区、市）人口与计划生育条例，重点对生育调节、奖励与社会保障、普惠托育服务、计划生育服务和法律责任等相关内容进行修订。取消社会抚养费，清理和废止相关处罚规定，将入户、入学、入职等与个人生育情况全面脱钩。遵循法制统一原则，注重与上位法的协调，做好三孩生育政策实施前后奖励扶助和制约处罚措施的衔接。压实属地责任，依法依规妥善处理历史遗留问题，维护人民群众的合法权益，维护工作大局的稳定。

以深入实施母婴安全五项制度为主线，启动实施母婴安全行动提升计划。保障儿童健康，实施健康儿童行动提升计划和母乳喂养促进行动，加强儿童医疗保健服务，开展儿童友好医院建设。开展妊娠风险筛查，对孕产妇进行妊娠风险评估分级，严格进行高危专案管理。着力加强各级危重孕产妇和新生儿救治中心建设与管理，组建区域急救专家组，强化转运、用血等重点环节保障，畅通转诊救治绿色通道，提升临床救治能力。健全出生缺陷防治网络，落实三级预防措施。做好出生缺陷患儿基本医疗和康复救助工作。规范人类辅助生殖技术应用，强化规划引领，严格技术审批，加强技术服务监管，保障相关技术规范、有序应用。加快补齐生育相关公共服务短板，落实《“十四五”优质高效医疗卫生服务体系建设实施方案》。努力为群众提供怀得上、孕得优、生得安、育得好的生育全程优质服务。

研究编制“十四五”托育服务发展专项规划，明确总体要求、主要目标、重点任务和保障措施，按年度分解重点任务，定期开展跟踪评估，推动各项政策措施落地见效。实施“十四五”公办托育服务能力建设项目和普惠托育服务专项行动，扩大中央预算内投资，支持社会力量发展社区托育服务设施和综合托育服务机构。鼓励有条件的用人单位在工作场所为职工提供托育服务，规范家庭托育服务健康发展，支持隔代照料、家庭互助等照护模式。完善托育行业国家职业技能标准和评价规范，实施从业人员能力提升专项计划。建立健全登记备案、信息公示和质量评估制度，完善综合监管，坚决守住安全和健康的底线。开展全国婴幼儿照护服务示范城市创建活动，推介一批典型经验，培育托育服务民族品牌。

对全面两孩政策调整前的独生子女家庭和农村计划生育双女家庭，继续实行现行各项奖励扶助制度和优惠政策。鼓励各地探索设立独生子女父母护理假等制度。健全计划生育特殊家庭全方位帮扶保障制度，动态调整特别扶助制度扶助标准。将特殊家庭老年人作为重点群体，优先安排入住公办养老机构，提供无偿或低收费托养服务，有条件的地方可对生活长期不能自理、经济困难的发放护理补贴。

以“一老一小”为重点，建立覆盖全生命周期的人口服务体系。加强基层服务管理体系和能力建设，增强抚幼养老功能。落实生育登记服务制度，做好生育咨询指导，推行异地网上办理、一站式办理，做好与生育保险等待遇的衔接，最大程度便利群众。会同相关部门，积极推进出生医学证明、户口登记、医保参保、社保卡申领、儿童预防接种等“出生一件事”联办。对人口发展与经济、社会、资源、环境矛盾较为突出的地区，坚持分类指导，因地制宜开展宣传倡导，促进相关惠民政策与生育政策有效衔接，精准做好各项管理服务。

健全基层监测网络队伍，完善人口监测点，推进生育登记、孕产期保健、住院分娩、出生医学证明、儿童预防接种、居民健康档案等信息共享，加强全员人口库建设。跟踪监测生育形势和人口变动趋势，开展人口形势分析，深化人口与经济社会发展等重大问题研究。加强新时代中国特色人口学科和理论体系建设，发展人口研究高端智库。

积极做好党委政府的参谋助手，完善相关议事协调机制，落实目标管理责任制，主动协调相关部门出台配套支持措施，出实招、办实事、求实效，切实解决群众后顾之忧。积极配合宣传部门，充分利用大众传媒，深入宣传计划生育工作的伟大成就，大力宣传优化生育政策的重要意义，弘扬主旋律、汇聚正能量，营造良好舆论氛围。深入开展婚育新风进万家活动，倡导适龄婚育、优生优育，构建新型婚育文化。

（二）正确认识生育问题

生育问题关乎国计民生。生育水平决定了一个国家人口的长期增长趋势。生育水平的高低既受政策因素的影响，也受经济、社会、文化等因素的影响，后者的影响力在逐步增强。随着各国经济社会的持续发展，尤其是工业化、现代化带来的人口生育观念转变等方面的影响，低生育已经成为大多数发达国家普遍面临的问题，也成为我国面临的现实问题。我国生育率处于较低水平。国际上通常认为总和生育率为 1.5 是一条“高度敏感警戒线”，一旦降至 1.5 以下，扭转生育率下降趋势将会变得很困难。2020 年，我国新出生人口数量为 1 200 万人，育龄妇女总和生育率仅为 1.3，已经处于较低水平。

目前，影响生育行为的不仅有生育政策，还有公共服务发展水平和经济社会政策。

社会普遍反映，生孩子没有人带，养孩子的成本高。对此，政府已经出台了相关政策。要落实好党的十九届五中全会关于“优化生育政策、增强生育政策包容性”的要求和《中共中央国务院关于优化生育政策促进人口长期均衡发展的决定》，实施一对夫妻可以生育三个子女政策，并取消社会抚养费等制约措施、清理和废止相关处罚规定，配套实施积极生育支持措施。要提高优生优育服务水平，发展普惠托育服务体系，降低生育、养育、教育成本，加强政策调整有序衔接，强化组织实施保障，让育龄人口“孕得优、生得安、育得好”。要用制度的温度、财政的力度、人文的关怀，构建一个生育友好型社会。

“十四五”时期是我国人口总量变动的重要时期，是我国人口结构尤其是人口老龄化变动的特殊时期，更是我国优化生育政策的关键时期。人口形势和人口战略关系国家和民族的前途命运，完善人口发展战略和政策体系，促进人口长期均衡发展，最大限度地发挥人口对经济社会发展的能动作用，必将为全面建成社会主义现代化强国、确保中华民族永续发展奠定坚实基础。

（三）加快政策和配套措施落地

2022年国务院《政府工作报告》明确要求，推进实现适度生育水平有关政策的落实。各省份要尽快完成人口与计划生育条例修订，从制度层面营造友好的生育环境。

针对“育儿成本”的“金筷子”① 效应。综合成本过高，降低了生育意愿。因此要从“降成本”发力，从生育、养育和教育三个方面进行政策的调整和完善。

针对年轻夫妇没有时间带娃问题。打造婴幼儿照护服务示范机构、增加婴幼儿托位，确保幼有善育。同时解决入园难、入园贵等问题，增加幼儿园学位供给。要提高总和生育率，就需要建立健全由政府、社会、企业、个人共同组成的分担机制。政府出台政策鼓励适龄人口生育；社会营造友好生育环境；企业在人才选用制度上倾斜适龄女性，保护适龄女性的职业发展；另外，在制度、技术等层面规范辅助生殖技术的应用。解决愿意生但不能生等医学难题，并运用国家行政和司法手段对捐卵、冻卵等现象予以规范。

提高居民收入和劳动报酬在国民收入中的份额，实现居民收入增长和经济增长基本同步，从初次分配和再分配领域双管齐下改善收入分配，扩大中等收入群体，扩大居民消费需求。国际经验表明，劳动力市场的初次分配不足以把收入差距降低到合理的水平。尽最大努力缩小收入差距。这样提高收入，增加可支配收入，能够降低生育和养老的后顾之忧。

---

① “金筷子”形容育儿成本高，语出自中国人口学会副会长原新，“以前我们说‘多个孩子多双筷子’，形容育儿成本低，一双筷子就够了。以前的‘竹筷子’如今却成了‘金筷子’”。

拓展阅读

谱写新时代人口工作新篇章

人口发展是“国之大者”。2021年6月，中共中央、国务院印发《关于优化生育政策促进人口长期均衡发展的决定》（以下简称《决定》），对做好新时代人口工作作出全面部署。这是以习近平同志为核心的党中央站在中华民族伟大复兴的战略高度，立足新发展阶段、贯彻新发展理念、构建新发展格局，科学把握人口发展规律，兼顾多重政策目标而作出的重大决策。《决定》印发一年多来，各地区各部门积极行动，完善领导机制、出台配套支持措施，推进优化生育政策任务落实，相关工作取得积极进展。促进人口长期均衡发展要持续用力，久久为功。要进一步深入学习领会习近平总书记关于人口工作的重要论述和《决定》精神，更好地将思想和行动统一到以习近平同志为核心的党中央决策部署上来，担当作为，真抓实干，努力推动新时代人口工作高质量发展。

一、深刻领会习近平总书记关于人口工作的重要论述

党的十八大以来，以习近平同志为核心的党中央高瞻远瞩、运筹帷幄，对新时代人口工作提出一系列科学判断，作出一系列重大部署，推动我国人口工作迈上新台阶。习近平总书记关于人口工作的重要论述，充分体现了对人口问题的深刻认识、对人口发展规律的准确把握，蕴含着深远的战略思维、强烈的使命担当、真挚的为民情怀，为做好新时代人口工作指明了方向，提供了遵循。

人口发展是关系中华民族发展的大事情。习近平总书记强调，人口问题始终是我国面临的全局性、长期性、战略性问题；我国现代化是人口规模巨大的现代化，是全体人民共同富裕的现代化，是物质文明和精神文明相协调的现代化，是人与自然和谐共生的现代化，是走和平发展道路的现代化。《决定》指出，实施三孩生育政策及配套支持措施，有利于改善人口结构，落实积极应对人口老龄化国家战略；有利于保持人力资源禀赋优势，应对世界百年未有之大变局；有利于平缓总和生育率下降趋势，推动实现适度生育水平；有利于巩固全面建成小康社会成果，促进人与自然和谐共生。回顾党的百年奋斗历程，各个历史时期发展面临的重大问题几乎都与人口问题密切相关。新中国成立后，面对人口快速增长带来的沉重压力，党艰辛探索适合我国国情的发展道路，开始酝酿计划生育。20世纪70年代初，在城乡全面推行计划生育，经过几十年努力，实现了人口再生产类型从“高出生、低死亡、高增长”向“低出生、低死亡、低增长”的转变，有力支撑了改革开放和社会主义现代化事业，显著改善了人民群众的生存和发展状况，为打赢脱贫攻坚战和全面建成小康社会奠定了坚实基础。

开启全面建设社会主义现代化国家新征程，着眼中华民族伟大复兴战略全局和世界百年未有之大变局，人口问题仍然是必须始终高度关注、稳妥处理的重大战略问题。必须坚持以习近平新时代中国特色社会主义思想为指导，用马克思主义人口理论分析解决人口问题，充分肯定人口工作的历史贡献和伟大成就，坚定不移走中国特色统筹解决人口问题的道路，努力实现促进人口长期均衡发展的战略目标。牢固树立国情国策意识，坚持人口与发展综合决策，自觉将人口问题作为推动改革、谋划发展、改善民生的重要出发点。坚持底线思维，清醒看到人口是影响经济社会发展的关键变量，是影响综合国力和国家安全的重要因素，切实增强紧迫感、责任感和使命感，勇于担当作为，善于破解难题，把新时代人口工作抓紧抓好。

人口工作的战略目标是促进人口长期均衡发展。习近平总书记指出，近年来，我国人口发展出现了一些显著变化，既面临人口众多的压力，又面临人口结构转变带来的挑战。《决定》强调，以均衡为主线，统筹考虑人口数量、素质、结构、分布等问题，促进人口与经济、社会、资源、环境协调可持续发展，促进人的全面发展。新时代我国人口发展面临着深刻而复杂的形势变化，人口负增长下“少子老龄化”将成为常态。一是随着长期累积的人口负增长势能进一步释放，总人口增速明显放缓，“十四五”期间将进入负增长阶段。二是生育水平持续走低，近年来总和生育率降到1.3以下，低生育率成为影响我国人口均衡发展的最主要风险。三是老龄化程度加深，预计2035年前后进入人口重度老龄化阶段（60岁以上人口占比超过30%）。四是家庭小型化，2020年平均家庭户规模降至2.62人，较2010年减少了0.48人，养老和抚幼功能弱化。五是区域不平衡，一些生态脆弱、资源匮乏地区人口与发展矛盾仍然比较突出。

鉴于以上趋势，优化生育政策、促进人口长期均衡发展的任务更重、要求更高、难度更大，需要付出长期艰苦的努力。必须强化战略意识，深刻认识人口发展事关长远、事关经济社会发展全局，始终将人口发展纳入现代化建设两个阶段战略安排中统筹考虑，最大限度发挥人口因素的能动作用，为实现中华民族伟大复兴的中国梦提供人力资本支撑和内需支撑。树立系统观念，兼顾多重目标，正确处理当前与长远、总量与结构、人口与资源环境的关系，努力实现人口规模适度、素质较高、结构优化、分布合理的均衡发展状态。重视区域协调，在一些人口与发展矛盾比较突出的地区，精准做好各项管理服务，引导人口有序流动、合理分布，维护民族和边疆地区稳定安全，进一步巩固脱贫攻坚和全面建成小康社会成果。

当前工作的着力点是完善积极生育支持政策体系。习近平总书记强调，在新时代的征程上，全党同志一定要抓住人民最关心最直接最现实的利益问题，坚持把人民群众关心的事当作自己的大事，从人民群众关心的事情做起，多谋民生之利，多解民生之忧，在幼有所育、学有所教、劳有所得、病有所医、老有所养、住有所居、弱有所扶上不断取得新进展，不断促进社会公平正义，不断促进人的全面发展、全体人民共同富裕。《决定》提出，顺应人民群众期盼，积极稳妥推进优化生育政策，促进生育政策协调公平，满足群众多元化的生育需求，将婚嫁、生育、养育、教育一体考虑，切实解决群众后顾之忧，释放生育潜能，促进家庭和谐幸福。人口工作的本质是促进人的全面发展、促进家庭和谐幸福。随着我国工业化、城镇化、现代化进程加快，教育水平不断提高，医疗卫生条件持续改善，社保体系逐步健全，人民群众生活质量大幅提升，生育观念总体转向少生优育。2021 年国家卫生健康委调查显示，育龄妇女生育意愿继续走低，平均打算生育子女数为 1.64 个，低于 2017 年的 1.76 个和 2019 年的 1.73 个，作为生育主体的“90 后”“00 后”仅为 1.54 个和 1.48 个。经济负担重、子女无人照料和女性对职业发展的担忧等因素已经成为制约生育的主要障碍。

人口工作关系到每个人每个家庭，当前，我国配套生育支持政策体系尚不完善，与人口发展形势、与人民群众热切期盼相比存在较大差距，亟待加快建立健全。必须坚持以人民为中心的发展思想，顺应人民群众对美好生活的期待，紧紧抓住人民群众反映强烈的生育养育等方面的突出问题，尊重基层实践，借鉴国际经验，从我国国情出发，量力而行，尽力而为，认真加以研究解决，不断补短板强弱项，提高人民群众的获得感、幸福感、安全感。打好政策“组合拳”，在生育支持和家庭发展方面持续用力，促进生育政策与相关经济社会政策同向发力，住房、教育、医疗、就业、税收、社保等政策适当向生育子女的家庭倾斜，积极构建生育成本合理分担机制和生育友好的政策支持体系，切实减轻家庭生育养育负担，激发生育潜能。促进政策有序衔接，把好事办好、实事办实，切实维护之前实行计划生育家庭的合法权益，建立健全计划生育特殊家庭全方位帮扶保障制度，让响应党和政府号召的群众不吃亏，感受到社会主义制度的温暖。

以深化改革为动力持续推进人口治理能力现代化。习近平总书记指出，要把接续推进改革同服务党和国家工作大局结合起来，围绕落实新发展理念、构建新发展格局、推动高质量发展等战略目标任务，推进创造性、引领性改革。《决定》强调，着眼于我国人口发展面临的突出矛盾和问题，着眼于现代化建设战略安排，深化改革，破除影响人口长期均衡发展的思想观念、政策法规、体制机制等制约因素，提高人口治理能力和水平。优化生育政策是人口工作的重大改革，一系列工作思路、方法和手段，必须根据新的形势和任务要求坚决彻底转变。过去关注控制人口数量，现在着力提升适度生育水平、提高人口素质、改善人口结构、优化人口分布，促进人口长期均衡发展，基本国策有了新内涵；过去以管理为主，现在要清理和废止相关制约措施，增强生育政策包容性，优化生育养育综合服务，出台积极支持措施，切实减轻群众负担，提升家庭发展能力；过去主要依靠政府力量，现在更加注重政府和社会协同治理，尊重并充分发挥社会各方面积极性，营造生育友好的社会氛围。

推进人口治理能力现代化，要坚持综合治理，落实党委政府牵头抓总的主体责任，夯实各部门协同配合、全社会共同参与的工作格局，形成人口工作合力，积极应对低生育率的严峻挑战。加强形势研判，密切跟踪监测人口变化趋势性特征，坚持问题导向，及时提出对策建议，不断完善人口发展战略和政策规划，牢牢把握工作的主动权。坚持法治引领，坚持重大改革于法有据，依法实施，将长期以来党领导人民在统筹解决人口问题方面的创新理念、改革成果、实践经验转化为法律，保障各项任务落实，保障人民群众合法权益，保障新时代人口工作行稳致远。

二、党的十八大以来我国人口工作取得显著成效

党的十八大以来，以习近平同志为核心的党中央高度重视人口问题，科学把握人口发展规律，着眼现代化建设全局，作出逐步调整完善生育政策、促进人口长期均衡发展的战略决策。人口工作的思路和方法实现历史性转变，生育政策逐步优化，服务管理改革同步推进，配套支持措施不断完善。党中央有关人口工作一系列决策部署，在社会上持续引发热烈反响，被称为中央送的贴心“大礼包”，是“带着温度落地”的好政策，得到了人民群众的衷心拥护。人口工作不断开辟新境界，取得新成效。

人口发展态势得到改善。第七次全国人口普查数据显示，0～14岁少儿人口占总人口比重从2010年的16.60%提高到2020年的17.95%。出生人口中二孩及以上占比由政策调整前的35%左右提高到近年来的55%以上。出生人口性别比从2010年的118降至2020年的111左右，逐步趋于正常水平。居民人均预期寿命由2010年的74.83岁提高到2020年的77.93岁，15岁及以上人口的平均受教育年限由2010年的9.08年提高到2020年的9.91年，常住人口城镇化率由2010年的49.68%上升到2020年的63.89%。

优生优育水平明显提升。全面推行母婴安全五项制度，推行妊娠风险评估和高危孕产妇专案管理，建立健全覆盖全国的危重孕产妇和新生儿救治网络。截至目前，全国建成3 364个危重孕产妇救治中心、3 070个危重新生儿救治中心。落实孕产期保健服务和出生缺陷综合防治，规范开展辅助生殖技术服务，积极促进儿童早期发展。2021年，孕产妇死亡率降至16.1/10万人，婴儿死亡率和5岁以下儿童死亡率分别降

至5.0‰和7.1‰，居全球中高收入国家前列。2021年与2011年相比，孕产妇死亡率降幅为38%，婴儿死亡率降幅为58%，5岁以下儿童死亡率降幅为54%。

近年来，重庆市江北区建立健全“街镇养老服务中心+社区养老服务站+小区养老服务点”的社区养老服务网络，并引入专业服务机构参与运营，充分利用社会力量，不断完善养老服务设施与功能，提升居民晚年生活品质。

普惠托育服务开局良好。制定出台托育机构设置标准、管理规范、备案办法以及消防安全、伤害预防、营养喂养等一系列规范性文件和服务指南。在中职、高职专科、高职本科增设婴幼儿托育专业，颁布《保育师国家职业技能标准》，将每千人口托位数列为国家“十四五”规划纲要的主要指标之一，实施普惠托育服务专项行动，中央预算内投资支持建成20万个普惠托位。大力发展多种形式的普惠托育服务，促进社区和家庭托育服务健康发展。截至2021年底，每千人口托位数达到2.03个。

配套支持政策迈出坚实步伐。实施3岁以下婴幼儿照护服务费用纳入个人所得税专项附加扣除，一些地方积极探索发放生育津贴、育儿补贴等。各地普遍延长产假60天以上，设立15天左右的配偶陪产假、5～30天不等的父母育儿假。探索完善公租房等住房保障政策，向符合条件的多子女家庭倾斜。大型公共场所普遍配备母婴设施，应建尽建的目标总体完成。持续提升普惠性幼儿园覆盖率，开展教育“双减”，推进义务教育优质均衡发展和城乡一体化。计划生育特殊家庭扶助金标准实现城乡统一，建立动态调整机制，养老医疗保障水平稳步提高，社会关怀活动深入开展。

三、全力推动《决定》各项任务落到实处

一年多来的实践证明，《决定》绘就的新时代我国人口发展蓝图，符合经济社会发展，符合人民群众期待，取得明显成效。要把贯彻落实《决定》作为一项重大政治任务继续抓好抓实，奋力开创新时代人口工作新局面。

加强党对人口工作的全面领导。充分发挥党总揽全局、协调各方的领导核心作用，各地党委和政府要提高政治站位，增强国情国策意识，建立健全促进人口长期均衡发展的议事协调机制，完善人口工作目标管理责任制，加强统筹规划、政策协调和工作落实。以“一老一小”为重点，建立健全覆盖全生命周期的人口服务体系，增强基层抚幼养老功能。健全覆盖全人群、全生命周期的人口监测预警体系，加强督促检查，确保《决定》提出的阶段性各项目标任务顺利完成。

完善和落实积极生育支持措施。探索完善由政府、用人单位、个人等共同参与的假期用工成本分担机制。加快发展保障性租赁住房，精准实施购房租房倾斜政策。鼓励用人单位与职工平等协商，灵活使用假期，提供育儿支持，创建家庭友好型工作场所。健全计划生育特殊家庭全方位帮扶保障制度，做好扶助关怀工作。

加快发展普惠托育服务体系。落实“十四五”托育服务发展规划，积极实施公办托育服务能力建设项目和普惠托育服务专项行动。鼓励和支持有条件的幼儿园招收2～3 岁幼儿。加大专业人才培养、在职人员培训和教材建设力度，依法逐步实行托育从业人员资格准入制度。创建全国婴幼儿照护服务示范城市。推动实现 2025 年每千人口托位数达到 4.5 个的规划目标。加强综合监管，坚决守住安全和健康的底线。

深化人口发展战略研究和形势研判。建设人口问题高端智库，深化人口与经济社会、资源环境、科技进步、国家安全等重大问题研究。建立人口长期均衡发展及生育友好评估指标体系，跟进评估人口规划、生育政策和配套支持措施的实施效果，下先手棋，打主动仗，积极应对风险挑战。积极参与全球人口与发展交流合作，贡献中国智慧和中国方案。

着力构建生育友好的社会环境。重视家庭家教家风，建设新型婚育文化，弘扬中华民族传统美德，尊重生育的社会价值，鼓励夫妻共担育儿责任，讲好新时代美好爱情、和谐家庭、幸福生活的中国故事。持续推进婚俗改革，破除婚嫁大操大办、高价彩礼等陈规陋习。

资料来源：中共国家卫生健康委党组．谱写新时代人口工作新篇章［J］．求是，2022（15）．

时政热点

练习题

一、单选题

1. 当前我国人口的趋势性特征是（　　）。

A. 人口总量增速放缓并开始下降

B. 人口素质改善幅度不大，人力资本不断提升

C. 劳动年龄人口下降，人口抚养比上升

D. 逆人口城镇化水平，人口流动更趋活跃

2. 我国人口发展呈现的新趋势是（　　）。

A. 人口总量即将达峰，人口正增长为期不远

B. 人口数量红利进入尾声，人口老龄化逐步降低

C. 健康中国、科教兴国战略深入实施，人口质量快速提升

D. 人口数量红利即将达峰，人口老龄化逐步加速

3. 依据个税改革新规定，子女教育专项附加扣除的标准是（　　）。

A. 每孩每月 1 500 元　　B. 每孩每月 800 元

C. 每孩每月 1 200 元　　D. 每孩每月 1 000 元

4. 我国人口发展进入新阶段是（　　）。

A. 我国人口发展进入深度转型期　　B. 人口发展战略为计划生育

C. 总和生育率世界第一　　D. 人口老龄化世界第一

5. 第七次全国人口普查结果显示，我国常住人口最多的省份是（　　）。

A. 河南　　B. 四川　　C. 广东　　D. 山东

6. 2021年第七次我国的人口普查，我国人口总数是（　　）亿。

A. 12　　B. 14.1　　C. 12.6　　D. 15.2

7. 中国60岁及以上人口已达总人口的18.1%，处于老龄化社会。我们应该（　　）。

① 陪伴、关爱老年人　　② 占用养老设施来获取商业利益

③ 逐步完善社区养老服务　　④ 提高老年人社会福利待遇

A. ①②③　　B. ①②④　　C. ①③④　　D. ②③④

8. 我国人口政策的基本内容是（　　）。

A. 控制人口数量，提高人口素质

B. 晚婚，晚育，少生，优生

C. 从东南向西北迁移，使人口均衡分布

D. 控制城市人口向农村发展

9. 我国计划生育政策的调整，主要目的是缓解（　　）。

A. 人口老龄化问题　　B. 就业困难问题

C. 人口分布不均问题　　D. 交通压力增大问题

10. 党的十八届五中全会公报提到“全面放开二孩”的政策，我国生育政策从“独生子女”到“单独二孩”，再到“全面二孩”，人口政策变化表明（　　）。

A. 我国不需要再执行计划生育基本国策了

B. 我国发展水平达到发达国家的水平

C. 我国人口数量急剧减少，老龄化严重

D. 人口政策必须与社会经济发展相适应

11. 我国现阶段的人口政策是（　　）。

A. 严格控制城市人口增长

B. 人口越多越好

C. 人口越少越好

D. 实行计划生育，控制人口数量，提高人口素质

12. 我国人口分界线指的是（　　）。

A. 秦岭—淮河　　B. 黑河—腾冲

C. 昆仑山—祁连山—横断山　　D. 大兴安岭—太行山—巫山—雪峰山

13. 下列四幅漫画反映了新中国成立后我国人口发展政策变化的四个阶段（鼓励生育政策、独生子女政策、双独/单独二孩政策、全面二孩政策）。人口增长速度最快的时期是（　　）。

A. 阶段一　　B. 阶段二　　C. 阶段三　　D. 阶段四

14. 接第13题，人口老龄化最严重的时期是（　　）。

A. 阶段一　　B. 阶段二　　C. 阶段三　　D. 阶段四

15. 接第13题，“独生子女政策”出现成效的阶段为（　　）。

A. 阶段一　　B. 阶段二　　C. 阶段三　　D. 阶段四

16. 接第13题，“全面二孩”政策实施提出的阶段为（　　）。

A. 阶段一　　B. 阶段二　　C. 阶段三　　D. 阶段四

17. “全面二孩”政策的有利影响是（　　）。

A. 养老负担减轻　　B. 义务教育压力减轻

C. 人口增长速度减慢　　D. 人均资源增加

18. 近年来，我国人口年龄结构发生了显著变化（　　）。

①人口出生率较低　②人口老龄化加剧　③人口死亡率较高　④人口自然增长率较高

A. ①②　　B. ①③　　C. ②③　　D. ②④

19. 我国实施生育政策的积极意义主要是（　　）。

A. 促进人口大规模迁移　　B. 促进逆城市化现象

C. 根除人口老龄化现象　　D. 保障劳动力供给

20. 我国目前人口政策是（　　）。

A. 独生子女　　B. 全面二孩　　C. 三孩　　D. 不限制

二、判断题

1. 中国是世界第一人口大国。(　　)

2. 目前我国没有取消社会抚养费。(　　)

3. 我国已经是深度老龄化社会。(　　)

4. 我国人口政策的转变到目前是全面二孩政策。(　　)

5. 当今世界，不应该继续实施计划生育，应该实施全面放开生育的政策。(　　)

6. 目前我国的退休年龄男55岁，女50岁。(　　)

7. 目前我国总和生育率较低。(　　)

8. 学区房政策已经完全被划片入学政策取代。(　　)

9. 我国目前实施积极的人口老龄化战略。(　　)

10. 我国低生育率意味着我们国家的人口红利彻底消失。(　　)

11. 针对我国人口老龄化，可以实施“银发经济”促进经济发展。(　　)

12. 基于我国的低出生率，需要提高适龄妇女的生育意愿。(　　)

13. 目前我国的医保可以跨省直接结算。(　　)

14. 中共中央、国务院出台《关于优化生育政策促进人口长期均衡发展的决定》，以六大重点任务部署提高全社会的总和生育率，并切实提出四个方面的保障措施，来切实提高社会的总和生育率。(　　)

15. 我国现在已经完全禁止了学科类校外培训机构。(　　)

16. 离婚冷静期对于有家庭暴力的夫妻离婚仍然适用。(　　)

17. 我国坚持房住不炒的政策。(　　)

18. 针对低收入群体，我们国家提供经济适用房政策，并且不要租金，后期还可以变成自有住房。(　　)

19. 2022年国务院《政府工作报告》中提出要增加中小学竞赛种类，培养创新型人才。(　　)

20. “双减”政策的实施有利于青少年身心健康发展。(　　)

三、思考题

1. 我国人口的发展形势是什么？有哪些机遇和挑战？

2. 如何保持我国人口的长期均衡发展？

第八讲

筑牢民族团结基石 共谱和谐发展乐章

★★★★★

我国是统一的多民族国家，处理好民族关系始终是国家政治生活极为重要的内容。回顾党的百年历程，党的民族工作取得的最大成就，就是走出了一条中国特色解决民族问题的正确道路。各民族大团结，为党和人民事业从胜利走向胜利提供了基本保证。现在，我们已经踏上了向第二个百年奋斗目标进军的新征程，必须牢牢把握新时代党的民族工作的历史方位，全面贯彻习近平总书记关于加强和改进民族工作的重要思想，以铸牢中华民族共同体意识为主线，坚定不移走中国特色解决民族问题的正确道路，不断巩固和发展各民族大团结，为实现中华民族伟大复兴汇聚磅礴伟力。

第一节　深刻把握中华民族多元一体的基本国情

中华民族历经几千年发展，形成了多元一体的民族实体，是各民族你中有我、我中有你、血脉相连、不可分割的有机整体。中华民族共同体的形成是中华民族历史发展的必然结果。一部中国史，就是一部各民族交融汇聚成多元一体中华民族的历史，就是各民族共同缔造、发展、巩固统一的伟大祖国的历史。千百年来，中华民族之所以焕发出强大的凝聚力和向心力，就在于各民族有着共同的价值追求和精神依归；在历史波澜的沉浮跌宕中之所以生生不息、不断发展，就在于凝结为一荣俱荣、一损俱损的命运共同体。

一、各民族共同缔造了多元一体的中华民族

1949年中华人民共和国成立以来，通过识别并经中央政府确认，中国共有民族56个，即汉、蒙古、回、藏、维吾尔、苗、彝、壮、布依、朝鲜、满、侗、瑶、白、土家、哈尼、哈萨克、傣、黎、傈僳、佤、畲、高山、拉祜、水、东乡、纳西、景颇、柯尔克孜、土、达斡尔、仫佬、羌、布朗、撒拉、毛南、仡佬、锡伯、阿昌、普米、塔吉克、怒、乌孜别克、俄罗斯、鄂温克、德昂、保安、裕固、京、塔塔尔、独龙、鄂伦春、赫哲、门巴、珞巴和基诺族。其中，汉族人口占绝大多数，其他55个民族人口相对较少，习惯上称为“少数民族”。

中国各民族的人口分布呈现大散居、小聚居、交错杂居的特点。汉族地区有少数民族聚居，民族地区也有汉族居住，你中有我、我中有你；许多少数民族既有一块或几块聚居区，又散居全国各地。西南和西北是少数民族分布最集中的两个区域。西部12个省、自治区、直辖市居住着全国近70%的少数民族人口，边疆9个省、自治区居住着全国近60%的少数民族人口。随着中国经济社会的发展，少数民族人口分布范围进一步扩大，目前全国散居地区少数民族人口已超过3 000万。

中国各民族的起源和发展有着本土性、多元性、多样性的特点。各民族在发展中互相吸收，经过不断的迁徙、杂居、通婚和交流，逐步融合为一体，又不断产生新的民族。其结果是有存有亡，有的民族延续至今，有的却由于融合、战争以及生态环境恶化和改换名称等原因而消失在历史的长河中，包括显赫一时的匈奴、月氏、鲜卑、柔然、

突厥、党项、契丹等。

中国各民族形成和发展的情况虽然各不相同，但总的方向是发展成为统一的多民族国家，汇聚成为统一稳固的中华民族。早在先秦时期，中国先民的“天下”观念和“大一统”理念便已形成。秦汉开创了中国统一的多民族国家基本格局。中国历史上虽然出现过短暂的割据局面和局部分裂，但国家统一始终是主流和方向。无论是汉族还是少数民族，都把实现多民族国家的统一作为最高政治目标。

二、各民族共同开拓了辽阔疆域

“邦畿千里，维民所止。”各族先民胼手胝足、披荆斩棘，共同开发了祖国的锦绣河山、广袤疆域。从白山黑水到西南边陲，从沙漠绿洲到渤海之滨，从蒙古大漠到雪域高原，各族先民以他们的智慧和辛勤的劳动，为统一多民族国家的建立和发展打下了牢固基础，祖国的每一寸土地都凝结和铭刻着中华各民族先民的汗水和印记。自古以来，中原和边疆人民就是你来我往、频繁互动。特别是自秦代以来，既有汉民屯边，又有边民内迁，历经几次民族大融合，各民族共同开拓着脚下的土地。秦代设置南海郡、桂林郡管理岭南地区，汉代设立西域都护府统辖新疆，唐代创设了羁縻州府经略边疆，元代设宣政院管理吐蕃（今西藏），明代、清代在西南地区改土归流，历朝历代的各族人民都对今日中国疆域的形成做出了重要贡献。经过数千年风雨历程，今天，我们960多万平方公里的国土富饶辽阔，这是各族先民留给我们的神圣故土，也是中华民族赖以生存发展的美丽家园。各族人民在这片土地上团结互助、繁衍生息，中华民族一家亲的理念深入人心，中华民族共同体意识越铸越牢，中华儿女必将用自己的勤劳和智慧，不断书写中华民族新的辉煌。

三、各民族共同书写了悠久历史

“协同内外，天下一家。”在我国历史上，无论哪个民族建鼎称尊，建立的都是多民族国家，越是强盛的王朝吸纳的民族就越多，从而共同推动了中国历史的发展和中华民族的壮大。早在先秦时期，我国就逐渐形成了以华夏为凝聚核心、“五方之民”共天下的交融格局。秦国“书同文，车同轨，量同衡，行同伦”，开启了中国统一的多民族国家发展的历程。此后，无论哪个民族入主中原，都以实现“大一统”为己任，都把自己建立的王朝视为统一多民族国家的正统，强调“舟车所至，人力所通，天之所覆，地之所载，日月所照，霜露所队”，都是这个“大一统”的组成部分。中国历朝历代都十分注重维护多民族的“大一统”，并把它看作“天地之常经，古今之通谊”。分立如南北朝，都自诩中华正统；对峙如宋辽夏金，都被称为“桃花石”；统一如秦汉、隋唐、元明清，更是“六合同风，九州共贯”。“大一统”作为深入中华民族血脉的共同社会理想和政治价值，积淀成中华民族最深层的精神追求，这正是中华民族 5 000 多年文明史一脉相承、源源不断、生生不息的奥秘所在。秦汉雄风、大唐气象、康乾盛世，都是各民族共同铸就的辉煌历史；胡服骑射、北魏孝文帝改革、唐蕃会盟等，都是各民族共有的历史佳话。经过各个朝代、各个民族的共同努力，最终写就了源远流长、光辉灿烂、赓续不绝的中华民族史。

四、各民族共同创造了灿烂文化

“百川异源，而皆归于海。”中华文化是各民族文化的集大成。我国各民族创作了诗经、楚辞、汉赋、唐诗、宋词、元曲、明清小说等伟大作品，传承了格萨尔王、玛纳斯、江格尔等震撼人心的伟大史诗，建设了万里长城、都江堰、大运河、故宫、布达拉宫、坎儿井等伟大工程。在漫长的历史长河中，各民族共同创造了灿烂的中华文化，都对中华文化的形成和发展做出了贡献。中华文化之所以如此精彩纷呈、博大精深，就在于它海纳百川、有容乃大的包容特性。自古以来，中华民族就以“天下大同”“协和万邦”的宽广胸怀，自信而又大度地推动各民族交往交流交融。展开历史长卷，从“洛阳家家学胡乐”到“万里羌人尽汉歌”；从边疆民族习用上衣下裳、雅歌儒服，到中原盛行上衣下裤、胡衣胡帽，以及今天随处可见的舞狮、胡琴、旗袍等，都展现了各民族文化的互鉴融通。正是因为各族文化交相辉映，才让中华文化历久弥新。这是今天中华民族拥有强大文化自信的根源，也是各族人民人心归聚、精神相依的强大纽带。

五、各民族共同培育了伟大精神

“人心所归，惟道与义。”千百年来，农耕文明的勤劳质朴、崇礼亲仁，草原文明的热烈奔放、勇猛刚健，海洋文明的海纳百川、敢拼会赢，源源不断注入中华民族的特质和禀赋，共同熔铸了以爱国主义为核心的伟大民族精神。昭君出塞、文成公主进藏、凉州会盟、瓦氏夫人抗倭、土尔扈特万里东归、锡伯族万里戍边等就是这样的历史佳话。近代以后，面对亡国灭种的空前危机，各族人民共御外侮、同赴国难，抛头颅、洒热血，共同书写了中华民族艰苦卓绝、气壮山河的伟大史诗。其中涌现出一大批少数民族的卫国英烈、建党先驱、工农运动领袖、抗日英雄、开国将领，为民族独立和人民解放做出了不可磨灭的历史贡献。在百年抗争中，各族人民血流到了一起、心聚在了一起，共同体意识空前增强，中华民族实现了从自在到自觉的伟大转变，以爱国主义为核心的中华民族精神不断得到升华，焕发出自强不息、厚德载物的磅礴伟力。“为有牺牲多壮志，敢教日月换新天。”在革命、建设、改革各个历史时期，中华民族的伟大精神不断丰富完善，发挥了凝聚人心、引领进步的重要作用。各族人民共同培育、继承、发展起来的伟大民族精神，深深融进中华儿女的血液和灵魂，成为推动我国发展进步的强大精神动力。

中华民族多元一体是先人们留给我们的丰厚遗产，也是我国发展的巨大优势。我国各民族之所以团结融合，多元之所以聚为一体，源自各民族文化上的兼收并蓄、经济上的相互依存、情感上的相互亲近，源自中华民族追求团结统一的内生动力。对中华民族形成起决定作用的是对中华民族共同体的认同，而不是种族、血缘、地域、宗教等因素。正因为如此，中华文明才具有无与伦比的包容性和吸纳力，才可久可大、根深叶茂。

第二节 全面认识民族团结进步事业的伟大成就

改革开放特别是党的十八大以来，以习近平同志为核心的党中央高度重视民族工作，站在坚持和发展中国特色社会主义、实现中华民族伟大复兴的战略高度，提出了一系列民族工作的新理念新思想新战略，形成了习近平总书记关于加强和改进民族工作的重要思想，引领我国民族团结进步事业不断创新发展、取得了新的历史性成就。从雪域高原到塞外草原，从天山南北到西南边陲，各族群众生活蒸蒸日上，经济社会发展日新月异，各族人民心向党，中华民族共同体意识不断增强，我国各民族面貌、民族地区面貌、民族关系面貌、中华民族面貌发生了翻天覆地的变化。

一、民族地区如期实现脱贫，经济社会发展迎来历史性变迁

打赢脱贫攻坚战，民族地区是主战场，无疑也是最难啃的“硬骨头”。全国 14 个集中连片特困地区，有 11 个位于新疆、西藏、内蒙古、广西、宁夏 5 个自治区和贵州、云南、青海 3 个多民族省份；832 个贫困县，有 420 个位于民族自治地方；120 个自治县，有 85 个是国家级贫困县；“三区三州”（“三区”指西藏自治区、新疆维吾尔自治区南疆四地州和四川省、云南省、甘肃省、青海省涉藏州县，“三州”指四川省凉山彝族自治州、云南省怒江傈僳族自治州和甘肃省临夏回族自治州）深度贫困地区都在民族地区。

全面建成小康社会，一个民族都不能少；实现中华民族伟大复兴，一个民族也不能少。党的十八大以来，党中央把加快少数民族和民族地区发展摆在改革发展全局中更加突出的位置，出台的政策措施之密集、扶持的力度之大前所未有，为民族地区发展注入勃勃的生机和活力。为了实现这一目标，从党的领袖到广大党员干部，情系贫困群众、心怀脱贫大业，全党目标一致、上下同心。习近平总书记亲自指挥、亲自部署、亲自督战，十几次深入民族地区调研，了解情况，指导脱贫。中央加强顶层设计和战略规划，制定并印发《关于打赢脱贫攻坚战的决定》《关于打赢脱贫攻坚战三年行动的指导意见》等政策文件，明确目标、路径和具体措施并一以贯之抓下去。各级财政不断加大投入力度，构建多元资金投入体系，为脱贫事业发展提供资金保障。据统计，“十三五”期间国家累计向新疆、西藏、内蒙古、广西、宁夏 5 个自治区和贵州、云南、青海 3 个多民族省份下达民族地区转移支付 3 800 亿元、均衡性转移支付 2 万多亿元，有力支持了民族地区加快发展。在党中央坚强领导下，全国各地开展了东西部扶贫协作、对口支援等多种形式的帮扶，实现从“输血”到“输血”“造血”结合，逐步走向自我“造血”的转变。产业扶持、易地扶贫搬迁、教育提升……一项项改革惠及民族地区，一批批干部、专家帮扶民族地区，一笔笔扶贫资金注入民族地区，一个个扶贫项目扎实落地。

党中央关心、全国人民支援，民族地区多措并举、尽锐出战，各族群众勠力同心、攻坚克难。住房安全、饮水安全、基本医疗等老问题一个个破解，昔日阻碍当地脱贫致富的“穷根”被一一斩断，民族贫困地区的整体面貌发生了巨大变化。这些变化，汇成一组令人震撼的数字：2016 年至 2020 年，新疆、西藏、内蒙古、广西、宁夏 5 个自治区和贵州、云南、青海 3 个多民族省份建档立卡贫困人口人均纯收入从 4 203 元/年增长到 10 770 元/年，增幅达 156%。截至 2020 年底，新疆、西藏、内蒙古、广西、宁夏 5 个自治区和贵州、云南、青海 3 个多民族省份 420 个国家级贫困县全部脱贫摘帽，3 121 万建档立卡贫困人口全部脱贫，28 个人口较少民族全部实现整族脱贫，书写了中华民族彪炳史册的人间奇迹。如今，随着数千万人摆脱绝对贫困，民族地区焕发新的生机，迎来了历史上最好的发展时期，少数民族同胞真切地体会到中华民族大家庭的温暖。

二、各族人民手足相亲、守望相助，像石榴籽一样紧紧拥抱在一起

民族团结是各族人民的生命线。在以习近平同志为核心的党中央坚强领导下，我国全面深入持久开展民族团结进步创建，深化民族团结教育，坚持依法治理民族事务，构筑各民族共有精神家园，促进各民族交往交流交融，平等团结互助和谐的社会主义民族关系不断巩固和发展。

民族团结进步事业不断发展。2019 年 10 月，中共中央办公厅、国务院印发《关于

全面深入持久开展民族团结进步创建工作铸牢中华民族共同体意识的意见》，不断推动各级民族工作再上新台阶；召开全国民族团结进步表彰大会，表彰了为民族团结进步事业做出重大贡献的665个模范集体和812名模范个人；举办两次全国民族团结进步创建经验交流现场会，系统部署民族团结进步创建工作；开展“中华民族一家亲”文化下基层等形式多样的民族文体活动，加强少数民族古籍抢救、普查、整理、翻译和研究，主办一系列民族自治地方主题展览，启动“全国双语学习特色村镇（实践基地）”建设……经过努力，各民族的优秀传统文化得到传承，教育事业稳步发展，各民族在文化上相互尊重、相互欣赏、相互学习、相互借鉴的局面不断形成。

各民族交往交流交融更加广泛深入。各地将民族团结进步教育落实到日常生活工作学习中，贯穿到学校教育、家庭教育、社会教育各环节各方面；推动建立互嵌式社会结构和社区环境，从居住生活、工作学习、文化娱乐等日常环节入手，为各民族交往交流交融创造了良好条件。据统计，居住在城市和散居地区的少数民族人口已经超过少数民族总人口的1/3，少数民族流动人口已增至3 000多万人，各民族间的联系比以往任何时候都更加紧密。在脱贫攻坚和全面建成小康社会进程中，打造了东西部对口扶贫协作帮扶的“闽宁模式”，演绎了广东珠海与云南怒江对口帮扶、守望相助的“江海情深”，对口援疆、对口援藏中更是结成数不清的“亲戚”，留下无数感人故事，促进各族群众广泛交往、全面交流、深度交融。各民族形成了你中有我、我中有你，谁也离不开谁，共同繁荣、共享成果的生动局面。

三、不断增强各族群众“五个认同”，不断铸牢中华民族共同体意识

中华民族共同体意识是国家统一之基、民族团结之本、精神力量之魂。改革开放特别是党的十八大以来，我们党强调中华民族大家庭、中华民族共同体、铸牢中华民族共同体意识等理念，既一脉相承又与时俱进贯彻党的民族理论和民族政策，积累了把握民族问题、做好民族工作的宝贵经验，为我们以铸牢中华民族共同体意识为主线做好新时代民族工作，指明了方向、提供了遵循。

认同是团结的根基，没有认同，团结就是无本之木。文化认同是最深层次的认同，是民族团结之根、民族和睦之魂。习近平总书记始终高度重视培育各民族对中华文化的认同，强调“文化认同问题解决了，对伟大祖国、对中华民族、对中国特色社会主义道路的认同才能巩固”。全民学习、掌握和使用国家通用语言文字，是构筑各民族共有精神家园、铸牢中华民族共同体意识的重要前提。党的十八大以来，国家开展民族地区农村教师和青壮年农牧民国家通用语言文字培训，累计培训350万余人次，提升民族地区贫困人口就业能力。“学前学会普通话”行动先后在四川省凉山彝族自治州和乐山市马

边彝族自治县、峨边彝族自治县、金口河区开展试点，覆盖 43 万名学龄前儿童，帮助他们学会普通话。随着国家通用语言文字的推广普及，各地各族群众提高了个人交流交往能力，拓宽了获得现代知识和信息的渠道，生产生活便利程度大为提高。

中华民族一家亲，同心共筑中国梦，这是全体中华儿女的共同心愿，也是全国各族人民的共同目标。在这一目标任务引领下，党带领各族人民坚持走中国特色解决民族问题的正确道路，团结一致、同心协力，取得了抗击新冠肺炎疫情斗争重大战略成果、脱贫攻坚战的全面胜利。在实现全面小康的征程上，各族儿女得到实实在在的获得感，也感受到了共同团结奋斗、共同繁荣发展的巨大力量。从北疆草原到南国海疆，从雪域高原到东海之滨，各民族亲如一家的社会氛围日益浓厚。在城市社区、工厂、乡村、学校、军营，各行各业都体现了铸牢中华民族共同体意识的主动担当、自觉践行，民族团结的心理契合点、情感共鸣点、利益汇合点提升到新高度。中华民族的凝聚力、向心力极大增强，自信心、自豪感空前激发，日益走向包容性更大、认同感更高、凝聚力更强的命运共同体。

第三节　推动新时代党的民族工作高质量发展

在 2021 年 8 月召开的中央民族工作会议上，习近平总书记强调，做好新时代党的民族工作，要把铸牢中华民族共同体意识作为党的民族工作的主线。铸牢中华民族共同体意识，就是要引导各族人民牢固树立休戚与共、荣辱与共、生死与共、命运与共的共同体理念。这是维护各民族根本利益、实现中华民族伟大复兴、巩固和发展平等团结互助和谐社会主义民族关系、党的民族工作开创新局面的必然要求。只有铸牢中华民族共同体意识，才能构建起维护国家统一和民族团结的坚固思想长城，实现好、维护好、发展好各民族根本利益；才能有效应对实现中华民族伟大复兴过程中民族领域可能发生的风险挑战，为党和国家兴旺发达、长治久安提供重要思想保证；才能增进各民族对中华民族的自觉认同，推动中华民族成为认同度更高、凝聚力更强的命运共同体。

“秉纲而目自张，执本而末自从。”新征程上，我们要准确把握现阶段民族工作的历史方位和重要使命，深刻认识铸牢中华民族共同体意识的历史必然性、极端重要性和现实针对性，使之贯穿民族工作各领域全过程，推动中华民族成为认同度更高、凝聚力更强的命运共同体，共同绘就中华民族伟大复兴壮美画卷。

一、构筑中华民族共有精神家园

推动民族工作走深走实，最关键的是维护好民族团结，最管用的是凝聚人心。各民族共有精神家园是中华各民族的精神支柱、情感寄托和心灵归宿，是中华民族生生不息、团结奋进的精神动力。这个精神家园所反映的是中华儿女在长期共同生活、共同奋斗和共同发展过程中形成的共同价值取向、道德规范、精神气质、情感态度等。

构筑中华民族共有精神家园，正确把握中华文化和各民族文化的关系是关键。中华文化与各民族文化，犹如主干与枝叶，根深干壮才能枝繁叶茂。把汉文化等同于中华文化、忽略少数民族文化，把本民族文化自外于中华文化、对中华文化缺乏认同，都是不对的，都要坚决克服。社会主义核心价值观决定着各民族共有精神家园的发展方向，在各民族中培育和践行社会主义核心价值观，弘扬以爱国主义为核心的民族精神和以改革创新为核心的时代精神，突出各民族共有共享的中华文化符号和形象，有利于各民族人心归聚、精神相依，形成人心凝聚、团结奋进的强大精神纽带。我国是一个多民族、多语言、多文种的国家，实现文化认同，最基础也最重要的就是推广普及国家通用语言文字，科学保护各民族语言文字，尊重和保障少数民族语言文字学习和使用。采取“线上”与“线下”、传统媒体与现代媒体相结合的方式，注重新闻舆论引导和社会氛围营造，春风化雨、润物无声，将铸牢中华民族共同体意识潜移默化地嵌入心中、融入血液、注入灵魂。

二、推动民族地区加快现代化建设步伐

我们伟大的祖国是56个民族共同开发的，中华民族的未来也要靠56个民族共同来开创。没有各民族共同团结奋斗就难以实现社会主义现代化，没有各民族共同繁荣发展也不是社会主义现代化。发展是解决民族地区各种问题的总钥匙，也是增强中华民族共同体意识的动力源。

当前，民族地区还存在经济基础薄弱、产业层次较低、人才支撑不足、生态脆弱等问题，与东部发达地区相比，面临解决“有没有”和“好不好”的双重任务。解决这些问题，需要不断完善差别化区域支持政策，支持民族地区全面深化改革开放，提升自我发展能力。一方面，推动各民族地区立足资源禀赋、发展条件、比较优势等实际，找准切入点和发力点。另一方面，着力加强民族地区基础设施建设，提高把“绿水青山”转变为“金山银山”的能力，多办一些顺民意、惠民生的实事，多解决一些各族群众牵肠挂肚的问题。与此同时，支持民族地区实现巩固脱贫攻坚成果同乡村振兴有效衔接，促

进农牧业高质高效、乡村宜居宜业、农牧民富裕富足。另外，还要完善沿边开发开放政策体系，深入推进固边兴边富民行动。电气化铁路开进世界屋脊青藏高原，青稞酒酥油茶更加香甜；临沧接入国家高速公路网，移动互联打开世界之窗，阿佤人民唱响新时代的幸福歌……实践证明，经济社会发展好了，边疆稳定、民族团结就有了坚实基础；边境建设搞好了，民族团结进步事业发展了，对民族地区发展也是极大促进。

三、促进各民族广泛交往交流交融

船的力量在帆上，人的力量在心上。必须促进各民族广泛交往交流交融，促进各民族在理想、信念、情感、文化上的团结统一，守望相助、手足情深。展开历史长卷，各民族交往交流交融贯穿于中华民族发展各个历史时期，各民族在交往中加深了解，在交流中取长补短，在交融中和谐共赢。正是得益于各民族之间的交往交流交融，中华民族力量空前凝聚、中华民族共同体意识空前增强，我们才能取得令世人惊叹的发展成就。

推动新时代党的民族工作高质量发展，必须进一步促进各民族广泛交往交流交融。新中国成立 70 多年来特别是改革开放以来，我国大散居、小聚居、交错杂居的民族人口分布格局不断深化，呈现出大流动、大融居的新特点，老百姓形象地说，四川麻辣烫“烫”到了边疆，新疆羊肉串“串”遍了全国。各族群众共居、共学、共事、共乐的社会需求愈加强烈，社会条件也更加有利。促进各民族广泛交往交流交融，需要顺应这种形势，从就业、就学、安居等方面入手，调整完善有关政策举措，引导鼓励人口双向迁移流动，推进各民族人口流动融居，使各族群众交得了知心朋友，做得了和睦邻居，结得成美满姻缘。在全面深入持久开展民族团结进步创建中，着力深化内涵、丰富形式、创新方法；在构建铸牢中华民族共同体意识宣传教育常态化机制时，从青少年抓起，将铸牢中华民族共同体意识融入办学治校、教书育人的全过程。促进各民族广泛交往交流交融，要正确把握中华民族共同体意识与各民族意识的关系，引导各民族始终把中华民族利益放在首位，本民族意识要服从和服务于中华民族共同体意识，坚决反对大汉族主义和地方民族主义。

四、提升民族事务治理体系和治理能力现代化水平

依法治理民族事务，既是新中国成立 70 多年来民族工作的宝贵经验总结，也是提升民族事务治理体系和治理能力现代化的应有之义。“法令行则国治，法令弛则国乱。”只有树立对法律的信仰，各族群众自觉按法律办事，民族团结才有保障，民族关系才会牢固。

依法治理民族事务，一方面，坚持在法治轨道上治理民族事务，维护社会主义法制

统一和法治尊严，依法保障各族群众合法权益。各族群众在法律面前人人平等，任何人都没有超越法律的特权。另一方面，严格区分两类不同性质的矛盾，是什么问题就按什么问题处置。不能把涉及少数民族群众的一般性社会事务工作简单归结为民族工作，不能把涉及少数民族群众的民事刑事问题简单归结为民族问题，不能把发生在民族地区的一般矛盾纠纷简单归结为民族矛盾。依法治理民族事务，具体而言，一是完善立法，坚持以宪法为根本，及时稳慎调整完善有关民族工作法律法规，将保障各民族合法权益、维护民族团结的各项要求融入国家整个法治体系之中。二是严格执法，把民族事务纳入共建共治共享的社会治理格局，依法保障各族群众合法权益，依法妥善处理涉民族因素的案件、事件，依法打击各类违法犯罪行为。三是规范监督，切实将问题化解在基层、消灭在萌芽状态。四是强化普法，确保法治宣传教育全覆盖、无死角，同时创新方式和载体，用老百姓喜闻乐见的形式将法律内化为心中的法治信仰。

五、防范化解民族领域风险隐患

“备豫不虞，为国常道。”经过长期努力，中国特色社会主义进入新时代，中华民族共同体的思想基础不断巩固，但局部地区反分裂形势依然严峻，国际反华势力干扰破坏我国民族团结的风险不容小觑。因此，统筹谋划和推进新时代党的民族工作，必须着力防范化解民族领域重大风险隐患，坚决守住不发生区域性、系统性风险的底线。

防范化解民族领域重大风险隐患，就要切实提升防范化解风险能力。一是全面落实总体国家安全观，增强忧患意识，强化底线思维，始终把防范政治风险置于首位，敢于斗争、善于斗争，严密防范、严厉打击敌对势力利用民族、宗教等问题对我国进行的各类渗透颠覆破坏活动，坚决挫败其“反中乱华”政治图谋。二是坚决守住意识形态阵地，积极稳妥处理涉民族因素的意识形态问题，持续肃清民族分裂、宗教极端思想流毒。三是牢牢绷紧反恐怖斗争这根弦，始终保持严打高压态势不动摇，严密防范、坚决打击暴力恐怖活动、民族分裂活动、宗教极端活动，扎实做好暴恐风险防范工作，加强国际反恐合作，坚决把暴恐威胁扼杀于萌芽状态、未发阶段。

“上下同欲者胜，同舟共济者兴。”当前，全面建设社会主义现代化国家的新征程已经开启，我国发展站在了新的历史起点上。只要我们更加紧密地团结在以习近平同志为核心的党中央周围，像爱护自己的眼睛一样爱护民族团结，像珍视自己的生命一样珍视民族团结，像石榴籽那样紧紧抱在一起，铸牢中华民族共同体意识，凝聚全体中华儿女的智慧和力量，携手并肩、不懈奋斗，前进道路上就没有克服不了的困难，就没有战胜不了的挑战，我们就一定能够如期实现中华民族伟大复兴的辉煌目标。

拓展阅读

各族人民像石榴籽一样紧紧抱在一起（节选）

“我们是相亲相爱一家人。”走进青海省海南藏族自治州共和县恰卜恰镇工业园社区“石榴籽家园”，汉族妇女蒲兴花正在向辖区内的少数民族妇女教授钩织技艺。工业园社区居住着汉族、藏族、回族、蒙古族、撒拉族、满族、苗族等群众 1 416 户 4 268 人，各族群众和谐相处、亲如一家。这是各民族人民手足相亲、守望相助，在中华民族大家庭中像石榴籽一样紧紧抱在一起的真实写照。

党的十八大以来，以习近平同志为核心的党中央高度重视民族工作，站在坚持和发展中国特色社会主义、实现中华民族伟大复兴的战略高度，谋划部署和推进新时代党的民族工作，推动我国民族团结进步事业取得新的历史性成就。

脱贫攻坚取得全面胜利，56 个民族共同迈进全面小康

党的十八大以来，习近平总书记多次深入民族地区考察调研，走遍了 5 个自治区和贵州、云南、青海 3 个多民族省份，提出“精准扶贫”理念，多次强调“全面建成小康社会，一个民族都不能少”，指出要更多针对特定地区、特殊问题、特别事项制定实施差别化区域支持政策，加快民族地区全面建成小康社会步伐。

云南省西双版纳傣族自治州勐海县曼班三队的村民娜四，曾经是拉祜族最后一个女猎人。曼班三队有 64 名拉祜族村民。2015 年以前，他们还保持着传统的采集和游猎生活方式。2015 年，随着 4 名扶贫工作队队员的到来，乡亲们的生活发生了巨大的变化：村寨的道路硬化了，家家装上了太阳能热水器和燃气灶，村里的冬瓜猪、茶花鸡养殖初具规模，山坡上种上了果树、茶树和其他经济作物，娜四在家中的田地、茶园里忙个不停……

在以习近平同志为核心的党中央坚强领导下，经过 8 年的持续努力，民族自治地方 420 个贫困县全部脱贫摘帽，5 个自治区和贵州、云南、青海 3 个多民族省份 3 121 万贫困人口全部脱贫，28 个人口较少民族全部实现整族脱贫，历史性解决了绝对贫困问题，各少数民族和民族地区与全国一道全面建成小康社会，民族地区发展活力不断增强，展现出千帆竞发的发展势头。

弘扬伟大精神，增进文化认同，构筑中华民族共有精神家园呈现良好局面

“同学们，今天我们‘民族团结一家亲’首期互动课堂的内容是观看专题片《同心共筑中国梦》，并进行民族知识问答。”日前，内蒙古师范大学各民族的学生正以互动课堂形式开展民族团结进步教育。

2021年8月，由中央宣传部、中央统战部、国家民委、中央广播电视总台联合摄制的四集电视专题片《同心共筑中国梦》播出，生动展现了百年来党团结带领各族人民为实现中华民族伟大复兴而不懈奋斗的历史进程，特别是党的十八大以来，以习近平同志为核心的党中央统筹推动民族团结进步事业取得的伟大成就。

习近平总书记强调，推进中华民族共有精神家园建设，促进各民族交往交流交融，各项工作都要往实里抓、往细里做，要有形、有感、有效。近年来，铸牢中华民族共同体意识宣传教育深入开展，重大理论和政策研究成果不断涌现，实践创新的载体和抓手不断丰富，各族干部群众对伟大祖国、中华民族、中华文化、中国共产党、中国特色社会主义的认同不断增强，国家意识、公民意识、法治意识不断提升，正确的国家观、历史观、民族观、文化观、宗教观越来越深入人心。

“学好普通话，见见新世面。”经过笔试和面试，云南省红河哈尼族彝族自治州元阳县100多名来自贫困家庭的青年在江苏省昆山市的一家企业顺利就业。

2017年，国家民委在北京召开全国少数民族进城务工人员语言文化政策教育服务工作现场经验交流会。会后，国家民委持续推动全国民委系统积极面向少数民族进城务工经商人员开展语言文化政策培训活动。截至目前，该工作已覆盖全国绝大多数省份，惠及少数民族群众10余万人次，取得了“以语言相通促进各族群众感情相通、心灵相通”的明显成效。

中华文化是各民族优秀文化的集大成，各民族优秀传统文化都是中华文化的重要组成部分。党的十八大以来，我们成功举办了第六届全国少数民族文艺会演、第十一届全国少数民族传统体育运动会等全国性重要文体活动，推出了一批反映在以习近平同志为核心的党中央坚强领导下，少数民族和民族地区取得伟大成就的现实作品，围绕增进中华文化认同，不断推动各民族文化传承保护、创新发展，在全社会奏响了铸牢中华民族共同体意识的时代强音。

资料来源：姜洁．各族人民像石榴籽一样紧紧抱在一起［N］．人民日报，2022-04-21.

时政热点

一、单选题

1. 民族区域自治是中国共产党解决我国民族问题的一项基本国策。1984年，我国正式制定了（　　）。

A.《中华人民共和国民族法》　　　B.《中华人民共和国民族区域自治法》

C.《中华人民共和国民族自治法》　　D.《中华人民共和国民族区域法》

2. 我国省级建制的五个自治区是以（　　）命名的。

A. 回族、藏族、壮族、维吾尔族、蒙古族

B. 苗族、高山族、哈萨克族、回族、土家族

C. 汉族、壮族、蒙古族、东乡族、傣族

D. 满族、蒙古族、回族、藏族、汉族

3. 国家统一之基、民族团结之本、精神力量之魂是（　　）。

A. 发展　　　　B. 平等

C. 中华民族共同体意识　　　　D. 团结

4. 我国共有（　　）个少数民族。

A. 55　　B. 56　　C. 57　　D. 58

5. 我国是一个统一的多民族国家，在漫长的历史发展中，各民族逐渐形成了（　　）的分布局面，你中有我、我中有你、密不可分。

A. 大集中、小分散　　　　B. 大杂居、小聚居

C. 小集中、大分散　　　　D. 小杂居、大聚居

6. 习近平总书记在党的十九大报告中强调："全面贯彻党的民族政策，深化民族团结进步教育，铸牢中华民族共同体意识，加强各民族交往交流交融，促进各民族像（　　）一样紧紧抱在一起，共同团结奋斗、共同繁荣发展。"

A. 石榴籽　　B. 葵花籽　　C. 橘子瓣　　D. 五十六朵花

7.（　　）是实施《中华人民共和国宪法》规定的民族区域自治制度的基本法律。

A.《中华人民共和国民族区域自治法》

B.《中华人民共和国民族区域自治实施纲要》

C.《民族工作条例》

D.《反分裂国家法》

8. 党的十九大修改的《中国共产党党章》总纲中明确，"中国共产党维护和发展平等团结互助和谐的社会主义民族关系，积极培养、选拔少数民族干部，帮助少数民族和民族地区发展经济、文化和社会事业，（　　），实现各民族共同团结奋斗、共同繁荣发展"。

A. 铸牢中华民族一家亲　　　　B. 铸牢中华民族共同体意识

C. 铸牢民族团结一家亲　　　　D. 铸牢 56 个民族是一家

9. 2014年9月，习近平总书记在中央民族工作会议讲话中强调："用（　　）来保障民族团结，增强各族群众法律意识。"

A. 政策　　B. 法律　　C. 法制　　D. 措施

10.（　　）是做好民族工作的根本保证。

A. 坚持党的领导　　B. 坚持中国特色社会主义道路

C. 坚持各民族一律平等　　D. 坚持共同繁荣

11. 社会主义民族关系的本质特征是（　　）。

A. 交融尊重平等共存　　B. 平等团结互助和谐

C. 平等友好互相尊重　　D. 交往交流交融交心

12. 在民族工作方面，全面深入持久开展马克思主义祖国观、民族观、（　　）、历史观宣传教育。

A. 宗教观　　B. 世界观　　C. 国家观　　D. 文化观

13. 在民族工作方面，坚持和完善民族区域自治制度，深化（　　）教育，促进各民族文化交流交融。

A. 中华传统文化　　B. 革命文化

C. 思想政治　　D. 民族团结进步

14. 围绕促进民族团结、（　　），推动民族地区经济社会发展，不断满足各族群众的美好生活需要。

A. 民族区域自治　　B. 民族平等

C. 改善民生　　D. 建设生态文明

15. 以下说法正确的有：（　　）。

① 坚定不移走中国特色解决民族问题的正确道路

② 以铸牢中华民族共同体意识为主线

③ 坚持各民族一律平等

④ 全面贯彻党的民族政策

A. ①③　　B. ②③④　　C. ①②③④　　D. ②

16. 我国世居少数民族分布最多的省份是（　　），共有25个世居少数民族。

A. 广西　　B. 西藏　　C. 贵州　　D. 云南

17. 我国解决国内民族问题的基本政策和重要政治制度是（　　）。

A. 民族独立自治制度　　B. 民族自建自治制度

C. 民族区域自治制度　　D. 民族高度自治制度

18. 1950年，政务院在民族工作方面提出（　　）方针。

A. 又好又快　　B. 多快好省　　C. 稳中求进　　D. 慎重稳进

19. 加强各民族（　　），促进各民族像石榴籽一样紧紧抱在一起，共同团结奋斗、共同繁荣发展。

A. 交融、交心、交通　　B. 交流、交好、交通

C. 交心、交往、交好　　D. 交往、交流、交融

20. 全面深入持久开展马克思主义祖国观、民族观、文化观、历史观宣传教育，开展党的民族理论、政策学习宣传，开展民族团结进步创建，增进各族群众对伟大祖国、（　　）的认同。

A. 中华民族、中华文化、中国共产党、中国特色社会主义

B. 中国人民、中华文化、中国共产党、中国特色社会主义

C. 中国共产党、中国特色社会主义、一个中国、民族团结

D. 中国共产党、中国特色社会主义、中国人民、民族团结

二、判断题

1. “三个离不开”的具体内容是汉族离不开少数民族、少数民族离不开汉族、各少数民族之间也互相离不开。（　　）

2. 巩固和发展平等团结互助和谐的社会主义民族关系，反对一切形式的民族融合、大汉族主义、地方民族主义。（　　）

3. 尊重少数民族风俗习惯，包括饮食习惯、服饰习惯、年节习惯、婚姻习俗、丧葬习俗。（　　）

4. 在民族工作领域，要防范和打击各种渗透颠覆破坏活动、暴力恐怖活动、民族分裂活动、宗教极端活动，维护国家统一、民族团结和社会稳定。（　　）

5. 一部中国史，就是一部各民族交融汇聚成多元一体中华民族的历史，就是各民族共同缔造、发展、巩固统一的伟大祖国的历史。（　　）

6. 千百年来，农耕文明的热烈奔放、勇猛刚健，草原文明的勤劳质朴、崇礼亲仁，海洋文明的海纳百川、敢拼会赢，源源不断注入中华民族的特质和禀赋，共同熔铸了以爱国主义为核心的伟大民族精神。（　　）

7. 在革命、建设、改革各个历史时期，中华民族的伟大精神不断丰富完善，发挥了凝聚人心、引领进步的重要作用。（　　）

8. 对中华民族形成起决定作用的不是对中华民族共同体的认同，而是种族、血缘、地域、宗教等因素。（　　）

9. 打赢脱贫攻坚战，民族地区是主战场，全国 14 个集中连片特困地区，有 10 个位于民族地区。（　　）

10. 我国 5 个自治区是新疆、西藏、内蒙古、云南、青海，3 个多民族省份包括贵州、广西、宁夏。（　　）

11. 改革开放特别是党的十八大以来，我们党强调中华民族大家庭、中华民族共同体、铸牢中华民族共同体意识等理念，既一脉相承又与时俱进贯彻党的民族理论和民族政策。（　　）

12. 认同是团结的根基，文化认同是最深层次的认同，是民族团结之根、民族和睦

之魂。（　　）

13. 全民学习、掌握和使用国家通用语言文字，不是构筑各民族共有精神家园、铸牢中华民族共同体意识的重要前提。（　　）

14. 中华民族一家亲，同心共筑中国梦，这是全体中华儿女的共同心愿，也是全国各族人民的共同目标。（　　）

15. 铸牢中华民族共同体意识，就是要引导各族人民牢固树立休戚与共、荣辱与共、生死与共、命运与共的共同体理念。（　　）

16. 中华文化就是汉文化，少数民族文化不同于中华文化。（　　）

17. 发展是解决民族地区各种问题的总钥匙，也是增强中华民族共同体意识的动力源。（　　）

18. 新中国成立70多年来特别是改革开放以来，我国大散居、小聚居、交错杂居的民族人口分布格局不断深化，呈现出大流动、大融居的新特点。（　　）

19. 促进各民族广泛交往交流交融，要正确把握中华民族共同体意识与各民族意识的关系，引导各民族把本民族意识和中华民族共同体意识同等看待，坚决反对大汉族主义和地方民族主义。（　　）

20. 要全面贯彻党的民族政策，高举各民族大团结旗帜，引导各族群众增强对伟大祖国、中华民族、中华文化、中国共产党、中国特色社会主义的认同，像爱护自己的眼睛一样爱护民族团结，像珍视自己的生命一样珍视民族团结，像石榴籽那样紧紧抱在一起。（　　）

三、思考题

1. 如何深刻把握中华民族多元一体的基本国情？

2. 新时代如何推动党的民族工作实现高质量发展？

第九讲

发展全过程人民民主
彰显中国式民主优势

★★★★★

回溯中国近代史，中国人民为争取民主进行了百折不挠的斗争和艰难探索，但只有在中国共产党的领导下，才真正获得了当家做主的权利。中国的社会主义民主政治，使占世界约五分之一人口的这个东方大国的人民，享有广泛权利和自由，这是对人类政治文明的重大贡献。党的十八大以来，党深化对中国民主政治发展规律的认识，提出全过程人民民主重大理念并大力推进，民主价值和理念进一步转化为科学有效的制度安排和具体现实的民主实践。

第一节 中国共产党领导人民实现全过程人民民主

民主是人类政治文明发展的成果，是中国共产党和中国人民始终不渝坚持的重要理念。中国共产党一经诞生，就把为中国人民谋幸福、为中华民族谋复兴确立为自己的初心和使命，为实现人民当家做主进行了不懈探索和奋斗。中国特色社会主义进入新时代，中国的民主发展进入历史新时期，全过程人民民主，既有鲜明的中国特色，也体现全人类共同价值，为人类政治文明发展进步贡献中国智慧、中国方案。

一、中国共产党的领导是发展全过程人民民主的根本保证

中国上下五千年，有着与古埃及、古印度、古巴比伦文明并称于世的灿烂文明，为人类发展和进步做出了重大贡献。中华民族是勤劳、勇敢、智慧的民族，她的历史传承之久远、文化形态之完整，为世界所公认。在 5 000 多年历史长河中，中国人民探索形成的民本思想，蕴含着丰富的民主因素，体现了中国人民对民主的朴素认知和不懈追求。但是，在封建专制之下，广大劳动人民始终处于受压迫受剥削的最底层。

近代以后，西方列强发动一次又一次侵华战争，由于封建统治阶级的腐朽衰败，中国逐步沦为半殖民地半封建社会，在近 110 年时间里，中国成为全世界几乎所有大小帝国主义国家掠夺的对象。国家将倾，民族将亡，人民毫无民主可言。为救亡图存，中国人民奋起抗争，各种革命变革接连而起，各种救国方案轮番出台，但都未能取得成功。

1911 年，中国民主革命的先行者孙中山先生领导的辛亥革命，终结了统治中国两千多年的封建君主专制制度。但是，辛亥革命后试图模仿西方民主制度模式建立的资产阶级共和国，包括议会制、多党制、总统制等，并没有实现中国人民要求独立、民主的迫切愿望，很快就在中外各种反动势力的冲击下归于失败。时人悲愤地感叹道："无量头颅无量血，可怜购得假共和。"中国人民仍然处于被压迫、被奴役、被剥削的悲惨境地。

中国的出路在哪里？以"民主""科学"为基本口号的新文化运动的兴起、俄国十月革命的胜利、五四运动的爆发、马克思主义在中国的传播，促进了中国人民的伟大觉醒，中国先进分子对民主有了更加深刻的思考和新的认知。

1921 年，中国共产党成立，点亮了中国的民主之光。

新民主主义革命时期，党领导人民为争取民主、反抗压迫和剥削进行了长达 28 年艰苦卓绝的斗争，取得了新民主主义革命胜利，成立了新中国，实现了中国从两千多年的封建专制政治、近代以来照搬西方民主政治模式的失败尝试向新型人民民主政治的伟大飞跃，中国人民从此站起来了，中国民主发展进入新纪元，人民当家做主从梦想变为现实。

社会主义革命和建设时期，党领导人民建立和巩固国家政权，对生产资料进行社会主义改造，制定颁布新中国第一部宪法，确立人民代表大会制度、中国共产党领导的多党合作和政治协商制度、民族区域自治制度，人民当家做主的政治架构、经济基础、法律原则、制度框架基本确立并不断发展。社会主义基本制度的建立，实现了中国历史上最广泛最深刻的社会变革，中国的民主大厦巍然耸立起来。

改革开放和社会主义现代化建设新时期，党领导人民坚定不移推进社会主义民主法治建设，坚持中国特色社会主义政治发展道路，坚持党的领导、人民当家做主、依法治国有机统一，积极稳妥推进政治体制改革，巩固和发展人民代表大会制度，进一步完善中国共产党领导的多党合作和政治协商制度、民族区域自治制度、基层群众自治制度等基本政治制度，民主发展的政治制度保障和社会物质基础更加坚实。

党的十八大以来，中国特色社会主义进入新时代。以习近平同志为核心的党中央，立足新的历史方位，深刻把握中国社会主要矛盾发生的新变化，积极回应人民对民主的新要求新期盼，深刻吸取古今中外治乱兴衰的经验教训，全面总结中国民主发展取得的显著成就，提出全过程人民民主重大理念并大力推进，中国的民主发展进入历史新时期。

全过程人民民主，实现了过程民主和成果民主、程序民主和实质民主、直接民主和间接民主、人民民主和国家意志相统一，是全链条、全方位、全覆盖的民主，是最广泛、最真实、最管用的社会主义民主。中国共产党的领导，是中国发展全过程人民民主的根本保证。在中国这样一个大国，真正把 14 亿多人民的意愿表达好、实现好并不容易，必须有坚强有力的统一领导。推进国家治理体系和治理能力现代化，确立和坚持中国特色社会主义根本制度、基本制度、重要制度，人民当家做主制度体系更加健全。全面推进民主选举、民主协商、民主决策、民主管理、民主监督，协同推进选举民主与协商民主，人民依法有序政治参与不断扩大，人民的民主生活丰富多彩。

全过程人民民主，使人民当家做主更好体现在国家政治生活和社会生活之中，中国特色社会主义政治制度优越性得到更好发挥，生动活泼、安定团结的政治局面得到巩固发展，激发和凝聚了中国人民奋斗新时代的磅礴力量。党团结带领人民，取得抗击新冠肺炎疫情重大战略成果，历史性地解决绝对贫困问题，全面建成小康社会，化解一系列重大风险，开启全面建设社会主义现代化国家新征程，向着全体人民共同富裕迈进，全过程人民民主在中华大地展示出勃勃生机和强大生命力，中国人民的民主自信更加坚定，中国的民主之路越走越宽广。

全过程人民民主，是中国共产党团结带领人民追求民主、发展民主、实现民主的伟大创造，是党不断推进中国民主理论创新、制度创新、实践创新的经验结晶。中国共产党的奋斗史，是团结带领人民探索、形成、发展全过程人民民主的奋斗史。全过程人民民主，是近代以来党团结带领人民长期奋斗历史逻辑、理论逻辑、实践逻辑的必然结果，是坚持党的本质属性、践行党的根本宗旨的必然要求。全过程人民民主，充分彰显社会主义国家性质，充分彰显人民主体地位，使人民意志得到更好体现、人民权益得到更好保障、人民创造活力进一步激发。全过程人民民主，形成和发展于党领导人民争取民族独立、人民解放和实现国家富强、人民幸福的不懈奋斗，扎根在广袤的中华大地，吸吮着中华民族漫长奋斗积累的文化养分，学习借鉴人类文明优秀成果，符合中国国情，得到人民衷心拥护，具有深厚现实基础和广阔发展前景。全过程人民民主，具有完整的制度程序和完整的参与实践，使选举民主和协商民主这两种重要民主形式更好结合起来，构建起覆盖960多万平方公里土地、14多亿人民、56个民族的民主体系，实现了最广大人民的广泛持续参与。

二、全过程人民民主丰富人类政治文明形态

中国的民主经历了选择、探索、实践与发展的艰辛历程。中国基于本国国情发展全过程人民民主，既有着鲜明的中国特色，也体现了全人类对民主的共同追求；既推动了中国的发展与中华民族的复兴，也丰富了人类政治文明形态。

（一）为人类民主事业发展探索新的路径

一个国家在现代化进程中，实现民主发展与政治稳定、社会进步的良性互动，极其重要，也极为不易。

中国的现代化，没有走西方老路，而是创造了中国式现代化道路；没有照搬照抄西方民主模式，而是创造了中国式民主。占世界人口近五分之一的14亿多中国人民真正实现当家做主，享有广泛权利和自由，提振了发展中国家发展民主的信心，为人类民主事业发展探索了新的路径。这是中国对人类政治文明的重大贡献，也是人类社会的巨大进步。

人民当家做主，是中国民主的初心。中国在发展民主的进程中，也走过弯路，遇到过挫折，但始终坚守初心，不动摇、不偏移、不走样。今天的中国，人民当家做主的内涵不断丰富、渠道不断拓宽、效能不断提升，中国民主不断向前推进。

树立正确的民主观，并一以贯之地坚持、发展与创新，是发展民主的首要，是实现民主的“总钥匙”和“总开关”。真民主、好民主，要做到人民当家做主，人民不仅有

选举、投票的权利，也有广泛参与的权利；不仅能表达自己的意愿，也能有效实现；不仅推动国家发展，也共享发展成果。

（二）走符合国情的民主发展道路

民主是多样的，实现民主的道路并非只有一条。各国的历史文化不同、现实国情不同，民主的形式选择必然不同。照搬照抄其他国家的民主模式，必然导致水土不服、弊病丛生，甚至陷入政治动荡、社会动乱、人民流离失所。

对中国这样一个大国来说，选择什么样的民主发展道路至关重要。中国注重吸收借鉴人类政治文明一切有益成果，但绝不照抄照搬别国民主模式；欢迎一切有益的建议和善意的批评，但绝不接受“教师爷”般颐指气使的说教。坚持中国的民主按照中国的特点、中国的实际来设计和发展，坚定不移走符合国情的民主发展之路，是中国民主发展的一条基本经验。

中国发展民主，始终立足人口多、基础弱、底子薄的基本国情，正确把握民主与发展的关系，始终把发展作为第一要务，以民主促进国家发展、在国家发展基础上推进民主，不离开发展空谈民主；始终传承五千年中华文明，注重从中华优秀传统文化中汲取智慧和养分；始终准确把握中国所处的历史阶段，紧密结合经济社会发展水平推进民主，积极稳妥、稳中求进，不好高骛远，不急于求成，不犯颠覆性错误；始终坚持问题导向，不断发现问题、善于解决问题，每解决一个问题就把民主建设向前推进一步，不断推动民主制度体系更加成熟、更加定型。

世界上不存在完全相同的政治制度，也不存在适用于一切国家的政治制度模式。各国应根据自身特点选择符合自身现代化发展的民主形态，学习借鉴而不是照抄照搬。适合的就是最好的。只有扎根本国土壤、汲取充沛养分的民主，才能不断发展完善，才最可靠也最管用。

（三）推动国际关系民主化

民主在一国内体现为人民当家做主，在国家间则体现为国际关系民主化。一个国家的尊严应该得到尊重，主权、安全和发展利益不应受到侵犯。以自己的尺度评判他国，甚至通过颜色革命、使用武力迫使他国照搬自己的政治制度、民主模式，这是反民主的。

中国是民主的忠实追求者、积极推动者和模范实践者，不但在本国积极发展人民民主，而且在国际上大力推动国际关系民主化。面对世界百年未有之大变局，中国高举和平、发展、合作、共赢的旗帜，提出构建人类命运共同体理念，推动建设相互尊重、公平正义、合作共赢的新型国际关系。面对全球范围内经济、科技等领域竞争，中国不是把对方视为对手，而是视为伙伴；不是搞冷战和对抗、控制和操纵，而是促进交流合作、实现互利共赢。中国积极发展全球伙伴关系，构建总体稳定、均衡发展的大国关系框架，按照亲诚惠容理念和与邻为善、以邻为伴周边外交方针深化同周边国家关系，秉持正确义利观和真实亲诚理念加强同发展中国家团结合作。中国推动共建“一带一路”走深走实，与其他国家加强交流合作、共享发展机遇，“一带一路”成为广受欢迎的国际公共产品。

当今世界，民主平等、公平正义远未实现。少数国家漠视国际公理、践踏国际准则、违背国际民意，公然侵犯他国主权，干涉他国内政，动辄以大欺小、恃强凌弱，把“地球村”变成弱肉强食的原始丛林。面对充满挑战的世界，各国应大力弘扬民主精神，不论大小、强弱、贫富，在国际关系中一律平等。大国要有大国的样子，要以人类前途命运为要，对世界和平与发展担负更大责任，而不是依仗实力搞唯我独尊、霸凌霸道。世界的命运应由各国人民共同掌握，国际规则应由各国共同制定，全球事务应由各国共同治理，发展成果应由各国共同分享。

（四）加强文明交流互鉴

实现民主有多种方式，不可能千篇一律。人类民主事业的真正阻碍，不是民主模式的差异，而是对他国民主探索的傲慢、偏见和敌视，是把本国民主模式强加于人的“唯我独尊”。人类政治文明的百花园之所以绚烂多彩，正是由于不同文明各有千秋。各国应坚持平等非歧视原则，相互尊重彼此的民主模式，既致力于本国探索，又加强交流互鉴；既各美其美，又美美与共，共同推动人类文明向前发展。

“一人一票”是民主的一种形式，但绝非民主的唯一和全部。长期以来，民主本义被少数国家异化歪曲，“一人一票”、政党竞争等西方选举制度被包装成民主的唯一标准。少数国家把民主作为政治工具，以同我即对、非我即错的霸权思维，以民主名义干涉别国内政、侵犯别国主权、服务自身政治目的，打着民主旗号在世界上煽动对抗与分裂，加剧国际紧张局势，成为世界乱源。人类文明要继续向前迈进，各国要实现和平共处、共同发展，必须探索民主真谛，把民主擦亮。

政党是现代国家治理中的重要主体，是推动人类社会进步的重要力量。在人类文明发展的历史潮流中，各国政党应本着对人类前途命运高度负责的态度，担当起引领推动人类民主事业发展的责任，以民为本，开放包容，求同存异，相互尊重，更好实现本国民主发展，更好实现人民幸福。

第二节　全过程人民民主具有科学有效的制度安排

在中国，国家各项制度都是围绕人民当家做主构建的，国家治理体系都是围绕实现人民当家做主运转的，全过程人民民主具有完整的制度程序。这些制度程序，形成了全面、广泛、有机衔接的人民当家做主制度体系，构建了多样、畅通、有序的民主渠道，有效保证了党的主张、国家意志、人民意愿相统一，有效保证了人民当家做主。

一、实行人民民主专政的国体

中国是工人阶级领导的、以工农联盟为基础的人民民主专政的社会主义国家。人民民主专政体现中国的国家根本性质。

中国坚持民主与专政有机统一，保证了人民当家做主。一方面，始终坚持人民民主专政中的“民主”，坚持国家的一切权力属于人民，保证人民依照宪法和法律规定，通过各种途径和形式，管理国家事务，管理经济和文化事业，管理社会事务；另一方面，始终坚持人民民主专政中的“专政”，充分履行国家政权的专政职能，依法打击破坏社会主义制度、颠覆国家政权、危害国家安全和公共安全等各种犯罪行为，维护法律尊严和法律秩序，保护国家和人民利益。民主和专政不是矛盾的，都是为了保证人民当家做主。打击极少数是为了保护大多数，实行专政是为了实现民主。

二、实行人民代表大会制度的政体

人民代表大会制度，是适应人民民主专政国体的政权组织形式，是中国的根本政治制度，是中国人民当家做主的根本途径和最高实现形式，是实现全过程人民民主的重要制度载体。人民代表大会制度，坚持国家一切权力属于人民，最大限度地保障人民当家做主，把党的领导、人民当家做主、依法治国有机结合起来，有效保证国家治理跳出治乱兴衰的历史周期律。人民代表大会制度，正确处理事关国家前途命运的一系列重大政治关系，实现国家统一有效组织各项事业，维护国家统一和民族团结，有效保证国家政治生活既充满活力又安定有序。

人民通过人民代表大会有效行使国家权力。人民代表大会代表人民统一行使国家权力，全国人民代表大会是最高国家权力机关，地方人民代表大会是地方国家权力机关。各级国家行政机关、监察机关、审判机关、检察机关都由人民代表大会产生，对人大负责、受人大监督。人民代表大会有立法权、监督权、决定权、任免权。全国人民代表大会及其常务委员会行使国家立法权，全国人民代表大会行使修改宪法以及制定和修改刑事、民事、国家机构的和其他的基本法律的权力；全国人民代表大会对国家主席、副主席，国务院总理、副总理及其他组成人员，中央军事委员会主席及其他组成人员，国家监察委员会主任，最高人民法院院长，最高人民检察院检察长行使人事任免权；全国人民代表大会对事关国家发展、人民利益的重大问题，包括国民经济和社会发展计划和计划执行情况的报告、国家的预算和预算执行情况的报告行使审查和批准权等；全国人民代表大会及其常务委员会行使对宪法实施、“一府一委两院”工作等的监督权。地方各级人民代表大会及其常务委员会依法行使相应职权。人民代表大会制度实现了广泛民主，使各级人民代表大会有高度的权力，保证了人民掌握和行使国家权力，国家和民族前途命运牢牢掌握在人民手中。

人大代表充分反映人民呼声。人大代表来自人民，横向上，来自各地区、各民族、各方面、各阶层；纵向上，全国、省、市、县、乡五级都有人民代表大会，具有广泛代表性。截至2020年底，全国共有人大代表262万名，其中直接选举产生的县乡两级人大代表占代表总数的94.5%。人大代表充分发挥植根人民的优势，依法认真履职尽责，通过各种形式和渠道听取和反映人民群众的意见建议。一年一度的各级人民代表大会会议，乡、县、市、省、全国自下而上、逐级召开，使得人民群众意愿和呼声能够真实反映、向上传递。改革开放以来，每年的全国人大会议上，近3 000名全国人大代表共商国家发展大计、共议民生热点问题，党和国家领导人当面倾听意见建议，让人民的所思所盼融入国家发展顶层设计。各国家机关依法认真研究办理人大代表提出的议案、建议，许多被吸纳进政策决策中。

人民代表大会制度，为中国共产党领导人民有效治理国家提供了重要制度保障。党通过人民代表大会制度，使党的主张通过法定程序成为国家意志，使党组织推荐的人选通过法定程序成为国家政权机关的领导人员，通过国家政权机关实施党对国家和社会的领导，维护党和国家权威、维护全党全国团结统一。实践充分证明，人民代表大会制度是符合中国国情和实际、体现社会主义国家性质、保证人民当家做主、保障实现中华民族伟大复兴的好制度，必须长期坚持、全面贯彻、不断发展。

三、坚持和完善中国共产党领导的多党合作和政治协商制度

中国共产党领导的多党合作和政治协商制度是中国的一项基本政治制度。这一制度植根中国土壤、彰显中国智慧，又积极借鉴和吸收人类政治文明优秀成果，是中国新型政党制度。宪法规定，中国共产党领导的多党合作和政治协商制度将长期存在和发展。

在中国，除了中国共产党，还有八个民主党派①。在人民民主的共同旗帜下，中国共产党与各民主党派长期共存、互相监督、肝胆相照、荣辱与共，形成了中国共产党领

① 八个民主党派包括：中国国民党革命委员会（简称“民革”）、中国民主同盟（简称“民盟”）、中国民主建国会（简称“民建”）、中国民主促进会（简称“民进”）、中国农工民主党（简称“农工党”）、中国致公党（简称“致公党”）、九三学社、台湾民主自治同盟（简称“台盟”）。

导的多党合作和政治协商制度这一具有鲜明中国特色和显著优势的新型政党制度。中国共产党是执政党，八个民主党派是接受中国共产党领导、同中国共产党亲密合作的参政党，是中国共产党的好参谋、好帮手、好同事。在中国，没有反对党，也没有在野党。中国既不是一党专政，也不是多党竞争、轮流执政，而是“共产党领导、多党派合作，共产党执政、多党派参政”。

中国共产党和各民主党派、无党派人士以会议协商、约谈协商、书面协商等形式，就国家和地方重大政策和重要事务进行协商。中国共产党自觉接受各民主党派、无党派人士的民主监督。中国共产党和各民主党派、无党派人士在国家政权中合作共事，民主党派成员和无党派人士在各级人大代表、人大常委会组成人员及人大专门委员会成员中均占一定数量，一些民主党派成员和无党派人士担任国家机关领导职务。各民主党派、无党派人士紧紧围绕国家中心工作，积极参政议政、建言献策，为国家发展发挥作用。

中国人民政治协商会议是实行中国共产党领导的多党合作和政治协商制度的重要机构。人民政协作为专门协商机构，在协商中促进广泛团结、推进多党合作、实践人民民主，既秉承历史传统，又反映时代特征，充分体现了中国社会主义民主有事多商量、遇事多商量、做事多商量的特点和优势，是国家治理体系的重要组成部分和具有中国特色的制度安排。在人民政协制度平台上，各党派团体、各族各界人士发挥在界别群众中的代表作用，通过全体会议、常委会会议、主席会议、专门委员会会议、专题协商会议、协商座谈会议等，开展提案、委员视察考察、专题调研、反映社情民意等经常性工作，对国家大政方针、经济社会各领域重要问题，在决策之前和决策实施之中进行广泛协商、平等协商、有序协商、真诚协商，提出意见建议。中国共产党采纳和集中他们的意见建议，各党派团体、各族各界人士接受党的主张并在各界别群众中宣传解释党的方针政策，增信释疑，最广泛地反映民意，最充分地集思广益，最大限度地凝聚共识，巩固团结奋斗的共同思想基础。全国政协全体会议与全国人大会议每年同期召开，政协委员不仅要讨论政协的问题，还要列席全国人大会议，参加对有关法律修改、“一府两院”工作报告等的讨论，这样的制度安排真正实现了让人人起来负责、人人监督政府工作，形成了具有中国特色的“两会”式民主。

中国共产党领导的多党合作和政治协商制度，真实、广泛、持久代表和实现最广大人民根本利益、全国各族各界根本利益，有效避免了旧式政党制度代表少数人、少数利益集团的弊端；把各个政党和无党派人士紧密团结起来、为着共同目标而奋斗，有效避免了一党缺乏监督或者多党轮流坐庄、恶性竞争的弊端；通过制度化、程序化、规范化的安排集中各种意见和建议、推动决策科学化民主化，有效避免了旧式政党制度囿于党派利益、阶级利益、区域和集团利益决策施政导致社会撕裂的弊端。

四、巩固和发展最广泛的爱国统一战线

统一战线是中国共产党凝聚人心、汇集力量的重要法宝。在人民民主实践中，中国共产党始终把统一战线摆在重要位置，坚持大团结大联合，坚持一致性和多样性相统一，统筹做好民主党派和无党派人士工作、党外知识分子工作、民族工作、宗教工作、非公有制经济领域统战工作、新的社会阶层人士统战工作、港澳台统战工作、海外统一战线工作和侨务工作，团结一切可以团结的力量、调动一切可以调动的积极因素，广泛凝聚共识，寻求最大公约数、画出最大同心圆，不断促进政党关系、民族关系、宗教关系、阶层关系、海内外同胞关系和谐，最大限度地凝聚起中华民族一切智慧和力量。

中国人民政治协商会议是中国人民爱国统一战线的组织。全国政协设34个界别，由中国共产党、各民主党派、无党派人士、人民团体、各少数民族和各界的代表，香港特别行政区同胞、澳门特别行政区同胞、台湾同胞和归国侨胞的代表以及特别邀请的人士组成。全国政协十三届一次会议共有委员2 100多人，其中非中共党员占60.2%。这样的组织构成，体现了大团结大联合的重要特征，能够在热爱中华人民共和国、拥护中国共产党的领导、共同致力于实现中华民族伟大复兴的政治基础上，求同存异、聚同化异，最大限度地调动一切积极因素、团结一切可以团结的人，最大限度地凝聚起共同团结奋斗的强大力量。

五、坚持和完善民族区域自治制度

中国是统一的多民族国家，铸牢中华民族共同体意识，始终保持国家完整统一，实现各民族共同团结奋斗、共同繁荣发展，是中国共产党民族政策的方针宗旨。民族区域自治制度，是指在国家统一领导下，各少数民族聚居的地方实行区域自治，设立自治机关，行使自治权的制度。民族区域自治制度在宪法以及民族区域自治法中得到明确，是中国的一项基本政治制度。

中国实行民族区域自治，以领土完整、国家统一为前提和基础，体现了统一与自治的结合、民族因素与区域因素的结合，完全符合中国国情和实际。中国的民族区域自治，是在国家统一领导下的自治，各民族自治地方都是中国不可分离的一部分，民族自治地方的自治机关都是中央政府领导下的一级地方政权，都必须服从中央统一领导。

实行民族区域自治，从制度和政策层面保障了少数民族公民享有平等自由权利以及经济、社会、文化权利。155个民族自治地方的人民代表大会常务委员会中，均由实行区域自治民族的公民担任主任或者副主任；民族自治地方政府的主席、州长、县长或旗

长，均由实行区域自治的民族的公民担任。中国根据各少数民族的特点和需要，帮助各少数民族地区加速经济和文化发展。

民族区域自治制度，极大增强了各族人民当家做主的自豪感责任感，极大调动了各族人民共创中华民族美好未来、共享中华民族伟大荣光的积极性主动性创造性。在这一制度框架下，中华民族大团结的局面不断巩固，各族人民交往交流交融日益广泛深入，平等团结互助和谐的社会主义民族关系不断发展，56 个民族像石榴籽一样紧紧抱在一起，中华民族共同体意识日益牢固。

六、坚持和完善基层群众自治制度

中国人口多、地域广，基层治理差异大。中国实行以村民自治制度、居民自治制度和职工代表大会制度为主要内容的基层群众自治制度，人民群众在基层党组织的领导和支持下，依法直接行使民主权利，实现自我管理、自我服务、自我教育、自我监督，有效防止了人民形式上有权、实际上无权的现象。

村（居）民自治。村（居）民在基层党组织的领导下，成立村（居）民委员会，依法直接行使民主权利，依法管理基层公共事务和公益事业。实行民主选举，由村（居）民选举村（居）民委员会组成人员；实行民主协商，由村（居）民采取多种形式开展协商议事；实行民主决策，由村（居）民通过村（居）民会议或村（居）民代表会议对社区公共事务和公益事业等做出决定；实行民主管理，由村（居）民讨论决定村（居）民自治章程、村规民约、居民公约等，并进行自我管理；实行民主监督，由村（居）民推选产生村（居）务监督委员会，监督村（社区）事务和村（居）务公开制度落实。截至 2020 年底，50.3 万个行政村全部建立了村民委员会，11.2 万个社区全部建立了居民委员会。

企事业单位职工依法行使民主权利。企事业单位建立以职工代表大会为基本形式的民主管理制度，职工在企事业单位重大决策和涉及职工切身利益等重大事项上发挥积极作用；企事业单位推行职工董事、职工监事制度，全面实行厂务公开制度，探索领导接待日、劳资恳谈会、领导信箱等形式，反映职工诉求，协调劳动关系和保障职工合法权益，对单位生产和管理提出意见建议，为单位发展献计献策。企业工会委员会是职工代表大会的工作机构，现阶段，中国共有 280.9 万个基层工会组织，覆盖 655.1 万个企事业单位。

基层民主创新十分活跃。从城乡社区里的村（居）民议事会、村（居）民论坛、民主恳谈会、民主听证会到党代表、人大代表、政协委员联合进社区，从“小院议事厅”到“板凳民主”，从线下“圆桌会”到线上“议事群”，中国人民在火热的基层生活中，摸索创造了一个又一个充满烟火气的民主形式。人们通过这些接地气、聚人气的民主实践，围绕涉及自身利益的实际问题，发表意见建议，进行广泛协商，利益得到协调，矛盾有效化解，促进了基层稳定和谐。基层民主许多好的经验做法成为国家政策，为中国民主发展不断注入新的动力。

基层群众自治制度，增强了基层群众的民主意识和民主能力，培养了基层群众的民主习惯，充分彰显了中国民主的广泛性和真实性。基层群众自治，使得社会细胞都活跃起来，使“微治理”富有活力、更有效率，为建设人人有责、人人尽责、人人享有的基层治理共同体提供了坚实制度保障。

第三节　全过程人民民主具有具体现实的民主实践

中国发展全过程人民民主，既有完整的制度程序，也有完整的参与实践。全过程人民民主，把选举民主与协商民主结合起来，把民主选举、民主协商、民主决策、民主管理、民主监督贯通起来，涵盖经济、政治、文化、社会、生态文明等各个方面，关注国家发展大事、社会治理难事、百姓日常琐事，具有时间上的连续性、内容上的整体性、运行上的协同性、人民参与上的广泛性和持续性，使国家政治生活和社会生活各环节、各方面都体现人民意愿、听到人民声音，有效防止了选举时漫天许诺、选举后无人过问的现象。

一、民主选举

人民通过选举、投票行使权利，选出代表自己意愿的人来掌握并行使权力，是中国民主的一种重要形式，是人民实现当家做主的重要体现。

中国的选举是广泛的，有国家机构选举、村（居）委会选举、企事业单位职工代表大会选举等，涵盖了国家政治生活和社会生活的各个方面；中国的选举是平等的，人民的选举权和被选举权得到充分保障，一人一票、票票等值；中国的选举是真实的，不受金钱操控，选民按照自己的意愿选出自己信任的人；中国的选举是发展的，选举形式手段随着经济社会的发展不断创新和丰富。

国家机构选举。国家机构选举是指选举产生全国人民代表大会和地方各级人民代表大会，由各级人大选举产生同级国家机关领导人员。在中国，年满18周岁、具有中华人民共和国国籍、未被依法剥夺政治权利的公民，都有选举权和被选举权。从全国人大到乡级人大，五级人民代表大会代表均由民主选举产生，每届任期 5 年。按照普遍、平等、直接选举和间接选举相结合以及差额选举、无记名投票的原则，选民直接选举产生县乡两级人大代表，县级以上人大代表由下一级人大选举产生。各级国家机关领导人员均由同级人大选举产生或者决定任命。

基层选举。基层选举是中国最广泛、最生动的民主实践，包括村（居）民委员会选举和企事业单位职工代表大会选举。村（居）民委员会由主任、副主任和委员组成，村（居）民委员会选举与县乡人大选举同步进行。村（居）民依法定期选举产生村（居）民委员会成员。在企事业单位中，职工代表大会是职工当家做主、行使民主管理权力的机构，职工代表由全体职工通过民主选举产生。

中国的民主选举是符合中国国情的，是与中国的发展阶段相适应的，是随着经济社会发展与时俱进的。几十年来，中国适时修改选举法，选举全国人大代表时，农村和城市每位代表所代表的人口比例从新中国成立初期的 8∶1，到 1995 年的 4∶1，再到 2010 年的 1∶1，逐步实现了城乡人口的平等选举。人们的民主意识不断增强，参选率不断提高。改革开放以来，中国先后进行了 12 次乡级人大代表直接选举、11 次县级人大代表直接选举，选民参选率均保持在 90%左右。

二、民主协商

有事好商量，众人的事情由众人商量，找到全社会意愿和要求的最大公约数，是人民民主的真谛。人民在通过选举、投票行使权利的同时，在重大决策前和决策过程中进行充分协商，尽可能就共同性问题取得一致意见。协商民主是中国民主独特的、独有的、独到的民主形式。

具有深厚基础。协商民主源自中华民族长期形成的天下为公、兼容并蓄、求同存异等优秀政治文化，源自近代以后中国政治发展的现实进程，源自中国共产党领导人民进行不懈奋斗的长期实践，源自新中国成立后各党派、各团体、各民族、各阶层、各界人士在政治制度上共同实现的伟大创造，源自改革开放以来中国在政治体制上的不断创新，具有深厚的文化基础、理论基础、实践基础、制度基础。

形式广泛多样。在各领域各层级，人民群众就改革发展稳定的重大问题以及事关自身利益的问题，通过提案、会议、座谈、论证、听证、评估、咨询、网络、民意调查等多种途径和方式，在决策之前和决策实施之中开展广泛协商。涉及全国各族人民利益的事情，在全体人民和全社会中广泛商量；涉及一个地方人民群众利益的事情，在这个地方的人民群众中广泛商量；涉及一部分群众利益、特定群众利益的事情，在这部分群众中广泛商量；涉及基层群众利益的事情，在基层群众中广泛商量。

体系不断健全。中国不断完善协商民主的发展路径，探索形成了政党协商、人大协商、政府协商、政协协商、人民团体协商、基层协商、社会组织协商等协商渠道，推动协商民主广泛多层制度化发展。政党协商，是中国共产党就中共全国代表大会和中共中央委员会的有关重要文件、宪法修改、有关重要法律的制定和修改、国家领导人建议人选、国民经济和社会发展的中长期规划以及年度经济社会发展情况、关系改革发展稳定等重要问题、统一战线和多党合作的重大问题等，同民主党派开展协商；人大协商，是各级人大在依法行使职权中与有关国家机关、社会组织、专家学者、人民群众开展协商；政府协商，是各级政府在履职尽责中与人大代表、政协委员以及民主党派、无党派人士、相关人民团体、社会组织以及群众代表等加强沟通协商；政协协商，是在中国共产党领导下，参加人民政协的各党派团体、各族各界人士履行职能，围绕改革发展稳定重大问题等，在决策之前和决策实施之中广泛协商、凝聚共识；人民团体协商，是人民团体就涉及群众切身利益的实际问题，特别是事关特定群体权益保障的，加强与政府相关部门的协商，积极参与政协组织的协商活动；基层协商，是基层党组织、基层政府、基层群众性自治组织、经济社会组织和群众等，就基层社会发展及事关群众切身利益的问题开展协商；社会组织协商，是各类社会组织就更好为社会服务，积极开展和参与协商。这七种协商渠道，极大丰富了民主形式、拓宽了民主渠道、加深了民主内涵。

中国的协商民主，广开言路，集思广益，促进不同思想观点的充分表达和深入交流，做到相互尊重、平等协商而不强加于人，遵循规则、有序协商而不各说各话，体谅包容、真诚协商而不偏激偏执，形成既畅所欲言、各抒己见，又理性有度、合法依章的良好协商氛围，充分发扬了民主精神，广泛凝聚了全社会共识，促进了社会和谐稳定。

三、民主决策

民主决策是全过程人民民主的重要一环。好的决策，反映人民意愿，保障人民权益，增进人民福祉。在中国，察民情、听民声、顺民意，群策群力、集思广益成为常态，越来越多来自基层的声音直达各级决策层，越来越多的群众意见转化为党和政府的重大决策。

人大“开门立法”。各级人民代表大会及其常务委员会，坚持为民立法、民主立法，保障人民通过各种途径参与立法活动，努力让每一项立法反映人民意愿、得到人民拥护。法律立项，通过召开座谈会、听证会、论证会等方式，广泛听取意见，让人民的意志在立法的最初阶段就得到体现；法律草案起草，广泛听取公众意见和专业人士建议，探索委托第三方起草法律法规草案，让人民的诉求得到充分体现；法律草案公布，通过网络和新闻媒体，向社会各界广泛征求意见。基层群众通过基层立法联系点，直接参与法律草案的起草、立法调研、修改论证、立法后评估等多个环节。

政府“开门问策”。各级人民政府就即将实施的重大决策和各方提出的重大决策建议，充分听取各方面意见，保障人民群众通过多种途径和形式参与决策。在决策启动环节，人大代表、政协委员通过建议、提案等方式提出建议，公民、法人和其他组织提出书面建议，决策机关启动决策程序；在决策研究制定环节，通过座谈会、公开征求意见、听证会、问卷调查、实地走访等方式，广泛听取社会各界特别是直接关系人的意见和建议；在决策草案公示环节，通过政府网站和各类媒体，公布决策草案及其说明材料；在决策最终确定环节，按照民主集中制原则，在集体讨论的基础上做出决定；在决策后评估阶段，听取社会公众意见，吸收人大代表、政协委员、人民团体、基层组织、社会组织和专家等参与评估。

广大群众参与基层决策。基层群众通过村（居）民会议、村（居）民代表会议、村（居）民小组会议等形式，就经济社会发展、基础设施建设、社会综合治理、基层文化服务、生态环境保护、自治章程制定等基层治理中的重大问题提出意见建议，参与决策制定和实施。

四、民主管理

人民的事人民管，人民的事人民办。在中国，广大人民弘扬主人翁精神，发挥主体作用，积极行使民主权利，通过各种途径和形式，管理国家事务，管理经济和文化事业，管理社会事务。

参与国家政治生活和社会生活的管理。人民行使宪法赋予的各项权利并承担宪法赋予公民的责任和义务，积极主动参加选举、协商、决策、监督等，在各个层级、各个领域参与国家政治生活和社会生活的管理，知情权、参与权、表达权、监督权得到有力保障。

城乡社区民主管理。根据宪法、法律和有关规定，农村和城市社区居民结合本地实际，由村（居）民讨论制定村（居）民自治章程、村规民约、居民公约等，明确规定村（居）民的权利和义务、村（社区）各类组织之间的关系和工作程序，以及经济管理、社会治安、消防安全、环境卫生、婚姻家庭、邻里关系、计划生育、精神文明建设等方面的自治要求，普遍实现村（居）民在基层公共事务和公益事业中的自我管理、自我服务、自我教育、自我监督。

企事业单位民主管理。全国超过 1.5 亿市场主体自主经营、自我管理、活力迸发，承载 7 亿多人就业，推动了中国经济总量、国家财力和社会财富稳定增长。根据宪法法律和有关规定，企事业单位普遍建立了以职工代表大会为基本形式，以厂务公开制度、职工董事制度、职工监事制度为主要内容的民主管理制度。职工通过这些民主管理制度，参与企事业单位管理，维护单位职工合法权益，实现单位与职工协商共事、机制共建、效益共创、利益共享。目前，全国已建工会企业中，建立职工代表大会的企业有314.4万家，其中，非公有制企业293.8万家、占93.4%。

社会组织民主管理。社会团体、基金会、社会服务机构等社会组织，普遍制定章程，加强组织成员管理，自主开展活动，集中组织成员或服务对象的意见建议，以组织化的方式积极参与社会公共事务治理，在行业自律、社会服务、慈善事业等领域发挥民主管理作用。截至2021年11月，各级民政部门共登记社会组织超过90万家，其中全国性社会组织2 284家。形式多样的社会组织成为人民民主管理的重要领域。

五、民主监督

全面有效的民主监督，保证人民的民主权利不因选举结束而中断，保证权力运用得到有效制约。在中国，解决权力滥用、以权谋私的问题，不能靠所谓的政党轮替和三权分立，要靠科学有效的民主监督。中国结合本国实际，探索构建起一套有机贯通、相互协调的监督体系，形成了配置科学、权责协同、运行高效的监督网，对权力的监督逐步延伸到每个领域、每个角落。

（1）人大监督。人民代表大会充分发挥作用，对宪法、法律的实施、重大决策部署的落实等开展监督。各级人大及其常委会加强对“一府一委两院”执法、监察、司法工作的监督，确保法律法规得到有效实施，确保行政权、监察权、审判权、检察权得到正确行使。人民通过人大代表座谈会、基层群众座谈会、问卷调查、网络调研等“开门监督”的形式，积极参与人大监督工作。

（2）民主监督。中国共产党支持民主党派和无党派人士在坚持四项基本原则基础上，在政治协商、调研考察，参与党和国家有关重大方针政策、决策部署执行和实施情况的监督检查，受党委委托就有关重大问题进行专项监督等工作中，通过提出意见、批评、建议等方式，进行民主监督。参加人民政协的各党派团体和各族各界人士在政协组织的各种活动中，依据政协章程，重点就党和国家重大方针政策和重要决策部署的贯彻落实情况，以提出意见、批评、建议的方式进行协商式监督，协助党和政府解决问题、改进工作、增进团结、凝心聚力。

（3）行政监督。国家行政机关按照法定的权限、程序和方式，对行政机关自身的组织行为、行政行为进行监督，包括各行政机关自上而下、自下而上以及相互之间进行的监督。

（4）监察监督。监察机关依法履行监察监督职责，对公职人员政治品行、行使公权力和道德操守情况进行监督检查，督促有关机关、单位加强对所属公职人员的教育、管理、监督。

（5）司法监督。审判机关和检察机关依照法定职权和程序对人民授权的国家公权力进行监督。司法监督是党和国家监督体系中强制性程度最高的一种监督机制，是党和国家利用监督手段、维护公权力正确行使的“最后一道防线”。

（6）审计监督。审计机关依法对本级各部门和下级政府预算的执行情况和决算以及其他财政收支情况进行监督。

（7）财会监督。财政部门根据法律授权，对财政、财务、会计管理的法律、行政法规、部门规章等执行情况进行监督。

（8）统计监督。统计部门及负有统计调查职责的相关机关，对所有行使统计权利、负有统计义务的组织和人员进行监督，防范和惩治统计造假、弄虚作假，确保统计资料真实准确、完整及时，为经济社会发展提供扎实的统计保障。

（9）群众监督。公民、法人或者其他组织通过各种方式，对各级国家机关及其组成人员履职情况进行监督，既可以依法申请行政复议、提起行政诉讼，也有权向监察机关检举控告监察对象不依法履职，违反秉公用权、廉洁从政从业以及道德操守等规定，涉嫌职务违法、职务犯罪行为。

（10）舆论监督。媒体充分发挥舆论监督作用，对滥用公权、失职渎职等行为及时揭露曝光。随着互联网的快速发展，人们更多地借助网络等平台，对各级国家机关和公职人员提出意见、建议和批评，网络在舆论监督中发挥着越来越重要的作用。

第四节 全过程人民民主是广泛真实管用的民主

完整的制度程序和完整的参与实践，使全过程人民民主从价值理念成为扎根中国大地的制度形态、治理机制和人民的生活方式。人民当家做主，具体地、现实地体现在党治国理政的政策措施上，具体地、现实地体现在党和国家机关各个方面各个层级工作上，具体地、现实地体现在实现人民对美好生活向往的工作上。民主的阳光照耀中华大地，中国人民享有广泛充分、真实具体、有效管用的民主。

一、人民享有广泛权利

我国宪法规定，国家的一切权力属于人民；人民依照法律规定，通过各种途径和形式，管理国家事务，管理经济和文化事业，管理社会事务。中国的政治权力不是依据地位、财富、关系分配的，而是全体人民平等享有的。国家权力不是为资本服务的，而是为人民服务的。

中国实行公有制为主体、多种所有制经济共同发展，按劳分配为主体、多种分配方式并存，社会主义市场经济体制等社会主义基本经济制度，国民经济命脉牢牢掌握在人民手中，人民当家做主具有坚实经济基础和物质保障。

在中国，人民依法享有选举权和被选举权，享有对国家和社会事务的知情权、参与权、表达权、监督权，享有对任何国家机关和国家工作人员提出批评和建议的权利，享有言论、出版、集会、结社、游行、示威、宗教信仰等自由。人民既广泛参与国家、社会事务和经济文化事业的管理，也在日常生活中广泛充分行使民主权利，每个人都有多重民主角色，都享有相应民主权利。

在中国，人权得到充分尊重和有效保障。人民幸福生活是最大的人权。中国经济保持长期稳定快速发展，人民生活显著改善。中国建成世界上规模最大的社会保障体系，基本医疗保险覆盖超过13亿人、基本养老保险覆盖超过10亿人。中国全面建成小康社会，14多亿人民彻底摆脱了绝对贫困，正迈向共同富裕。中国人民的获得感、幸福感、安全感不断提升，生存权、发展权、健康权得到充分保障，经济、政治、文化、社会、环境等方面权利不断发展。

中国人民享有的权利不断丰富发展。从新中国成立后在政治、经济平等基础上谋求生存发展，到改革开放后既追求物质富裕也追求精神富足，再到新时代打赢脱贫攻坚战、全面建成小康社会、扎实推进共同富裕、取得抗击新冠肺炎疫情重大战略成果，中国人民享有权利的内涵不断丰富、外延不断拓展，向着实现人的全面发展不断迈进。

二、人民民主参与不断扩大

人民只有在投票时被唤醒，而投票后就进入休眠期；只有竞选时聆听天花乱坠的口号，而竞选后就毫无发言权；只有拉票时受宠，而选举后就被冷落：这样的民主不是真正的民主。在中国，民主观念深入人心，人民的民主参与广泛持续，民主实践深深融入人们的日常工作和生产生活，民主蔚然成风，社会充满活力。

人民参与民主的意愿不断增强，参与的广度和深度不断拓展。人民既参与国家和社会事务管理，又参与经济和文化事业管理；既参与国家发展顶层设计的意见建议征询，又参与地方公共事务治理；既参与民主选举、民主协商，又参与民主决策、民主管理、民主监督；既通过人大、政协等渠道表达意愿，又通过社会组织、网络等平台表达诉求。从“数豆豆”[1] 到电子投票，从群众跑腿到“数据跑路”，民主参与的形式不断创新、渠道不断拓展。党和国家要做什么、如何做、做得怎么样，人民参与贯穿始终。

人民利益要求既能畅通表达，也能有效实现。民主，起始于人民意愿充分表达，落实于人民意愿有效实现。人民意愿只能表达、不能实现，不是真正意义的民主。在中国，人民的期盼、希望和诉求，从国家大政方针，到社会治理，再到百姓衣食住行，有地方说、说了有人听、听了有反馈。人民的意愿和呼声，经过民主决策程序成为党和国家的方针政策，并通过中央、省、市、县、乡镇各个层级的紧密配合、层层落实，通过各个职能部门之间主管、主办、协管、协办的分工合作、协调配合，通过决策、执行、检查、监督、问责等各个环节的相互配合、有机衔接，转化为实现人民意愿的具体实践。对于涉及自身利益的实际问题，人们通过信访平台、领导信箱、政务热线、网络“留言板”等提出意见和诉求，能够得到及时反馈和回应。

三、国家治理高效

民主与国家治理紧密相关。民主的发展与国家治理的现代化相伴相生，相互作用，相互促进。绝无国家治理“失灵”“低效”，国内问题成堆，民主却是“世界样板”的荒谬现象。好的民主一定是实现良政善治的，一定是推动国家发展的。

中国民主的高质量，促进了国家治理的高效能，提升了国家治理体系和治理能力现代化水平。中国的民主，充分彰显了人民的主体地位，极大增强了人民的主人翁意识，人民既是民主的参与者，也是民主的受益者，智慧力量充分激发，既为自己也为国家、民族拼搏奋斗。中国的民主，有效调节国家政治关系，发展充满活力的政党关系、民族关系、宗教关系、阶层关系、海内外同胞关系，增强民族凝聚力，最大限度地避免了牵扯，切实防止了相互掣肘、内耗严重的现象，形成了安定团结的政治局面和团结干事的强大合力。中国的民主，把党的主张、国家意志、人民意愿紧密融合在一起，使得党、国家和人民成为目标相同、利益一致、相互交融、同心同向的整体，产生极大耦合力，形成集中力量办大事的制度优势，有效促进了社会生产力解放和发展，促进了现代化建设各项事业，促进了人民生活质量和水平不断提高。中国的民主，始终把中国人民利益放在第一位，有效维护了国家独立自主，有效维护了国家主权、安全、发展利益，有效维护了中国人民和中华民族的福祉。

---

①　中华人民共和国成立前，在抗日根据地、解放区的广大农村，中国共产党开展了广泛的民主选举活动。当时，绝大多数农民是文盲，为了让他们都能参加选举，中国共产党使用了很多有创意的办法，其中最为人所传颂的就是“豆选”，即用豆子代替选票，选民只要把豆子投到代表自己想要选的候选人的碗里就可以了，最终以碗中豆子的多少决定谁当选。当时，很多地方流传着这样的歌谣：“金豆豆，银豆豆，豆豆不能随便投；选好人，办好事，投在好人碗里头。”

新中国成立 70 多年来，党团结带领人民，不断战胜前进道路上各种世所罕见的艰难险阻，成功走出中国式现代化道路，取得举世瞩目的发展成就，中国经济实力、综合国力、人民生活水平显著提升。对于中国这样一个人口多、体量大、人均资源禀赋处于世界较低水平的最大发展中国家，没有人民的主人翁地位和主人翁精神，没有亿万人民的团结奋斗，实现这样的发展是不可能的。中国的民主，真正把发展为了人民、发展依靠人民、发展成果由人民共享落到实处，充分调动起人民的主观能动性，这是中国之治的“密码”，是中国民主的力量。

四、社会和谐稳定

民主是人类社会进步的产物和标志。发展民主，要推动社会向着自由、平等、公正、文明、团结、和谐的方向前行。好的民主，应凝聚社会共识，而不是造成社会撕裂和冲突；应维护社会公平正义，而不是导致社会阶层和利益固化；应保持社会稳定有序，而不是带来混乱和动荡；应让社会充满向美向善向上的正能量，而不是充斥假恶丑的负能量。

中国国情复杂，治理难度世所罕见。中国的人民民主，实现各方面意志和利益的协调统一，实现各方面在共同思想、共同利益、共同目标基础上的团结一致，人民安居乐业、心情舒畅，社会和谐稳定、生机勃勃。中国用几十年时间走过了西方发达国家几百年走过的工业化历程，在剧烈的社会变革中，没有发生后发国家在现代化进程中容易出现的社会动荡，不仅创造了经济快速发展奇迹，也创造了社会长期稳定奇迹。中国人民经历了几千年历史上个人自由的最大发展，思想可以自由地表达，人员可以自由地流动，亿万人民的创新源泉充分涌流、创造活力竞相迸发。今天的中国，人们自由自在地穿梭于城乡之间、城市之间；每天有 1.6 万户企业诞生；10 亿网民通过网络了解天下大事、进行交流、表达观点……中国社会开放自由，但始终保持着社会团结和谐、稳定有序。人民民主既是中国社会进步的推进器，也是中国社会进步的润滑剂。

五、权力运用得到有效制约和监督

权力是把“双刃剑”。权力在有效制约和监督下运行才能实现民主、造福人民，权力失去约束、恣意妄为必然破坏民主、危害人民。中国不断加强对权力运行的制约和监督，始终坚持公权力姓公，始终坚持权为民所用，确保人民赋予的权力始终用来为人民谋幸福。

把权力关进制度的笼子里。加强对权力的制约和监督，制度具有根本性、全局性、稳定性和长期性。持续推进依规治党，持续推进依法治国、依法执政、依法行政，依法设定权力、规范权力、制约权力、监督权力，让权力在阳光下运行。健全完善党内法规制度体系，严明纪律规矩，使党的各级组织和党员干部都在纪律规矩范围内活动。普遍实行领导干部任期制，实现国家机关和领导层的有序更替。加强对领导干部特别是高级领导干部的管理，严格规范工作和生活待遇，坚决防止形成特权阶层。健全党和国家监督制度，坚持和完善党和国家监督体系，完善党务、政务、司法和各领域办事公开制度，保证党和国家领导机关和人员在法定的“权力清单”和“责任清单”范围内、依照法定程序开展工作，最大限度地防止权力出轨、个人寻租。

坚决反对和惩治腐败。腐败是人民民主的大敌。中国以“得罪千百人、不负十四亿”的鲜明态度，坚定不移推进反腐败斗争。坚持系统施治、标本兼治，不敢腐、不能腐、不想腐一体推进，惩治震慑、制度约束、提高觉悟一体发力。坚持反腐败无禁区、全覆盖、零容忍，坚持重遏制、强高压、长震慑，坚持受贿行贿一起查，坚持有案必查、有腐必惩，以猛药去疴、重典治乱的决心，以刮骨疗毒、壮士断腕的勇气，坚定不移“打虎”“拍蝇”“猎狐”，以雷霆之势、霹雳手段惩治腐败，持续形成强大震慑，反腐败斗争取得压倒性胜利并全面巩固。在解决腐败这个古今中外治国理政的顽疾方面，中国不仅有鲜明态度，更有实际行动。

评判一种民主形式好不好，实践最有说服力，人民最有发言权，归根结底要看能不能让人民过上好日子。中国的民主行不行、好不好，归根结底要看中国人民满意不满意、中国人民拥护不拥护。有数据显示，近年来，中国人民对中国政府的满意度每年都保持在90%以上，这是中国民主具有强大生命力最真实的反映。中国的民主道路走得通、走得好，中国人民将沿着这条道路坚定走下去。

拓展阅读

中国新型政党制度具有鲜明特色和显著优势

中国共产党领导的多党合作和政治协商制度是中国的一项基本政治制度。这一制度既植根中国土壤、彰显中国智慧，又积极借鉴和吸收人类政治文明优秀成果，是中国新型政党制度。《中华人民共和国宪法》规定："中国共产党领导的多党合作和政治协商制度将长期存在和发展。"

在中国特色社会主义制度下，有事好商量、众人的事情由众人商量，找到全社会意愿和要求的最大公约数，是人民民主的真谛。中国新型政党制度以合作、参与、协商为基本精神，以团结、民主、和谐为本质属性，具有政治参与、利益表达、社会整合、民主监督和维护稳定的重要功能，实现了执政与参政、领导与合作、协商与监督的有机统一，是人民当家做主的重要实现形式和社会主义协商民主的重要制度载体。

中国新型政党制度能够实现利益代表的广泛性。这一政党制度真实、广泛、持久地代表和实现最广大人民的根本利益、全国各族各界根本利益，有效避免了旧式政党制度只能代表少数人、少数利益集团的弊端。作为一个人口大国，中国存在不同的阶层和社会群体，在根本利益一致的基础上存在具体利益的差别。中国新型政党制度既尊重多数人的意愿，又照顾少数人的合理要求，能够更好地代表不同阶层、不同社会群体的利益诉求，拓宽、畅通各种利益表达渠道，全面、真实、充分地反映各社会阶层人士的意见建议，具有统筹兼顾各方利益和协调各方关系的优势。

中国新型政党制度能够体现奋斗目标的一致性。这一政党制度把各个政党和无党派人士紧密团结起来、为着共同目标而奋斗，有效避免了一党缺乏监督或者多党轮流坐庄、恶性竞争的弊端。这一政党制度通过广泛协商凝聚共识、凝聚智慧、凝聚力量，有利于达成思想共识、目标认同和行动统一，有利于促进政治团结和有序参与。这一政党制度围绕坚持和发展中国特色社会主义、实现中华民族伟大复兴的中国梦，形成了共同的理想、共同的事业、共同的行动，汇聚起强大的社会合力，集中力量办大事、办好事。

中国新型政党制度能够促进决策施策的科学性。这一政党制度通过政党协商、参政议政、民主监督等制度化、规范化、程序化的安排，集中各方面意见和建议，推动决策科学化民主化，有效避免了旧式政党制度囿于党派利益、阶级利益、区域和集团利益决策施政时固执己见、排斥异己、导致社会撕裂的弊端。这一政党制度在民主集中的基础上求同存异，可以形成发现和改正错误、减少失误的机制，有效克服决策中情况不明、自以为是的弊端。这一政党制度将政治协商纳入决策程序，坚持协商于决策之前和决策实施之中，通过反复协商征求意见、理性审慎决策施策，增强决策的科学性和施策的有效性。

中国新型政党制度能够保障国家治理的有效性。这一政党制度以合作、协商代替对立、争斗，克服政党之间互相倾轧造成政权更迭频繁的弊端，能够有效化解矛盾冲突、维护和谐稳定。这一政党制度坚持在协商中求同，能够有效避免否决政治、议而不决、决而不行，保持政策的连续性和稳定性。这一政党制度着眼充分调动各方面的积极性，重视加强对各民主党派、无党派人士履职尽责的支持保障，能够优化政治资源配置，形成社会各界广泛参与国家治理的体制机制，推进国家治理体系和治理能力现代化。

资料来源：国务院新闻办公室于 2021 年 6 月 25 日发布的《中国新型政党制度》白皮书［EB/OL］．（2021－06－25）［2022－01－25］．http：//www.scio.gov.cn/zfbps/32832/Document/1707415/1707415.htm.

时政热点

练习题

一、单选题

1. 在5 000多年历史长河中，中国人民探索形成的（　　），蕴含着丰富的民主因素，体现了中国人民对民主的朴素认知和不懈追求。

A. 天人合一思想　B. 祖先崇拜思想　C. 民本思想　D. 以和为贵思想

2. 以（　　）为基本口号的新文化运动的兴起、俄国十月革命的胜利、五四运动的爆发、马克思主义在中国的传播，促进了中国人民的伟大觉醒，中国先进分子对民主有了更加深刻的思考和新的认知。

A. 民主、科学　B. 民主、自由　C. 民主、法治　D. 民主、富强

3. 全过程人民民主，具有完整的制度程序和完整的参与实践，使（　　）更好结合起来，构建起覆盖960多万平方公里土地、14亿多人民、56个民族的民主体系，实现了最广大人民的广泛持续参与。

A. 民主选举和民主协商　B. 民主决策和民主管理

C. 民主管理和民主监督　D. 选举民主和协商民主

4. 民主在一国内体现为________，在国家间则体现为________。（　　）

A. 一人一票　大国小国一律平等　　B. 人民当家做主　国际关系民主化

C. 轮流坐庄　国际关系民主化　　D. 人民当家做主　大国主宰世界

5. 中国积极发展全球伙伴关系，构建________的大国关系框架，按照________和与邻为善、以邻为伴周边外交方针深化同周边国家关系，秉持正确义利观和________加强同发展中国家团结合作。（　　）

A. 总体稳定、均衡发展　亲诚惠容理念　真实亲诚理念

B. 亲诚惠容理念　真实亲诚理念　总体稳定、均衡发展

C. 真实亲诚理念　总体稳定、均衡发展　亲诚惠容理念

D. 总体稳定、均衡发展　真实亲诚理念　亲诚惠容理念

6. 全国人民代表大会是最高国家________，地方人民代表大会是地方国家________。各级国家行政机关、监察机关、审判机关、检察机关都由人民代表大会产生，对人大负责、受人大监督。（　　）

A. 行政机关　行政机关　　B. 监察机关　监察机关

C. 检察机关　检察机关　　D. 权力机关　权力机关

7. 在中国，除了中国共产党，还有（　　）民主党派。

A. 八个　　B. 七个　　C. 六个　　D. 九个

8. （　　）是实行中国共产党领导的多党合作和政治协商制度的重要机构。

A. 全国人民代表大会　　B. 中国人民政治协商会议

C. 国务院　　D. 国家监察委员会

9. 中国共产党领导的多党合作和政治协商制度，真实、广泛、持久代表和实现最广大人民根本利益、全国各族各界根本利益，有效避免了（　　）。

A. 旧式政党制度代表少数人、少数利益集团的弊端

B. 一党缺乏监督的弊端

C. 多党轮流坐庄、恶性竞争的弊端

D. 旧式政党制度囿于党派利益、阶级利益、区域和集团利益决策施政导致社会撕裂的弊端

10. 中国共产党领导的多党合作和政治协商制度，把各个政党和无党派人士紧密团结起来、为着共同目标而奋斗，有效避免了（　　）。

A. 旧式政党制度代表少数人、少数利益集团的弊端

B. 一党缺乏监督或者多党轮流坐庄、恶性竞争的弊端

C. 选举时漫天许诺、选举后无人过问的弊端

D. 旧式政党制度囿于党派利益、阶级利益、区域和集团利益决策施政导致社会撕裂的弊端

11. 中国共产党领导的多党合作和政治协商制度，通过制度化、程序化、规范化的安排集中各种意见和建议、推动决策科学化民主化，有效避免了（　　）。

A. 旧式政党制度代表少数人、少数利益集团的弊端

B. 一党缺乏监督的弊端

C. 多党轮流坐庄、恶性竞争的弊端

D. 旧式政党制度囿于党派利益、阶级利益、区域和集团利益决策施政导致社会撕裂的弊端

12. 全国政协设（　　）个界别，由中国共产党、各民主党派、无党派人士、人民团体、各少数民族和各界的代表，香港特别行政区同胞、澳门特别行政区同胞、台湾同胞和归国侨胞的代表以及特别邀请的人士组成。

A. 31　　B. 32　　C. 34　　D. 35

13. 中国有________个民族，有________个民族自治地方。（　　）

A. 55，152　　B. 56，153　　C. 55，154　　D. 56，155

14. 从全国人大到乡级人大，五级人民代表大会代表均由民主选举产生，每届任期（　　）年。

A. 5　　B. 7　　C. 4　　D. 6

15. 随着经济社会发展，中国逐步实现了城乡人口的平等选举，到（　　）年选举全国人大代表时，农村和城市每位代表所代表的人口比例第一次实现1∶1。

A. 1954　　B. 1995　　C. 2010　　D. 2022

16. 政党协商，是中国共产党就中共全国代表大会和中共中央委员会的有关重要文件、宪法修改、有关重要法律的制定和修改、国家领导人建议人选、国民经济和社会发展的中长期规划以及年度经济社会发展情况、关系改革发展稳定等重要问题、统一战线和多党合作的重大问题等，同（　　）开展协商。

A. 民主党派　　B. 社会组织　　C. 人民团体　　D. 专家学者

17. 人大协商，是各级人大在依法行使职权中与（　　）开展协商。

A. 人大代表、政协委员以及民主党派、无党派人士、相关人民团体、社会组织以及群众代表

B. 有关国家机关、社会组织、专家学者、人民群众

C. 各党派团体、各族各界人士

D. 政府相关部门

18. 政府协商，是各级政府在履职尽责中与（　　）等加强沟通协商。

A. 各党派团体、各族各界人士

B. 政府相关部门

C. 人大代表、政协委员以及民主党派、无党派人士、相关人民团体、社会组织以

及群众代表

D. 有关国家机关、社会组织、专家学者、人民群众

19. 政协协商，是在中国共产党领导下，参加人民政协的（　　）履行职能，围绕改革发展稳定重大问题等，在决策之前和决策实施之中广泛协商、凝聚共识。

A. 政府相关部门

B. 人大代表、政协委员以及民主党派、无党派人士、相关人民团体、社会组织以及群众代表

C. 有关国家机关、社会组织、专家学者、人民群众

D. 各党派团体、各族各界人士

20. 人民团体协商，是人民团体就涉及群众切身利益的实际问题，特别是事关特定群体权益保障的，加强与________的协商，积极参与________组织的协商活动。（　　）

A. 民主党派　政协　　B. 民主党派　人大

C. 政府相关部门　政协　　D. 政府相关部门　人大

二、判断题

1. 在近代将近110年时间里，中国成为全世界几乎所有大小帝国主义国家掠夺的对象。国家将倾，民族将亡，人民毫无民主可言。（　　）

2. 辛亥革命后试图模仿西方民主制度模式建立的资产阶级共和国，包括议会制、多党制、总统制等，都不同程度地实现了中国人民要求独立、民主的迫切愿望。（　　）

3. 党的十八大以来，以习近平同志为核心的党中央，提出全过程人民民主重大理念并大力推进，中国的民主发展进入历史新时期。（　　）

4. 中国共产党的领导，是中国发展全过程人民民主的根本保证。（　　）

5. 中国的现代化，没有走西方老路，而是创造了中国式现代化道路；没有照搬照抄西方民主模式，而是创造了中国式民主。（　　）

6. 人类民主事业的真正阻碍，不是民主模式的差异，而是对他国民主探索的傲慢、偏见和敌视，是把本国民主模式强加于人的“唯我独尊”。（　　）

7. 中国是工人阶级领导的、以工农联盟为基础的人民民主专政的社会主义国家。（　　）

8. 人民民主专政中的民主和专政不是矛盾的，都是为了保证人民当家做主。打击极少数是为了保护大多数，实行专政是为了实现民主。（　　）

9. 在中国，既有反对党，也有在野党。（　　）

10. 中国既不是一党专政，也不是多党竞争、轮流执政，而是“共产党领导、多党派合作，共产党执政、多党派参政”。（　　）

11. 全国政协全体会议与全国人大会议每年同期召开，政协委员不仅要讨论政协的

问题，还要列席全国人大会议。(　　)

12. 全国人民代表大会是实行中国共产党领导的多党合作和政治协商制度的重要机构。(　　)

13. 中国的民族自治地方的自治机关都是一级地方政权，可以不必服从中央统一领导。(　　)

14. 在中国，年满18周岁、具有中华人民共和国国籍、未被依法剥夺政治权利的公民，都有选举权和被选举权。(　　)

15. 协商民主不是中国民主独特的、独有的、独到的民主形式。(　　)

16. 在中国，解决权力滥用、以权谋私的问题，只能靠政党轮替和三权分立。(　　)

17. 国家权力既是为资本服务的，又是为人民服务的。(　　)

18. 人民只有在投票时被唤醒，而投票后就进入休眠期；只有竞选时聆听天花乱坠的口号，而竞选后就毫无发言权；只有拉票时受宠，而选举后就被冷落：民主就是这样。(　　)

19. 民主，起始于人民意愿充分表达，落实于人民意愿有效实现。人民意愿只能表达、不能实现，不是真正意义上的民主。(　　)

20. 好的民主一定是实现良政善治的，一定是推动国家发展的。(　　)

三、思考题

1. 如何理解全过程人民民主的内涵？

2. 论述全过程人民民主的意义。

第十讲

坚定践行多边主义 促进世界共同发展

★★★★★

在百年未有之大变局的历史大背景下，世界正经历着前所未有的新转型、新变革、新调整。开放与闭守、单边与多边、合作与对抗、共赢与零和，世界各国尤其是大国，究竟做出怎样的选择，不仅关系着自身的长远发展，也关系着世界秩序的重塑与人类未来的前途命运。当前，各国人民对和平发展的期盼更加殷切，对公平正义的呼声更加强烈，对合作共赢的追求更加坚定。在整个人类文明的历史进程中，至今没有解决好怎样合作的问题，在合作越来越成为普遍共识的同时，作为“智者”人类，如何走向有序合作成为国际社会最大的难题和困境。国际社会广泛认同，越是面对复杂挑战，人类越应该明白，多边主义才是解决当前一系列问题的最佳答案。展望未来，中国将坚定践行多边主义，增强全球治理的实践和理性认识，和世界各国共同克服困难和应对挑战，更加积极有效地建构人类命运共同体，促进世界共同发展。

第一节　多边主义的历史演变和当代发展

多边主义具有深厚的思想渊源、悠久的实践历史和丰富的理论内涵。随着全球化进程和多极化趋势的深入发展，多边主义已经成为国际社会推进全球治理的普遍共识。平等、互利、合作和协商是多边主义的题中要义，其基本原则包括相互尊重、平等协商、开放包容、遵规守制与合作共赢。多边主义从理念更新、平台夯实、合法性增强和模式转型等方面为促进全球治理做出了重要贡献。但是，近年来多边主义也面临多边机制赤字增加、单边主义和保护主义愈演愈烈、退群废约和分离主义风险上升以及全球化负面影响持续发酵等挑战。中国作为维护多边主义的中流砥柱，始终坚持多边主义的目标取向、价值追求、基本原则、平台依托、行为依据和行动导向，积极创新多边合作理念、完善现有多边机制、创设多边合作新平台、凝聚多边国际合力，以实际行动彰显践行多边主义的负责任大国担当。

一、多边主义的内涵

多边主义思想源远流长，实践历史悠久。现代国际关系中的多边主义，发端于人类为解决共同问题的努力。任何一个国家，无论多么强大，都无法独善其身，也不能凭一己之力解决世界面临的问题。目前学术界所使用的多边主义概念主要基于两种定义。罗伯特·基欧汉最早对多边主义做出明确界定："多边主义是协调三个或更多国家政策的实践活动。"这一界定侧重词义上的"多边"概念，强调多边行为体的数量关系。约翰·鲁杰认为，多边主义的独特性在于其是"调整国家间关系的普遍原则基础上的协调活动"，他据此将多边主义界定为"根据普遍行为准则协调三个或更多国家间关系的制度形式"。随着国际社会的发展，多边主义的概念超越了单纯多边外交的意义，多边主义更多地被看作一种国际体系层次的制度形式，规范、规则等制度因素也被视为多边主义的重要成分。

从总体上讲，对于多边主义概念的把握要注重两个方面。首先，多边主义既注重国际关系行为主体的"量"，即要有三个或三个以上的参与者；又注重政策协调的"质"，即多边关系中所存在的规律性和制度化的共同行为准则。其次，多边主义是国际关系领域的一种制度安排和互动方式，具有明显的制度性特征，这使它有别于政策层面的多边主义外交。

二、多边主义的历史演变

多边外交实践历史悠久，无论是古代中国，还是西方，在诸侯、城邦、部族、国家等政治实体之间的关系中，都可以找到多边主义的典型例证。

在古代中国，最为典型的多边主义实践是春秋五霸时期的盟会。最先成为霸主的齐桓公在位43年，与诸侯结成联盟20余次。这种联盟对保证各诸侯所有的安定与经济发展起了很大作用。联盟“救燕于山戎之患，存邢救卫于北狄之难，戍守周都无四方干扰”。公元前656年，齐桓公还率领鲁、宋等八国之师与楚对峙于召陵，阻止了楚的北进，齐桓公借助联盟的办法，得以称霸中原。继齐桓公之后的霸主也经常运用联盟战略。晋文公甚至会盟诸侯，逼周天子封他为侯伯，即霸主。

在西方，也很早就出现了带有多边主义性质的制度形式。最典型的就是存在于公元前6世纪至前370年的伯罗奔尼撒同盟。古希腊的各个城邦都是各自为政的，如果把当时的希腊地区看成世界，那么各个城邦就是国家。伯罗奔尼撒同盟存在了100多年。虽然同盟实际上为斯巴达所控制，但在形式上最高权力机构是同盟会议；同盟会议有其议事规则，其决议须有大多数入盟者同意才能生效。

总的来说，这一时期多边主义实践的主要特征是：第一，零星地出现，在长达几千年的人类外交活动中显得微不足道，人们需要刻意挖掘，才能找出带有多边主义性质的东西来；第二，自发地形成，谈不上理论指导，更谈不上是国家的政策和战略；第三，如果说有制度层面的内容，那也是比较低级、松散的，而且只适用于某一个集团内部，并不适用于整个国际社会。正因为这样，这一时期的多边主义实践，如我国春秋时期的盟会，通常并不以寻求长期和平为目标，而是“弭兵运动”，以便积蓄力量，将来再战。与后来出现的以寻求和平为目标、适用于整个国际社会的多边秩序和机制还是有很大区别的。

而制度化、全球性的多边机制和具有代表性的国际多边组织的形成则是伴随着两次全球性战争所带给人类的残酷经验教训和对于国际关系发展前景思考所产生的。第一次世界大战的历史必然性和偶然性促使国际关系领域的决策制定者意识到需要通过建立一种全球性的多边决策机制实现国家间的利益调和。这一思想的产物便是理想主义代表人物、美国总统威尔逊所倡导建立的国际联盟。但是这个世界上最早产生的全球性多边组织由于存在机制上的先天不足，特别是决策上的无效性和实施手段上的匮乏，以及对国际政治权力结构现实的忽视，导致其既不能抑制德、意法西斯在欧洲的崛起，亦无法阻止日本军国主义在亚洲的侵略。

第二次世界大战结束，原有的世界政治格局被彻底打破。雅尔塔会议在对二战后的世界政治格局进行划分时吸取了国际联盟的经验教训，确立了“大国一致原则”，并在这一原则的基础上建立了迄今为止人类历史上组织形式最高级的多边组织，即联合国。而关贸总协定、世界银行和国际货币基金组织这三个在布雷顿森林体系下形成的经济多边组织和不结盟运动、七十七国集团、石油输出国组织、八国集团、二十国集团、金砖国家组织等全球性多边组织一同极大地丰富了全球性多边机制的内容。20 世纪至今，多边机制的兴起和繁荣还体现在区域性多边机制取得了长足发展。东盟地区论坛、南方共同市场、北美自由贸易区、亚太经合组织、上海合作组织等一系列地区政治、经济多边组织和对话机制，以及欧盟、阿盟、非盟、南美国家联盟等地区一体化组织共同成为多边机制的重要补充。这一时期，无论是多边组织的数量，还是多边合作的质量，均达到了前所未有的新高峰。

进入 21 世纪，国际政治经济格局向多极化和全球化的演变从客观上决定了双边合作往往无法有效应对各国所面临的全球性问题挑战，从而推动了多边机制向着更高层次的发展。数量不断增长的全球性和区域性多边组织日益成为国际关系领域多边机制的重要组成部分。在全球化和和平、发展、合作成为当前时代主题的背景下，联合国作为当代多边机制的核心，以其独特的合法性和代表性，在涉及政治、经济、文化和社会发展等众多领域的全球治理问题上发挥着无法替代的重要作用。

纵观多边主义演变的历史，可以看出，多边主义发展的进程与人类社会的进步几乎是完全一致的，也是由低级到高级逐渐演进。多边主义经历了由实践到理论，由零星到频繁，由自发到自觉，由局限于某一区域到遍及全球，由被作为工具的多边外交行为到被作为一种战略选择，由松散的国际机制到完备的国际组织，由作为暂时妥协、以备再战的手段到作为实现长久和平目标重要途径的理念等过程。从这些过程可以洞见，多边主义是符合人类社会前进方向的，是与世界潮流的要求相一致的。

三、新多边主义以及多边主义的当代发展

（一）新多边主义

冷战结束后，随着多极化趋势和经济相互依赖的加强，国际政治的关注逐渐从高级政治转向低级政治，经济社会事务比和平与安全事务显得更为重要。在这种背景下，多边主义被推向一个新阶段，即新多边主义阶段。如果说旧多边主义是美国在特定的两极格局下为确立世界霸主地位而采取的特有的管理理念，那么新多边主义就是在全球化和多极化的大背景下广大发展中国家和较发达国家为建立新的世界经济政治秩序，应对日益复杂的国际、全球问题、抵制美国单边主义而采取的对策。

（二）多边主义的当代发展

多边主义在本质上并没有新旧之分，旧多边主义的制度缺陷实际上就是多边主义在其历史发展过程中所出现的阶段性弊端，而新多边主义则描述了进入21世纪，多边主义制度在克服原有制度弊端方面所取得的最新发展，具体包括以下三个方面的内容：

非国家行为主体在全球治理中的重要性不断上升。在全球治理中扮演着重要作用的非国家行为主体的最主要代表就是区域性和全球性的多边组织。这其中在区域层次上的突出例证是欧盟。作为当今世界一体化程度最高、机制最健全的地区一体化组织，欧盟已经具备类似于主权国家的相当的自治水平和独立性。它不仅是联合国观察员、二十国集团成员、八国集团和国际货币基金组织的积极参与者，还是世界贸易组织决策体制中的“双寡头”之一。而在全球层面上，作为非正式国际组织的二十国集团的形成反映了新兴大国崛起、世界格局多极化的现实，导致了国际力量的深刻变革。

社会力量逐渐成为推动多边主义发展的重要因素。政治民主化的发展为公民社会参与全球治理问题提供了越来越广阔的舞台。一方面，一些公民社会部门由于长期从事某一领域的事务，在信息搜集、专题研究和专业知识方面具有天然的优势，对于维持多边主义的合理性和合法性意义重大。另一方面，公民社会在影响政府决策、保证公民权益、实现跨国民间交流和合作方面发挥了难以替代的作用，夯实了多边主义制度的民意基础，提高了制度的社会化水平，使其具备了更广泛的代表性。相比于政府发动社会力量的“自上而下”的全球治理模式，由公民社会推动政府和国际组织应对全球挑战的“自下而上”的全球治理模式可以克服国家主权的障碍和国家利益的局限性。

多边主义对于全球性问题的治理越来越倾向于跨领域、多维度的综合治理。进入21世纪，解决全球性问题的一个突出难题是全球治理各个方面的相互联系在不断加深。而针对这一趋势，多边主义制度在两个层次上取得了突出进展。首先，发展中国家在涉及全球治理不同领域的多边组织中的代表性和发言权得到提升，从而为全球治理问题的整体解决创造了条件。国际货币基金组织和世界贸易组织在应对全球金融和贸易体系挑战方面各自扮演着至关重要的作用。近年来，中国、印度和巴西等新兴大国在国际货币基金组织中的配额和投票权不断增加；世界贸易组织陆续接收了中国、俄罗斯等国成为其正式会员国，均有利于提升多边机制的代表性，实现国际政治经济秩序改革的目标。其次，多边组织自身的政策广度大大增加，更加强调对全球治理问题的跨领域综合解决。例如，“东盟10+3”机制在最初建立时，其关注的重点是应对金融危机，维持区域经济稳定，而这一机制近年来却在协调区域安全方面扮演了重要角色；南方共同市场成立的宗旨虽然是推动拉夫地区经济一体化发展，但进入21世纪，它在地缘政治领域也发挥了越来越重要的作用。

总之，21世纪国际政治经济格局的多极化和全球化趋势推动了多边主义理论和实践在国际关系领域的快速发展。多边主义外交也实现了在量和质两个方面的提升，日益成为广大发展中国家，特别是新兴大国为打破霸权国家在国际关系领域主导地位，提高本国在全球治理问题上发言权，争取更加平等和公正的国际政治经济新秩序的政策选择。

第二节　世界面临的时代问题

随着全球化的深化与转型，国家之间的相互依赖与彼此联系日益密切，国内风险的全球外溢和全球挑战的国内渗透更加凸显，世界越来越成为一个“你中有我、我中有你”的命运共同体，坚持多边主义成为国际社会推动全球问题有效治理的普遍共识。但令人担忧的是，近年来单边主义、保护主义和民粹主义愈演愈烈，多边主义赤字有增无减，国际社会不稳定性、不确定性明显上升，特别是西方个别大国强权霸凌、“脱钩”孤立甚至煽动冷战对峙的倒退行径有恃无恐，多边主义和国际合作面临前所未有的严峻挑战。

一、多边主义面临的时代新考验

（一）单边主义、保护主义愈演愈烈

面对百年未有之大变局，少数西方国家零和博弈的冷战思维回潮，以本国利益最大化为唯一选项，肆意破坏致力于国际合作的多边机制，“单边主义、保护主义愈演愈烈，多边主义和多边贸易体制受到严重冲击”。主要体现在三个方面。

霸权主义和强权政治加剧，多边主义共识备受冲击。冷战结束后，一些国家仍然无视国际关系基本原则，一意孤行地推行霸权主义和强权政治，对多边主义造成巨大伤害。长期以来，美国的外交理念在多边主义与单边主义之间摇摆不定。进入 21 世纪，美国外交的单边主义色彩愈加浓厚。2003 年，布什政府绕过联合国安理会悍然发动伊拉克战争，其霸权行径暴露无遗。特朗普执政以来，单边主义倾向愈发凸显：单方面撕毁多方达成的伊核协议，以“长臂管辖”实施霸凌行为；笃信“极限施压”和双边谈判，无视促进朝核问题解决的六方会谈机制；放弃经联合国确认的“两国方案”，强推偏袒以色列的“世纪协议”；在新冠肺炎疫情大流行中污名化中国抗疫成果、停止资助并宣布退出世界卫生组织。诸如此类的行为既加剧了国际局势的紧张和复杂程度，也无

益于全球治理合作。

贸易保护主义全球肆虐，多边贸易规则和机制遭到破坏。2008年国际金融危机以来，全球范围内的贸易保护主义盛行且长期化趋势明显。据统计，2009—2017年二十国集团中发达国家出台了3 946项贸易限制措施，其中美国实施的贸易保护主义措施总量居全球首位，为1 378项。特朗普执政后，美国的贸易保护主义更加嚣张，严重破坏了全球多边贸易规则和国际贸易体系的权威性；其任性使用否决权，刻意阻挠世界贸易组织争端解决机制的正常运行，使得多边贸易体制的合法性和有效性严重受损。世界贸易组织前总干事罗伯托·阿泽维多曾指出，多边贸易体制受损将导致全球经济增长率下降2.4%，60%的全球贸易消失。

军备竞赛势头重现，多边主义运行环境趋于恶化。国际社会无政府状态下的恐惧心理是难以逾越安全困境的主要原因。多边机制通过增强国际政治的确定性最大限度地消解安全困境，和平发展逐渐成为全球共识。但在全球发展面临困境的大背景下，特朗普政府明确将中俄作为战略竞争对手，大规模增加军费开支，重新挑起军备竞赛。面对美国与北大西洋公约组织的施压，俄罗斯以“非对称”的武器系统发展原则有力回应外部威胁，“匕首”空射型高超音速导弹、“萨尔马特”重型洲际导弹等一系列尖端武器加速列装俄军。美俄军备竞争的空天化、高速化引发了新一轮全球军备竞赛，极大破坏了全球和平发展大环境，严重制约多边机制的效用。

（二）多边主义赤字有增无减

多边机制建设滞后于国际局势变化，是制约其效能发挥的重要因素。当前“人类正处在大发展大变革大调整时期”，新兴大国群体崛起、西方世界整体下滑、世界权势加速东移。但是，现有多边机制变革迟滞，民主赤字、效能赤字和合法性赤字久拖不决，引发多边主义的信任危机。

公平性不够导致民主赤字。当今世界的多数国际制度都存在民主赤字问题。一方面，多边机制中非中性的表决机制根深蒂固。表决制度是多边机制的核心环节，也是国际制度效率提升与作用发挥的关键。但是，现有多边机制被认为是“可分解的等级制度”，发达国家占据机制主导权，关键职位和职能部门多由西方国家垄断，加权票和份额票使得带有先行优势的发达国家拥有压倒性权力，损害了弱小国家的发言权，也加剧了其合法性流失。另一方面，非透明性和低参与度问题在多边机制中广泛存在。现有多边机制以“技术原因”排斥“功能性局外者”，尤其是涉及政治和安全等高政治领域“多边合作的俱乐部模式”更加明显。

约束性不强引发效能赤字。虽然国际制度能够通过惩罚功能阻止成员的不合作行为，但现有多边机制的最重大问题在于缺乏主权国家的强制力作为后盾。实际上，作为“准政府”的国际制度并不具有政府的强制性特征，在处理成员违约问题上只能采用低约束性的“软法”形式。尤其在全球经济不景气的当下，国际制度的惩罚功能难以发挥应有效力。多边行为体往往将维护个体利益作为优先选项，拒绝国际制度的公益性安排，甚至以退出机制等不合作行为作为博弈筹码，使得多边机制陷入集体行动的困境，严重影响其效能。

代表性不足加重合法性赤字。国际制度反映大国利益，但是，现有多边机制“一国主导、西方定制”的色彩过于浓厚，发展中国家的代表性严重不足，这难以适应国际关系民主化的需求，也无助于全球问题的解决。2008 年国际金融危机以来，国际权力格局转换速率逐渐加快，国际社会要求多边机制在投票权、成员资格和人事安排等方面具有更强的代表性。新兴市场国家群体性崛起和发展中国家成为全球问题引爆者“发源地”“重灾区”的叠加效应明显，提高多边机制代表性的可能性和必要性迅速增强。但是，多边机制改革惰性明显，仍然无法超越西方主导的思维框架，发展中国家的话语权缺失严重，引发国际社会对多边机制合法性的广泛质疑，霸权主导色彩浓厚的国际制度在道德上备受谴责。

（三）“退群”废约和分离主义风险上升

近年来，国际社会中英国脱欧、美国“退群”废约等“黑天鹅”事件频发。这种频繁退出多边机制的行为被称为“退出主义”。诚然，多边机制以开放为核心要义，但主导性国家大规模退出多边合作将对多边主义构成三方面的严峻挑战。

削弱多边机制的合法性。多边合作的主要障碍不是数量众多的国家之间的协调问题，而是大国的出尔反尔。现有多边机制多由西方国家创设，欧美国家拥有绝对主导权。然而，在国际权力转移加速的百年变局中，以美国为首的少数西方大国肆意退出多边合作机制，阻碍了国际合作与多边进程顺利推进。这种“合则用，不合则弃”的盲目实用主义行为严重削弱了多边主义权威，进一步加剧了国际社会对多边主义合法性与有效性的质疑。

加剧多边机制碎片化。随着多边机制的不断增加，机制复杂性问题逐渐成为制约机制效用的关键因素。部分西方国家频繁退出多边机制加剧了多边机制的碎片化格局：一方面，主导性国家退出多边机制，使得全球治理机制的权力真空扩大，导致多边机制内部开始出现主导权之争；另一方面，“退群”后的国家倾向于以排他性的双边机制、少边机制代替多边机制，使新旧机制之间的竞争更加激烈。

引发“退群”和分离效应。就本质而言，主导性国家退出多边机制是现实主义和民粹主义结合的缩影。随着“退群”行为日益增多，其示范效应已初现苗头：一是分离主义抬头，苏格兰的“脱英”和西班牙加泰罗尼亚地区的分离主义运动等问题日益凸显；二是反移民、反建制的极右翼势力肆虐。一旦“退出主义”的示范效应全球蔓延，将在民粹主义裹挟下进一步削弱多边主义的国内根基。法国的国民阵线、德国的选择党等政党获得了越来越多的议会席位，奥地利民粹主义政党自由党甚至一度与主流政党人民党组建了联合政府，多边主义运行面临严峻挑战。

（四）全球化负面影响持续发酵

全球化是多边主义的生成背景，但并非全球化的所有模式都是有益的，全球化也放大了发展鸿沟、分配不公和生态恶化等负面问题。现有全球治理机制难以有效管控全球化消极因素，引发了逆全球化思潮涌动、国家中心主义回归和极端民族主义崛起等问题，严重侵蚀了多边主义生存发展的全球共识。

逆全球化思潮甚嚣尘上。在国际交往过程中，行为体对相对收益的追求超过对绝对收益的考虑。拥有比较优势的行为体易于获得全球化的主导权，导致全球发展失衡趋于严重，国家间矛盾、国内群体间冲突愈演尤其是在全球发展压力持续增大的现实情势下，逆全球化和反全球化思潮在国际交往的理念、战略和政策层面全面显现，组织化、规模化倾向愈加明显。更为严重的是，逆全球化的主导者逐渐由在全球化中“失利”的发展中国家转向全球化的领导者，进一步加剧了多边合作的难度。

国家中心主义强势回归。多边主义不断发展的基础在于行为体对平等收益的预期，通过协调机制实现收益的相对平衡，维护全球治理共识。但是，随着全球性问题和挑战愈加严峻，多边合作推动共同发展的全球认同感下降，盲目强调本国利益的国家主义盛行，全球利益再分配的多边机制趋于失灵。非正常的贸易保护行为肆虐、“退群”行为日渐增多等现象正是盲目的国家主义回归的真实写照。

极端民族主义乘势崛起。极端民族主义具有盲目排外和封闭保守的双重特点。冷战结束以来，极端民族主义回潮也被认为是对多边主义最直接、最严峻的挑战。在全球发展鸿沟不断加深的背景下，泛民族主义和民族分离主义等民族主义极端化变体频现，盲目强调民族利益的至上性和民族构成的单一性。极端排外行为趋于表面化和国家化，严重违背多元共存的开放特征，破坏全球发展的多边共识。

二、充分认识和妥善应对考验

由于世界面临的各种考验，造成了一些国家和个体对多边主义的信任危机。在这种情况下，有些国家转向了单边主义，但这样做是不可取的。例如，美国政府不断提出单边主义的主张举措，在全世界需要通过世界卫生组织共同应对新冠肺炎疫情时，对后者不断施压，甚至退出，造成了负面的影响。世界各国必须看到，在疫情危机下，只有团结起来，加强多边渠道的运作和合作，摒弃单边主义，坚持多边主义，才能取得共同抗疫的有效成果。因此，看到出现前所未有的危机就否定多边主义的做法是不科学的。如今全球面临挑战，不管是贸易、环境，还是卫生健康，都必须通过全球层面的进一步合作解决，在这个层面上，需要加强而不是弱化已有的多边主义。国际社会也广泛认同，应对新冠肺炎疫情、气候变化等全球性挑战，多边主义才是良方。

坚持多边主义，为国际和平与安全提供了理念和机制保证。多边主义理念强调以和平方式解决国际争端，对战争有抑制作用。在多边机制方面，联合国安理会在维护国际和平与安全方面负有特殊责任，保证安理会成功履职，有利于维护全球战略稳定。多边主义重视协商合作、互利共赢，为建设更加美好的世界提供正确理念指引。丰富的多边开发体系和多边合作机制，也为促进国际和地区经济社会发展发挥了重要作用。

坚持多边主义，尊重文化多样性，致力于弥合文化分歧，形成发展合力。当前，有个别国家或势力利用不同国家和民族间的矛盾，煽动国际恐怖主义、民族分裂主义、宗教极端主义，对世界和平与安全产生严重威胁。要消除这一威胁，须标本兼治，在多边合作中促进文明交流互鉴，增进国际互信，进而推进其他方面合作进程。

坚持多边主义，有利于解决全球性问题。气候变化和公共卫生是当前世界面临的两大全球性问题。多边主义在全球气候变化治理中得到了较充分的体现，气候治理基本走上了正轨。但是，在应对新冠肺炎疫情上，多边主义未能有效发挥世人期待的作用，抗疫合作乏力，国际社会久久不能走出疫情。

坚持多边主义，可以为缓和大国竞争提供可能性。在通过多边方式共同应对全球性挑战的过程中，大国总要开展一定形式和一定程度的对话合作，从而为缓和双边紧张关系争取时间，提供契机。

坚持多边主义，是实现国际关系民主化的必由之路。多边机制是中小国家表达诉求和争取利益的重要渠道，也是大多数国家参与全球治理的主要方式。坚持多边主义有利于提升发展中国家在国际事务中的代表性和发言权，通过地区组织和多边机制等，保障发展中国家权益和发展空间，推动全球治理体系朝着更加公正合理的方向发展。

第三节　多边主义是中国的坚定选择

当今世界面临越来越多的复杂问题，保护主义与单边主义不是解决方案，只有多边主义才是全球治理的正道。党的十八大以来，在习近平外交思想引领下，我国以实际行动积极维护和践行多边主义，受到国际社会越来越多的认可与称赞。正如联合国秘书长古特雷斯所说，中国是支持多边主义的重要力量。中国是始终坚持多边主义原则立场，发挥负责任大国作用，以实际行动积极参与全球发展合作，与国际社会共同探寻解决全球性挑战的全球治理机制。

一、为多边主义正本清源

两极格局瓦解后，随着世界多极化、经济全球化深入演进，多边主义得到快速发展。国际上关于多边主义的要义、价值、原则、路径、目标等问题争论很多，亟待理论上的界定和厘清。特别是近年来，某些国家单边主义、保护主义逆流横行，公然宣扬本国利益优先，对外推行各种形式的“脱钩”，严重冲击多边机制和国际规则，在新冠疫情肆虐全球的紧要关头，某些国家却从隔岸观火、借机抹黑，到罔顾事实，“甩锅”推责，始终热衷于病毒污名化和疫情政治化，给全球治理和团结抗疫带来巨大干扰，引发思想混乱。在受到国际社会强烈抵制、明目张胆推行单边主义难度加大的情况下，这些国家又开始转向以多边主义之名行单边主义之实，根据自身偏好和需要拼凑排他性的小圈子，搞意识形态对抗。这种有名无实的多边主义带来了更大的欺骗性和危害性。

面对这些错误思潮和行径，习近平总书记在联合国大会、达沃斯论坛等重要国际场合，做出“多边主义的要义是国际上的事由大家共同商量着办，世界前途命运由各国共同掌握”“多边主义是维护和平、促进发展的有效路径”“21世纪的多边主义要守正出新、面向未来，既要坚持多边主义的核心价值和基本原则，也要立足世界格局变化，着眼应对全球性挑战需要，在广泛协商、凝聚共识基础上改革和完善全球治理体系”等重要论述，同时深刻指出，在国际上搞“小圈子”“新冷战”，排斥、威胁、恐吓他人，动不动就搞脱钩、断供、制裁，人为造成相互隔离甚至隔绝，只能把世界推向分裂甚至对抗。“一个分裂的世界无法应对人类面临的共同挑战，对抗将把人类引入死胡同”，旗帜鲜明揭露了单边主义、“有选择的多边主义”的巨大危害，指出“世界需要真正的多边主义”，从而为多边主义正本清源。

习近平主席在一系列国际多边会议上都提到，要维护和践行真正的多边主义，完善全球治理。那么，为什么要在多边主义的前面加上“真正的”三个字的定语并予以突出强调呢？针对当下复杂的世情，警惕“伪多边主义”的危害，推动实现中华民族伟大复兴和全人类的共同进步，亟须重申维护和践行真正的多边主义的重要性。维护和践行真正的多边主义，要在对历史的深入思考中，观察时代、解读时代、引领时代；要揭开重重迷雾披露问题本质，为多边主义的真实内涵正本清源；要以乘风破浪之气砥砺前行，用实际行动回答“世界怎么了，我们该怎么办”的时代之问。

（一）维护真正的多边主义

整体来看，中国坚持捍卫真正的多边主义与个别霸权国家及其少数核心盟友坚持的虚假的多边主义形成了极为鲜明的对比。

真正的多边主义在成员国资格、议题范围和制度规则方面必然是开放兼容的，包容性是首要特征。成员国资格开放与否是区别集团政治与真正多边主义的重要表现。一国若奉行真正的多边主义，其对成员国资格的设定必定是开放的，不会搞针对特定国家的封闭小圈子。与霸权国美国基于自身偏好和利益、人为凸显意识形态差异，并围绕单一议题将自身国内规则包装成多边规则、强加给别国不同，中国在推进多边主义过程中不以意识形态划界，也不在多边制度中推广自己的国内议程，更不把自己的意志强加于人。例如，自 2000 年中非合作论坛创立以来，中方总是详细征询并充分尊重非方的意愿，经双方共同讨论后才最终确定每届部长会议的讨论议程。而且在论坛事务中，中方一贯坚持“非洲人以非洲方式解决非洲问题”的原则，坚决不干涉非洲内政，真正做到求同存异。

真正的多边主义在决策方式、制度理念、首脑人选方面必然是尊重国家主权，平等性是核心要义。协商一致的决策规则可以确保所有成员无论大小、强弱，都无差别地拥有制度内的发言权，从而破除少数大国的决策垄断，保障大小国家在制度内的一律平等地位。与此同时，真正的多边主义也必然会尊重各国各自正当的发展权利和发展道路选择，不会将多边机构裹挟为“扩散”少数国家集团单边理念的制度工具，强迫后发国家单向度接受各种制度规范，从而使诸种国际多边机构实现“去政治化”，回归其作为主权国家代理人的本源，确保大小国家都能成为多边机构的“主人”。此外，与美国长期把持多边机构首脑人选而力图控制多边机构的运营方向不同，真正的多边主义还要求拒绝少数强国长期独占多边机构的领导权，而适当推行双首脑制或者首脑轮换制，切实提升制度内弱小成员的代表性。例如，中非合作论坛自成立以来便实行共同主席国制，由中方和非方代表共同担任历次会议的共同主席，充分体现了论坛由中非双方共同举办的平等合作精神。

真正的多边主义在执行层面必然会聚焦问题、解决问题，有效性是基本要求。既不能任由少数大国为一己之私滥用否决权，更不能仅仅“坐而论道”，甘当“空谈馆”，提升制度绩效是维护真正多边主义的切实保障。除了遭遇单边主义和集团政治冲击之外，霸权国美国在制度内部的“否决”和阻挠行为，往往也使多边制度“碌碌无为”而难以发挥国际秩序支撑者的角色。大国不应从内部瘫痪多边机构的效力，而是需要起而行之，做好表率行动，提升多边机构的权威性和解决全球性问题的能力，为国际社会提供更多的公共产品。例如，近年来中国就已全面落实联合国《2030 年可持续发展议程》，支持全球减贫事业，并宣布于 2060 年实现碳中和，着力解决全球气候变化问题，更积极支持世界卫生组织的“新冠肺炎疫苗实施计划”，努力消除“免疫鸿沟”。

（二）维护科学的多边主义

维护和践行真正的多边主义符合马克思主义的历史观，彰显人类历史和国际社会不断发展和进步的历史逻辑。人类历史遵循客观规律，由低级向高级发展。国际社会亦然。虽然历史前行的步伐常有迂回曲折，但任何一个历史节点都是暂时的，历史前行的脚步不会停滞。二战后形成的以联合国为核心的国际体系、以联合国宪章为基础的国际关系准则，以及贯穿其中的多边主义精神，象征着国际关系民主化大踏步向前迈进，标志着人类历史的重大进步。进入新时代，国际力量对比发生了以“东升西降”为显著特征的深刻调整。为了护持霸权和既得利益，某些西方大国渐渐背离多边主义的真正内涵，诉诸单边主义、保护主义、霸权主义、强权政治，致使多边主义精神遭遇逆流。越是在历史车轮的泥泞处和错综复杂的问题面前，越要维护和践行真正的多边主义，坚持与世界相交，与时代相通，在实现自身发展的同时，为世界发展做出更大贡献，推动历史车轮滚滚向前，而不是与时代大势背道而驰。

维护和践行真正的多边主义是坚持马克思主义的人民立场，相信世界各国人民才是多边主义真伪的阅卷人。任何不从世界各国人民共同福祉出发的欺骗行为，不管如何粉饰包装，其内核都不是多边主义。当下，国际社会存在一些极具隐蔽性、欺骗性的舆论和行径，某些西方大国用所谓“基于规则的国际秩序”的标签，或是采取“有选择的多边主义”，掩饰其以多边主义之名，行单边主义之实的虚伪行径。声称所谓“基于规则的国际秩序”，却回避了“谁的规则”“由谁来制定规则”等本质问题，将“本应各国共同达成的规则和共识”扭曲为“某些国家或国家群体的规则”。“有选择的多边主义”把普遍的多边主义歪解为“满足某些国家或国家群体逐利需求”的多边主义。这些“伪多边主义”的共同特征是：把多边主义挂在嘴上，却缺席于行动中。有利可图，则寻求多边主义；无利可图，则避而远之。真正的多边主义不是挑肥拣瘦，而是一以贯之；不是封闭排他，而是开放包容；不是霸凌霸道，而是公平正义；不是坐而论道，而是聚焦行动。各类“伪多边主义”始终蒙蔽不了世界各国人民的眼睛，逃避不了被国际社会揭露与唾弃的命运。

维护和践行真正的多边主义符合马克思主义的实践观，坚持实践是检验真理的唯一标准。一个国家有没有践行真正的多边主义，关键看它做了什么，而不是说了什么。维护和践行真正的多边主义，内化为和平、发展、公平、正义、民主、自由的全人类共同价值之精神气质，外化为积极参与气候变化、减贫、反恐、网络安全和维护地区安全等全球治理的具体行动。与某些西方大国打着多边主义旗号，行单边主义之实的虚伪行径不同，中国用实际行动践行着开放、包容、普惠、平衡、共赢的多边主义的真正内涵。例如，中国主动承担国际责任，参与全球气候变化治理，力争2030年前实现碳达峰、2060年前实现碳中和；中国全面履行入世承诺，关税总水平由15.3%降至7.4%，低于9.8%的入世承诺。大道至简，实干为要。面向充满不确定性的未来世界，各类新旧问题不断涌现，中国将一如既往地践信守诺，与时俱进，展现负责任大国形象。

二、维护多边主义的中国立场

面对多边主义遭遇挑战和质疑的国际现实，中国积极发出支持多边主义的中国声音，明确宣示坚定维护多边主义的中国立场。这一立场主要有六个方面的特征。

（1）以合作共赢为目标取向。合作共赢已经成为国际交往的潮流和大势，各国要摒弃零和博弈的冷战思维，反对单边主义与保护主义，深化双边和多边合作，倡导共商共建共享，坚持双赢、多赢与共赢，推动全球治理体系变革，建设广泛强大的全球多边体系，推动构建人类命运共同体。“在经济全球化深入发展的今天，弱肉强食、赢者通吃是一条越走越窄的死胡同，包容普惠、互利共赢才是越走越宽的人间正道。”

（2）以公平正义为价值追求。“法律的生命也在于公平正义，各国和国际司法机构应该确保国际法平等统一适用，不能搞双重标准，不能合则用、不合则弃。”维护多边主义，必须坚持公平正义的价值追求。一方面要坚持大小国家一律适用，摈弃“双重标准”“自身例外”等无理论调，真正做到“无偏无党”；另一方面要考虑不同国家的差异化特征，在具体问题领域提倡“共同但有区别的责任”，做到“王道荡荡”。

（3）以平等协商为基本原则。“协商是民主的重要形式，也应该成为现代国际治理的重要方法，要倡导以对话解决争端、以协商化分歧。”必须将平等协商原则贯彻到国际关系实践中，“国家不分大小、强弱、贫富，都是国际社会平等成员，理应平等参与决策、享受权利、履行义务”。应切实维护小国的参与权、知情权和决策权，督促大国履行相应国际义务。在相互依存不断上升的国际政治中，国家间利益矛盾、冲突在所难免，“对于经贸往来中出现的问题，各方都应该本着相互尊重的精神，通过平等对话协商，按照国际关系准则和多边贸易规则妥善处理，而不是动辄诉诸保护主义、单边主义”。

（4）以多边机制为平台依托。多边机制是践行多边主义的重要载体，也是协调国家间关系的主要平台，必须维护其权威性和有效性。一方面要坚定维护现有多边体制。联合国和世界贸易组织是多边主义在国际政治、经济领域的鲜明旗帜，也是多边主义发展的“晴雨表”。维护多边主义，首先就要维护联合国和世界贸易组织的权威性。另一方面要积极参与全球治理体系改革。现有多边机制的合法性与有效性不足，必须在公平正义、互利共赢的基础上加以改革：改革的目标是促进多边机制发展，改革的结果应当有助于凝聚多边共识。

（5）以国际规则为行为依据。“规则和信用是国际治理体系有效运转的基石，也是国际经贸关系发展的前提。”维护多边主义，必须将国际法和国际规则作为标尺，做到遵规守制、秩序井然。一方面应践行承诺，做到言出必行。近年来，一些国家言而无信、口惠而实不至的轻诺行为严重损害了多边体制的权威性。另一方面要维护和遵守规则。国际规则是国际社会有序运行的保障，必须重视规则的约束作用，切实遵守共同制定的国际规则。

（6）以实干高效为行动导向。“大道至简，实干为要。”一方面要避免空谈。践行多边主义不能止于空谈，“面对严峻的全球性挑战，面对人类发展在十字路口何去何从的抉择，各国应该有以天下为己任的担当精神，积极做行动派、不做观望者，共同努力把人类前途命运掌握在自己手中”。另一方面要知行合一。“一个行动胜过一打纲领。”多边主义的生命力源于实践，必须紧握发展议题，切实履行共同达成的多边协定，以行动力增强多边主义的向心力和凝聚力。

三、践行多边主义的中国作为

多边主义始终是中国的坚定选择，从未因时因事而改变。中国作为世界第二大经济体、联合国第二大会费国、联合国安理会常任理事国，一直是多边主义重要的贡献者和维护者。面对世界上层出不穷的难题挑战，解决之道在于坚持真正的多边主义，践行真正的多边主义。

积极参与国际抗疫合作。抗击疫情是国际社会面临的最紧迫任务。这既是坚持人民至上、生命至上的基本要求，也是稳定恢复经济的基本前提。我们要深化团结合作，加强信息共享和联防联控，坚决打赢全球疫情阻击战。特别是要加强疫苗研发、生产、分配合作，让疫苗真正成为各国人民用得上、用得起的公共产品。中国迄今已向 150 多个国家和 13 个国际组织提供抗疫援助，为有需要的国家派出 36 个医疗专家组，积极支持并参与疫苗国际合作。中国将继续同各国分享疫情防控有益经验，向应对疫情能力薄弱的国家和地区提供力所能及的帮助，促进疫苗在发展中国家的可及性和可负担性，助力世界早日彻底战胜疫情。

实施互利共赢的开放战略。经济全球化是社会生产力发展的客观要求和科技进步的必然结果，利用疫情搞“去全球化”、搞封闭脱钩，不符合任何一方利益。中国始终支持经济全球化，坚定实施对外开放基本国策。中国将继续促进贸易和投资自由化便利化，维护全球产业链供应链顺畅稳定，推进高质量共建“一带一路”。中国将着力推动规则、规制、管理、标准等制度型开放，持续打造市场化、法治化、国际化营商环境，发挥超大市场优势和内需潜力，为各国合作提供更多机遇，为世界经济复苏和增长注入更多动力。

促进可持续发展。中国将全面落实联合国《2030 年可持续发展议程》。中国将加强生态文明建设，加快调整优化产业结构、能源结构，倡导绿色低碳的生产生活方式。中国已经宣布，力争于 2030 年前实现碳达峰、2060 年前实现碳中和。实现这个目标，中国需要付出极其艰巨的努力。我们认为，只要是对全人类有益的事情，中国就应该义不容辞地做，并且做好。中国正在制定行动方案并已开始采取具体措施，确保实现既定目标。中国这么做，是在用实际行动践行多边主义，为保护我们的共同家园、实现人类可持续发展做出贡献。

推进科技创新。科技创新是人类社会发展的重要引擎，是应对许多全球性挑战的有力武器，也是中国构建新发展格局、实现高质量发展的必由之路。中国将加大科技投入，狠抓创新体系建设，加速科技成果向现实生产力转化，加强知识产权保护，推动实现依靠创新驱动的内涵型增长。科技成果应该造福全人类，而不应该成为限制、遏制其他国家发展的手段。中国将以更加开放的思维和举措推进国际科技交流合作，同各国携手打造开放、公平、公正、非歧视的科技发展环境，促进互惠共享。

推动构建新型国际关系。你输我赢、赢者通吃不是中国人的处世哲学。中国坚定奉行独立自主的和平外交政策，努力以对话弥合分歧、以谈判化解争端，在相互尊重、平等互利基础上，积极发展同各国友好合作关系。作为发展中国家的坚定一员，中国将不断深化南南合作，为发展中国家消除贫困、缓解债务压力、实现经济增长做出贡献。中国将更加积极地参与全球经济治理，推动经济全球化朝着更加开放、包容、普惠、平衡、共赢的方向发展。

作为负责任大国，中国重诺守信、言行如一。党的十九届六中全会通过的《中共中央关于党的百年奋斗重大成就和历史经验的决议》已郑重将维护和践行真正的多边主义作为新时代党领导中国外交取得的重要成就之一。未来，中国将更加坚定地站在历史正确的一边，站在人类进步的一边，更加积极主动发挥大国担当，以更强大的思想力和行动力，在国际上进一步发挥践行多边主义的中流砥柱作用。

拓展阅读

携手迎接挑战 合作开创未来

2022年4月21日上午，博鳌亚洲论坛2022年年会开幕式在海南博鳌举行，国家主席习近平以视频方式发表题为“携手迎接挑战 合作开创未来”的主旨演讲。倡导各国要顺应和平、发展、合作、共赢的时代潮流，向着构建人类命运共同体的正确方向，携手迎接挑战、合作开创未来。与会嘉宾认为，习主席的重要讲话高瞻远瞩、振奋人心，对推动各国实现和平发展、合作共赢具有重大意义，也为人类共创美好未来凝聚起广泛共识和强大力量。

习近平主席指出，任何艰难曲折都不能阻挡历史前进的车轮。面对重重挑战，我们决不能丧失信心、犹疑退缩，而是要坚定信心、激流勇进。冲出迷雾走向光明，最强大的力量是同心合力，最有效的方法是和衷共济。习近平主席提出，要共同守护人类生命健康、共同促进经济复苏、共同维护世界和平安宁、共同应对全球治理挑战。习近平主席强调，中国经济韧性强、潜力足、回旋余地广、长期向好的基本面不会改变，将为世界经济企稳复苏提供强大动能，为各国提供更广阔的市场机会。不论世界发生什么样的变化，中国改革开放的信心和意志都不会动摇。

资料来源：央视网．携手迎接挑战 合作开创未来——习近平主席在博鳌亚洲论坛2022年年会开幕式上的主旨演讲引发与会嘉宾热烈反响［EB/OL］．(2022-04-23)［2022-04-25］．https：//news.cctv.com/2022/04/23/ARTIWOxL4dcUMvbNccLI46A2220423.shtml.

时政热点

练习题

一、单选题

1. 近几年中国在全球治理体系当中站在道德制高点，站在全球制高点，积极推动、维护多边主义，反对保护主义，推进（　　）的共同建设。

A. 一带一路　　　　B. 和谐世界

C. 人类命运共同体　　　　D. G20

2. 中国古代的哪个事件体现了多边主义的思想？（　　）

A. 澶渊之盟　　　　B. 春秋五霸盟会

C. 孟子周游列国　　D. 围魏救赵

3. 多边主义的目的是（　　）。

A. 和平与发展　　B. 公平与正义

C. 民主与自由　　D. 公正与法治

4. 作为国际合作的积极倡导者和多边主义的坚定支持者，中国积极推进（　　），促进区域经济一体化。

A. 自由贸易港建设　　B. 自由贸易区建设

C. 区域经济同盟　　D. 综合保税区

5. 新形势下，保护主义和（　　）抬头，经济全球化遭遇波折，多边主义和自由贸易体制受到冲击，不稳定、不确定因素依然很多，风险挑战加剧，这对我国的经济按全带来了深层挑战。

A. 保守主义　　B. 冷战思维　　C. 单边主义　　D. 多边主义

6. 党的十九大报告中强调要坚持多边主义，建设全球伙伴关系，走出一条（　　）的国与国交往新路。

A. 对话不对抗、结盟友好　　B. 自主对抗，结盟友好

C. 对话对抗、结盟结伴　　D. 对话而不对抗、结伴而不结盟

7. 下列哪一项不属于多边主义四项原则？（　　）

A. 坚持开放包容　　B. 坚持以国际法则为基础

C. 坚持协商合作　　D. 坚持改革开放

8. 无论是应对疫情，还是恢复经济，都要走团结合作之路，都应坚持（　　）。

A. 单边主义　　B. 霸权主义　　C. 多边主义　　D. 保护主义

9. 无论国际形势如何变化，中国都将站在多边主义一边，坚持（　　）的全球治理观。

A. 共商共建共享　　B. 互利共赢

C. 命运共同体　　D. 团结合作

10.（　　）年是中国加入 WTO（世界贸易组织）20周年。

A. 2019　　B. 2020　　C. 2021　　D. 2022

11. 区域全面经济伙伴关系协定（RCEP）于（　　）开始生效。党中央、国务院高度重视、全面部署 RCEP 实施工作。

A. 2021 年 1 月 1 日　　B. 2022 年 1 月 1 日

C. 2019 年 1 月 1 日　　D. 2021 年 12 月 30 日

12. 全球性挑战需要全球性应对，（　　）是必然选择。

A. 多边主义　　B. 保护主义　　C. 治理　　D. 单边主义

13. 中国始终坚定维护以联合国为核心的国际体系，坚定维护以（　　）宗旨和原则为基石的国际关系基本准则，同各国一道，坚守多边主义，维护公平正义。

A. 《联合国宪章》　　B. 和平共处五项原则

C. 共商共建共享　　D. 构建和谐世界

14. 上海合作组织在成立20周年之际再次扩大了“朋友圈”，启动接受（　　）成为上海合作组织成员国的程序。

A. 埃及　　B. 卡塔尔　　C. 伊朗　　D. 沙特

15.（　　）是世界上参与人口最多、成员结构最多元、发展潜力最大的自贸区。

A. 中日韩自由贸易区　　B. 北美自由贸易区

C. 东盟自由贸易区　　D. 区域全面经济伙伴关系协定

16. 下列选项中不属于中日韩三国共同坚持的原则的是（　　）。

A. 坚持相互开放　　B. 坚持多边主义

C. 坚持自由贸易　　D. 坚持与美为盟

17. 以下属于多边机制“呆滞”和低效，多边合作前景渺茫的表现的是（　　）。

A. G20失去魅力　　B. 干涉主义

C. “全球治理”前景黯淡　　D. 以上说法都正确

18. 中国与中东欧国家合作始终秉持（　　）原则，开创了多边开放合作新模式。

A. 开放性　　B. 实效性

C. 包容性　　D. 开放性、实效性、包容性

19. 中非合作论坛是南南合作和多边合作的重要平台。“独行快，众行远。”非洲国家要实现（　　）伟大愿景，中国是可以信赖的合作伙伴。

A. 《2020年议程》　　B. 《2035年议程》

C. 《2050年议程》　　D. 《2063年议程》

20. 2020年9月1日，纪念联合国成立（　　）周年国际研讨会在北京举行。本次研讨会以“加强多边主义，共创美好未来”为主题。

A. 75　　B. 80　　C. 85　　D. 90

二、判断题

1. 美国也只是百年未有之大变局的一个因素而已。（　　）

2. 伪多边主义以少数国家规则定义国际规则，以少数国家秩序取代国际秩序，只会制造并加剧不安和动荡。（　　）

3. 中国坚定不移坚持多边主义的核心价值和基本原则，立足世界格局变化、着眼应对全球性挑战，不断丰富新形势下的多边主义实践。（　　）

4. 世界上的问题错综复杂，解决问题的出路是维护和践行多边主义，推动构建人

类命运共同体。(　　)

5. 20 世纪 90 年代以来，多边主义得到越来越多和有效的发挥，多边国际合作激发出新的活动。(　　)

6. 联合国维和行动是维护世界和平，实践多边主义，实现集体安全的有效手段。中国军队参加联合国维和行动，是履行大国责任义务的生动体现。(　　)

7. “一带一路”倡议丰富了国际经济合作理念和多边主义内涵，为促进世界经济增长、实现区域保护主义开辟了新路。(　　)

8. “一带一路”应秉承多边主义，惠及亚洲的国家。(　　)

9. 中国是现行国际体系的引领者，是国际合作的倡导者和国际多边主义的积极参与者。(　　)

10. 美国搞“小圈子”和集团政治的目的是要支持多边主义。(　　)

11. 积极倡导和践行多边主义，积极参与多边事务，高度重视联合国的作用，支持多边组织等发挥积极作用，推动国际秩序和国际体系朝着公正、合理的方向发展。(　　)

12. 多边主义以少数国家规则定义国际规则，以少数国家秩序取代国际秩序。(　　)

13. 联合国是国际多边机制的核心，是实践多边主义的重要舞台。(　　)

14. 倡导和践行多边主义，不仅是中国的选择，而且是国际社会的普遍共识、人心所向。(　　)

15. 现在国际上保护主义思潮上升，但我们要站在历史正确的一边，坚持保护主义和国际关系民主化，以开放、合作、共赢胸怀谋划发展。(　　)

16. 高举构建人类命运共同体旗帜，秉持共商共建共享的区域治理观推动全球经济治理机制变革。(　　)

17. 习近平强调“真正的多边主义”，最终目的还是走团结合作之路。(　　)

18. 中华民族传承和追求的是和平和睦和谐理念。我们过去没有，今后也不会侵略、欺负他人，不会称王称霸。(　　)

19. 2021 年是中华人民共和国恢复在联合国合法席位 60 周年。60 年的实践证明，中国始终是世界和平的建设者、全球发展的贡献者、国际秩序的维护者、公共产品的提供者。(　　)

20. 面对上海合作组织扩员后新形势，上合组织青岛峰会唱响“上海精神”主旋律，引领上合组织“再出发”。(　　)

三、思考题

1. 如何理解真正的多边主义？

2. 作为多边主义的坚定维护者，中国是如何践行多边主义的？

参考文献

1. 习近平．在庆祝中国共产党成立100周年大会上的讲话．人民日报，2021-07-02.

2. 习近平．在党史学习教育动员大会上的讲话．求是，2021（7）.

3. 习近平．在庆祝中国共产党成立95周年大会上的讲话．北京：人民出版社，2016.

4. 习近平关于社会主义文化建设论述摘编．北京：中央文献出版社，2017.

5. 习近平谈治国理政：第一卷．北京：外文出版社，2018.

6. 习近平谈治国理政：第二卷．北京：外文出版社，2017.

7. 习近平谈治国理政：第三卷．北京：外文出版社，2020.

8. 马克思恩格斯文集：第一卷．北京：人民出版社，2009.

9. 马克思恩格斯文集：第二卷．北京：人民出版社，2009.

10. 马克思恩格斯文集：第四卷．北京：人民出版社，2009.

11. 列宁选集：第四卷．北京：人民出版社，1998.

12. 列宁专题文集—论马克思主义．北京：人民出版社，2009.

13. 毛泽东文集：第三卷．北京：人民出版社，1996.

14. 党的十九届六中全会《决议》学习辅导百问．北京：党建读物出版社，学习出版社，2021.

15. 沈传亮．以史为鉴、开创未来的历史性会议——党的十九届六中全会精神学习与研究．重庆大学学报，2022（1）.

16. 王一彪．第三个历史决议的历史分量．新华文摘，2022（5）.

17. 习近平．扎实推动共同富裕．求是，2021（20）.

18. 刘燕．习近平关于共同富裕重要论述的主要依据、理论要义与实践要求．马克思主义理论学科研究，2022（2）.

19. 冯凌亢．共同富裕的逻辑理路与实现路径．马克思主义理论学科研究，2022（1）.

20. 杨文圣，朱叶．论认识和把握实现共同富裕的目标和路径．学术界，2022

(3).

21. 田刚元，陈富良．习近平数字经济发展思想的历史逻辑、核心要义及其时代价值．理论导刊，2020 (1).

22. 中共福建省委，福建省人民政府．“数字福建”建设的重要启示——习近平同志在福建推动信息化建设纪实．人民日报，2018-04-20.

23. 洪银兴．新编社会主义政治经济学教程．北京：人民出版社，2018.

24. 习近平向 2019 中国国际智能产业博览会致贺信．光明日报，2019-08-27.

25. 人民日报评论员．一定要把我国实体经济搞上去．人民日报，2019-09-20.

26. 人民日报评论员．善于从危机困难中捕捉和创造机遇．人民日报，2020-04-03.

27. 习近平主持中共中央政治局第二次集体学习并讲话［EB/OL］. (2017-12-09)［2020-05-12］http：//www.gov.cn/xinwen/2017-12/09/content_5245520.htm.

28. 北京市习近平新时代中国特色社会主义思想研究中心．发展数字经济 培育中国经济发展新动能．光明日报，2019-01-30.

29. 习近平．加快推进网络信息技术自主创新 朝着建设网络强国目标不懈努力．人民日报，2016-10-10.

30. 习近平．在第二届世界互联网大会开幕式上的讲话．人民日报，2015-12-17.

31. 习近平．危和机同生并存，克服了危即是机．人民日报海外版，2020-04-02.

32. 习近平．敏锐抓住信息化发展历史机遇 自主创新推进网络强国建设．人民日报，2018-04-22.

33. 兰建平．数字化治理的浙江选择．浙江日报，2020-03-26.

34. 孟维福．发展数字经济 壮大发展新引擎．河北日报，2022-03-18.

35. 付小颖．点燃数字引擎 做强数字经济．河南日报，2022-01-28.

36. 林江．大力发展数字经济．红旗文稿，2022 (2).

37. 史丹，李晓华．打造数字经济新优势．人民日报，2021-10-15.

38. 时事报告（大学生版）. 北京：时事报告杂志社，2022.

39. 习近平．在中国科学院第二十次院士大会、中国工程院第十五次院士大会、中国科协第十次全国代表大会上的讲话．人民日报，2021-05-29.

40. 习近平．努力成为世界主要科学中心和创新高地．求是，2021 (06).

41. 走进清华大学成像与智能技术实验室——“一些人绕过问题，我想去解决问题”．人民日报海外版，2022-02-15.

42. 陈甜甜等．记者实探“全国最小中风险地区”——上海市愚园路 228 号奶茶店店长讲述：我们店就像一个代号．大河报，2022-02-15.

43. 王新昌．我国种业发展体制机制创新的“试验田”—— 国家生物育种产业创新中心开始装修啦．大河报，2022－02－15.

44. 齐芳．中科院发布研究报告显示：我国前沿研究热度位居世界第二．光明日报．2021－12－09.

45.《2021 年全球创新指数报告》发布！中国排名第 12 位，连续 9 年稳步上升．中国知识产权报，2021－09－20.

46. 朱松梅．2021 未来科学大奖揭晓，袁国勇等 4 位科学家获奖．北京日报，2021－09－13.

47. 粮食安全是国家安全重要基础．中国政府网，2021－04－08.

48. 张泉．我国生物育种专利申请量排名全球第一．人民日报海外版，2021－09－30.

49. 国家发改委．我国粮食安全形势是好的、百姓的饭碗是有保障的．央视新闻，2021－04－08.

50. 史瑞杰．满足美好生活需要是以人民为中心的落脚点．光明网，2018－01－05.

51. 段伟朵．中央一号文件发布，落实“饭碗主要装中国粮”河南这样部署．大河网，2022－02－24.

52. 为社会治理提供有力科技支撑．人民日报，2020－02－19.

53. 朱力．在疫情防控中提升社会治理能力．人民论坛，2020（7）.

54. 李强．做好疫情防控须创新社会治理．人民日报，2020－02－26.

55. 徐晨曦．民生科技亲民，要“亲”到消费者需求脉搏．中国战略新兴产业，2020（7）.

56. 本报记者．集采提速扩面 医药负担降低．人民日报，2022－02－12.

57. 工信部等九部门发布《“十四五”医药工业发展规划》．央视网，2022－01－30.

58. 朱启超．铸造强国利器 70 年——新中国国防科技和武器装备发展历程与启示．光明日报，2019－10－05.

59. 我国国防科技发展的经验与启示．军民融合观察，2021－12－10.

60. 钟建红．提升思想政治教育对备战打仗贡献率．解放军报，2021－04－21.

61. 军事科学院军队政治工作研究院．着力构建新时代人民军队思想政治教育体系．解放军报，2021－05－07.

62. 太空军到底是个什么军．中国青年报，2020－02－03.

63. 坚决打赢关键核心技术攻坚战．北青网，2021－05－30.

64. 习近平：保障好初级产品供给是一个重大战略性问题，中国人的饭碗任何时候都要牢牢端在自己手中．新华社，2021－12－26.

65. 宋广收．颠覆性技术引发战术变革．解放军报，2019－01－22.

66. 佟欣雨．“伟大历程 辉煌成就”大型成就展中的国防科技发展足迹．解放军报，2019-11-07.

67. 刘诗瑶．把关键核心技术掌握在自己手中．人民日报，2018-06-25.

68. 钟源．科技部：赋予科研人员职务科技成果所有权或长期使用权．新华网，2020-10-20.

69. 尊重科研规律不能只挂在口头上．北京日报，2021-06-03.

70. 习近平在青海考察时强调：坚持以人民为中心深化改革开放 深入推进青藏高原生态保护和高质量发展．人民日报，2021-06-10.

71. 习近平．共同构建人与自然生命共同体．人民日报，2021-04-23.

72. 习近平．继往开来，开启全球应对气候变化新征程．人民日报，2020-12-13.

73. 习近平在西藏考察时强调：全面贯彻新时代党的治藏方略 谱写雪域高原长治久安和高质量发展新篇章．新华网，2021-07-23.

74. 周生贤．中国特色社会主义和中国梦宣传教育系列报告会——我国环境保护形势与对策．人民日报，2013-07-11.

75. 周绍雪．全球气候治理的新形势．学习时报，2019-08-09.

76. 印度学者怒批西方国家：你们永远都有殖民主义心态．潇湘晨报，2021-12-23.

77. 联合国秘书长敦促七国集团履行气候资金承诺．新华社，2021-06-15.

78. 庄国泰．气候变化前所未有 灾害防御未雨绸缪．人民日报，2021-08-20.

79. 殷鹏．给子孙后代留一个清洁美丽世界．人民日报，2021-07-29.

80. 推动生态文明建设迈上新台阶．人民日报，2018-10-29.

81. 涂瑞和．引领全球生态文明建设．人民日报，2021-11-03.

82. 黄承梁．生态文明是人类文明发展的历史趋势．中国环境报，2021-10-15.

83. 党的十八大以来加强生态文明建设述评．新华社，2016-02-15.

84. 习近平在《生物多样性公约》第十五次缔约方大会领导人峰会上的主旨讲话．光明网，2021-10-12.

85. 生态环境部：2021 年我国单位 GDP 二氧化碳排放指标达到“十四五”序时进度要求．北青网，2022-01-24.

86. 河南 2021 年度生态环境保护目标圆满完成平均优良天数 256 天．潇湘晨报，2022-02-25.

87. 邹松，马菲，李强．加强湿地保护 促进可持续发展．人民日报，2022-01-07.

88. 孙鹏．中央财政五年实施湿地保护修复项目两千余个．中国绿色时报，2020-12-09.

89. 庄贵阳，丁斐．在生态文明建设中坚定贯彻新发展理念．北京日报，2021-08-09.

90. 樊奇．中国共产党建党百年来“山水林田湖草沙”系统治理思想的发展逻辑和启示．鄱阳湖学报，2021（2）.

91. 十八大报告解读：如何全面促进资源节约．新华社，2013-02-22.

92. 刘跃进．“统筹传统安全和非传统安全”．光明日报，2020-11-23.

93. 城乡建设助力“双碳”实现 住建部抓紧出台碳达峰方案．中国经济网，2022-02-24.

94. 王璐．交通减碳全面推进 绿色基建投资火热．经济参考报，2022-02-28.

95. 张守攻．提升生态碳汇能力．人民日报，2021-06-10.

96. 国务院印发《2030年前碳达峰行动方案》．新华社，2021-10-26.

97. 江南．以科技创新助力绿色低碳发展．人民日报，2021-10-11.

98. 朱黎阳．大力发展循环经济 助力“双碳”目标实现．光明日报，2021-07-25.

99. 未来对“双碳”人才需求旺盛，高等教育如何发力．郑州教育信息网，2021-12-04.

100. 汪明月．用好绿色低碳技术助力实现碳达峰碳中和．中国环境报，2021-12-03.

101. 王筱虹．建议以“碳”要素为抓手 打造广州国际化碳金融中心．广州日报，2022-03-03.

102. 加快建设我国绿色贸易体系．人民政协网，2021-06-23.

103. 2021年国内国际十大环境新闻（中国环境报）．生态环境部官网，2022-02-18.

104. 2022年我国将调整部分商品进出口关税．央广网，2021-12-16.

105. 中非应对气候变化合作宣言（全文）．北青网，2021-12-02.

106. 刘玲玲．加强国际合作，共同应对气候变化．人民日报，2021-03-16.

107. 康玉斌，陈明磊．世界气象组织发布“2021年全球气候状况”临时报告．央视新闻，2021-11-01.

108. 马爱民．建设全球气候治理体系的关键是公平合理、合作共赢．中国日报网，2021-11-02.

109. 习近平．在深度贫困地区脱贫攻坚座谈会上的讲话．北京：人民出版社，2017.

110. 乡村振兴战略规划（2018—2022年）．北京：人民出版社，2018.

111. 费孝通．乡土中国．北京：人民出版社，2015.

112. 丛书编写组．深入实施乡村振兴战略．北京：中国计划出版社，2020.

113. 孔祥智．乡村振兴的九个维度．广州：广东人民出版社，2018.

114. 姜长云等．乡村振兴战略：理论、政策和规划研究．北京：中国财政经济出版，2018.

115. 吕方．乡村振兴与中国式现代化道路：内涵、特征、挑战及关键议题．杭州师范大学学报，2021（5）.

116. 刘欢．乡村振兴视域下乡风文明建设研究．长春：吉林大学，2021.

117. 舒竹丽．乡村振兴视域下多元主体参与乡村治理研究——以蒲江县为例．西安师范大学，2021（5）.

118. 钟钰．实施乡村振兴战略的科学内涵与实现路径．新疆师范大学学报（哲学社会科学版），2018（5）.

119. 张喜云，李振新．浅析乡村振兴背景下乡村治理的现实问题与应对策略．阜阳职业技术学院学报，2021（4）.

120. 袁岳霞，胡芝春．乡村振兴背景下的“三治融合”乡村治理体系构建路径探析．襄阳职业技术学院学报，2021（6）.

121. 王晓毅．乡村振兴与乡村治理现代化．山西师大学报（社会科学版），20
（1）.

122. 李婷薇．乡村振兴战略下乡村治理体系建设路径．农村·农业·农民，
（1）.

123. 聚焦 2018 中央一号文件，http：//www.moa.gov.cn/ztzl/yhwj2018/.

124. 聚焦 2019 中央一号文件，http：//www.moa.gov.cn/ztzl/jj2019zyyhwj/.

125. 聚焦 2020 中央一号文件，http：//www.moa.gov.cn/ztzl/jj2020zyyhwj/.

126. 聚焦 2021 中央一号文件，http：//www.moa.gov.cn/ztzl/jj2021zyyhwj/.

127. 聚焦 2022 中央一号文件，http：//www.moa.gov.cn/ztzl/jj2022zyyhwj/.

128. 蔡昉．认识把握人口形势带来的机遇与挑战．经济日报，2021-05-21.

129. 张燕．我国人口老龄化的挑战与机遇．经济研究参考，2016（56）.

130. 杜鹏．科学认识人口老龄化国家战略．中国经济网，http：//www.ce.cn.

131. 林宝．辩证认识我国人口问题．经济日报，2022-03-21.

132. 关于印发《“十四五”积极应对人口老龄化工程和托育建设实施方案》的通知．中华人民共和国国家发展和改革委员会官网，https：//www.ndrc.gov.cn/xxgk/zcfb/tz/202106/t20210625_1284068.html.

133. 国务院关于落实《政府工作报告》重点工作分工的意见．中国政府网-学习强国，2022-03-25.

134. 李凯．促进人口红利向人才红利转变．人民日报，2021-12-31.

135. 张冰子．完善生育休假与生育保险制度．人民日报，2021-06-21.

136. 王培安．科学把握人口发展规律 促进新时代人口均衡发展．人民日报，2019-05-30.

137. 学而时习：六个方面，看我国人口变化的趋势性特征．求是网，http：//www.qstheory.cn/laigao/ycjx/2021-05/13/c_1127441904.htm.

138. 本刊编辑部．人口新形势下的挑战和机遇．中国总会计师，2021（5）．

139. 吕诺，田晓航．实施三孩生育政策，配套生育支持措施——解读《中共中央国务院关于优化生育政策促进人口长期均衡发展的决定》．新华网，2021－07－21．

140. 周学馨，王雪琴．实施积极应对人口老龄化国家战略的社会治理回应研究：政府老龄社会治理的视角．重庆理工大学学报（社会科学），2022（1）．

1.《中国的民主》白皮书．国务院新闻办公室网站，2021－12－04．

中国的民主政治建设．国务院新闻办公室网站，2005－10－19．

翰·鲁杰．多边主义．苏长和，等，译．杭州：浙江人民出版社，2003．

青．多边主义研究：理论与方法．世界经济与政治，2001（10）．

简析多边主义的历史演变．国际政治与研究，2006（1）．

边主义再思考与世界秩序重构．东北亚论坛，2021（6）．

，刘培东．促进多边主义与全球治理的中国视角．世界经济与政治，2020（9）．

图书在版编目（CIP）数据

形势与政策/姚勇主编．-- 3 版．-- 北京：中国人民大学出版社，2022.8

新编 21 世纪高等职业教育精品教材．公共基础课系列

ISBN 978-7-300-30867-8

Ⅰ．①形… Ⅱ．①姚… Ⅲ．①时事政策教育-高等职业教育-教材 Ⅳ．①G711

中国版本图书馆 CIP 数据核字（2022）第 138970 号

新编 21 世纪高等职业教育精品教材·公共基础课系列

形势与政策（第 3 版）

主　编　姚　勇

副主编　张建明　费丽莎

Xingshi yu Zhengce

出版发行	中国人民大学出版社		
社　　址	北京中关村大街 31 号	**邮政编码**	100080
电　　话	010－62511242（总编室）		010－62511770（质管部）
	010－82501766（邮购部）		010－62514148（门市部）
	010－62515195（发行公司）		010－62515275（盗版举报）
网　　址	http://www.crup.com.cn		
经　　销	新华书店		
印　　刷	唐山玺诚印务有限公司	**版　　次**	2021 年 1 月第 1 版
规　　格	185mm×260 mm　16 开本		2022 年 8 月第 3 版
印　　张	14.75 插页 1	**印　　次**	2023 年 8 月第 6 次印刷
字　　数	289 000	**定　　价**	40.00 元